感谢“福建省高校特色新型智库：创新与知识产权研究中心”
和“厦门大学‘双一流’学科建设”基金的支持

中外知识产权评论

Chinese and International Intellectual Property Review

2020年 · 总第5卷

主 编 林秀芹

厦门大学出版社
XIAMEN UNIVERSITY PRESS
国家一级出版社
全国百佳图书出版单位

图书在版编目(CIP)数据

中外知识产权评论.第5卷/林秀芹主编.—厦门:厦门大学出版社,2021.6
ISBN 978-7-5615-8277-0

Ⅰ.①中… Ⅱ.①林… Ⅲ.①知识产权—世界—文集 Ⅳ.①D913.04-53

中国版本图书馆 CIP 数据核字(2021)第121309号

出 版 人 郑文礼
责任编辑 李 宁
美术编辑 蒋卓群
技术编辑 许克华

出版发行 厦门大学出版社
社 址 厦门市软件园二期望海路39号
邮政编码 361008
总 机 0592-2181111 0592-2181406(传真)
营销中心 0592-2184458 0592-2181365
网 址 http://www.xmupress.com
邮 箱 xmup@xmupress.com
印 刷 厦门兴立通印刷设计有限公司

开本 787 mm×1 092 mm 1/16
印张 12.25
插页 2
字数 290千字
版次 2021年6月第1版
印次 2021年6月第1次印刷
定价 68.00元

本书如有印装质量问题请直接寄承印厂调换

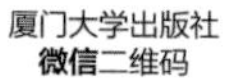
厦门大学出版社
微信二维码

厦门大学出版社
微博二维码

目　录

Contents

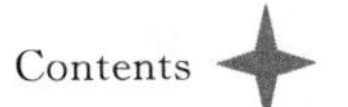

◇ Appendix

专题聚焦

全球抉择时刻:知识产权作为创新的引领者

[美]大卫·卡波斯、凯瑟琳-安·斯塔姆　黄灵滟译　朱冬校*

摘　要:本文根据大卫·卡波斯先生在2019年第二届厦门大学"一带一路"发展论坛上的主旨发言整理而成。卡波斯先生指出,知识产权是推动创新发展的重要手段,但是现有的知识产权法律制度存在供给不足的问题,无法适应促进创新发展的需要。中国和美国作为全球两大经济体,目前都处于知识产权制度框架改革的关键时期。两国必须继续努力强化知识产权制度,同时努力推动全球知识产权制度的构建。"一带一路"倡议提供了千载难逢的机会,借此机会,中国可以建立引导性的、全球性的知识产权规范以发挥更大的作用,并在全球范围内成为创新的引领者。

关键词:知识产权;创新;"一带一路"

The Time for a Global Choice

—Intellectual Property Rights as Innovation Champion

David J. Kappos　Kathryn-Ann Stamm

Abstract: This article is based upon Mr. David Kappos' keynote speech on the Second "Belt and Road" Development Forum of Xiamen University. Mr. Kappos points out that intellectual property is the key element to promote innovator creativity. However, inadequate intellectual property framework in the current legal systems has stifled innovation. Both China and the U.S., the two largest economies in the world, are at a key juncture,

* 大卫·卡波斯,美国商务部前副部长、美国专利商标局前局长,美国科瓦斯、斯韦因和摩尔律师事务所合伙人;凯瑟琳-安·斯塔姆,美国科瓦斯、斯韦因和摩尔律师事务所律师。黄灵滟,厦门大学知识产权研究院硕士研究生。朱冬,厦门大学知识产权研究院副教授,厦门大学"一带一路"研究院研究员。

where impactful changes can be made to their intellectual property frameworks. As such, both countries must work on reinforcing their intellectual property systems while simultaneously striving towards a more standardized global intellectual property regime. The Belt and Road Initiative presents a golden opportunity to set guided, global intellectual property norms and champion innovation to reach its full potential worldwide.

Key Words: Intellectual Property; Innovation; "Belt and Road"

"对于所有创新者、(所有市场)以及所有国家和地区而言,(知识产权)是为服务和产品创造价值的首要全球性通货。如果我们无法提供一个能够推动思想和产品加速跨境流动的技术和商业体系,那么我们将面临货币贬值的风险。"[①]在进入21世纪第三个10年全球联系日益紧密的情况下,这种10年前提出的说法,即使没有变得更加准确,但是仍旧成立。

在当今的全球经济中,人才流失问题严重,人们想方设法选择最为有利的司法管辖区设立公司。为了创造、保持和增强吸引力,各国需要提供一套有利于本国和外国公司发展的制度框架。这是全球知识产权的关键时刻,因为各国均有机会改革其知识产权法律制度,以提升创新者的创造力,并以此获得可持续的竞争优势。

美国和中国是世界上最大的两个经济体,它们正在为其他国家铺平道路。美国是全球创新影响者的先驱,拥有多个创新中心,如硅谷和硅滩。近年来,中国的发展战略,正在积极促使中国成为创新的领导者。在这种背景下,需要强大的法律制度作为基础来确保可持续的、长久的增长。中美两国均处于关键时刻,对知识产权制度作出影响深远的改变,将创新动力提升到与经济目标相适应的水平。

本文将分析知识产权制度如何直接影响创新,以及当前法律体系中知识产权制度的缺陷如何扼杀了创新(第一部分)。通过汲取以往的经验,本文旨在为推动东方和西方国家制定实现创新潜力的政策提供一些实际指导(第二部分)。

一、知识产权制度供给不足阻碍创新

(一)知识产权的涟漪效应

全世界消费者都受益于创新产品与服务的交易和使用。为了达到最佳的创新水平,需要达成一个微妙的平衡,优先考虑长远的获利策略,这种策略必须放在全球化的背景下进行考量。

1.创新生态系统的微妙平衡

知识产权在每个司法管辖区均提供一套法律法规制度,通过创设一系列权利和责任,使得创新者可以保护自己的创新。[②] 对于专利持有人而言,这是通过赋予其一定专有的但临时的权利,使其拥有一种有时间限制的垄断,从而获得收取许可使用费的机会来实现的。通

---

① 2011年4月5日美国商务部副部长兼美国专利商标局局长大卫·卡波斯在伦敦知识产权管理国际专利论坛上的致辞。

② Global Innovation Policy Center, *Inspiring Tomorrow —U.S. Chamber International IP Index*, 7th ed., 2019, p.5.

过将创新转变为可以商业化的、应受保护的资产，知识产权为创新提供了经济效用，因为创新者可以回收过去的投资并为未来的创新和发展积累资金。[①] 正如美国最伟大的发明家之一托马斯·爱迪生(Thomas Edison)所说："我的主要人生目标就是赚足够的钱来创造更多的发明……"作为这些好处的对价，发明会被公开，并成为常规知识的一部分。无论是通过付费许可获得的还是免费获得的，一旦专利到期，共享的知识不仅能够使普通公众获取创新产生的产品而从中获益，而且可以为其他创新者进一步从事发明创造提供平台。政府通过提供强有力的知识产权制度，正在"赋予下一代创新的力量"并创造"真正的知识型经济"。[②]

在"第四次工业革命"[③]和"物联网"中，创新者之间的相互作用得到了强化，很少能有单独的创新者包揽一切。更确切地说，第四次工业革命已经开始依赖基于创新的标准。通过标准部署创新的发展，已经形成了一个由众多赢家构成的生态系统，横向方面体现为创新者和实施者；而纵向方面，在消费者层面上，则体现为直接从新产品中获益的消费者和创新。[④] 此外，新型创新变得如此复杂，以至于其成功不能用功能的丰富性来定义。相反，设计已成为关键的差异化因素，至少在美国，对设计的重视程度在过去的10年中已经显著增加。2017年，联合研究中心(JRC)与经济合作与发展组织(OECD)报告指出，"基于装饰性的或者美学的特征，例如形状、表面装潢、图案或者这些因素的组合"[⑤]，设计可以使创新者将其产品与竞争对手区分开来。这种差异化的特征使它们在全球市场上具有竞争优势。美国外观设计专利申请的增加和雇佣设计类员工的增长[⑥]，说明公司已经开始了这一转变。[⑦⑧] 例如，根据美国专利商标局(USPTO)的申请记录，在过去10年中，美国外观设计专利申请增

---

① Global Innovation Policy Center, *Inspiring Tomorrow —U.S. Chamber International IP Index*, 7th ed., 2019, p.43; Zofi, Yael Sara & Saro Varjabedian., Taking a Page from Thomas Edison. Longer-Term Living, http://www.ltlmagazine.com/article/taking-page-thomas-edison.，下载日期：2019年4月4日。

② Global Innovation Policy Center, *Inspiring Tomorrow —U.S. Chamber International IP Index*, 7th ed., 2019, p.5.

③ 该术语由世界经济论坛创始人兼执行主席克劳斯·施瓦布(Klaus Schwab)教授创造。

④ David J. Kappos., Jessica M. Goodman, The Role of IP in Economic Growth: Looking Back, Looking Forward, *IPAJ*, Vol.14, 2018, pp.59-60(以移动网络的发展为例)；K. Schwab, The Fourth Industrial Revolution, What It Means and How to Respond, Foreign Affairs, *Council of Foreign Relations* (December 12, 2015)(注意到"技术的融合正在模糊物理、数字和生物领域的界限").

⑤ Daiko T., Dernis H., Dosso M., Gkotsis P., Squicciarini M., Vezzani A., *The Product Differentiation Strategies of Top R&D Investors: Designs*, in World Corporate Top R&D Investors: *Industrial Property*, 2017, p.47 (hereinafter the "JRC and OECD Report").

⑥ Daiko T., Dernis H., Dosso M., Gkotsis P., Squicciarini M., Vezzani A., *The Product Differentiation Strategies of Top R&D Investors: Designs*, in World Corporate Top R&D Investors: *Industrial Property*, 2017, p.47.

⑦ World Intellectual Property Organization (hereinafter "WIPO"), *World Intellectual Property Indicators* 2018, 2018, p.138.

⑧ 例如，金融软件公司财捷集团(Intuit)在2008—2015年间增长了近600%，而该公司首席执行官布拉德·史密斯(Brad Smith)则指出，"好的设计在我们的业务成果中已经开始崭露头角"。例如，在发布的两周内，财捷的应用程序SnapTax取代了无处不在的《愤怒的小鸟》手机游戏，成为iTunes上排名第一的应用程序。See Brad Smith, Intuit's CEO on Building a Design-Driven Company, https://hbr.org/2015/01/intuits-ceo-on-building-a-design-driven-company，下载日期：2019年4月4日。

长了约64%。根据世界知识产权组织(WIPO)的报告,2017年全球外观设计申请总计124万件,中国专利局收到的申请占全球申请的50.6%。①

创新与知识产权是一枚硬币的两个方面。正如世界知识产权组织总结的那样,“知识产权制度通过平衡发明者与更广泛的公众利益,营造一个使创造和创新得以蓬勃发展的环境”。② 保持这种平衡需要维护创新的生态系统,任何一个国家均无法独立完成这一任务,因为创新通常是跨多个司法辖区进行的。

2.无国界创新

发明人的知识来源于全球范围内的多个储备库。美国专利商标局指出,该局40%的外观设计申请是由国际创造者和/或共同创造者提出的。③ 发明专利领域数量甚至更高,有超过50%的申请者来自海外。④ JRC和OECD报告指出,研究和开发的投资者正在依靠国际知识储备库来在地域上分散技术开发投资。⑤

知识产权越来越成为整合全球创新各个组成部分的关键手段。就成本和价值创造的变化而言,从研发成本的增加、独占性成本的降低,到增长的复杂性和创新的跨学科性质,没有一个是局限于一个国家之内的。然而,不幸的是,我们看到的主要还是对知识产权的全球围困,还没有出现能够支撑全球创新生态系统的新政策。

(二)反知识产权保护运动

如前文所述,知识产权以长期的思想积累为基础,关注的重点则在未来。然而不幸的是,这种思想经常与短期需求相冲突,这种观点和叙事在东西方均十分强势。

1.美国破碎的知识产权制度

在美国,知识产权保护与反托拉斯法目标的冲突表现得尤为突出。⑥ 人们经常从竞争

---

① 美国专利商标局:《美国专利统计数据(1963—2015)》, https://www.uspto.gov/web/offices/ac/ido/oeip/taf/us_stat.pdf, 下载日期:2019年4月4日; USPTO, *Performance and Accountability Report Fiscal Year* 2018; World Intellectual Property Organization, *World Intellectual Property Indicators* 2018, 2018, p.138.

② WIPO, What is Intellectual Property? https://www.wipo.int/about-ip/en/, 下载日期:2019年3月27日。

③ Daiko T., Dernis H., Dosso M., Gkotsis P., Squicciarini M., Vezzani A., *The Product Differentiation Strategies of Top R&D Investors: Designs*, in World Corporate Top R&D Investors: *Industrial Property*, 2017, p.57.“在美国专利商标局,‘纺织品和服装’‘制药’‘木材和纸张’‘电力、天然气和蒸汽’‘橡胶、塑料、矿物’‘食品’行业的公司在很大程度上依赖国际设计师团队:他们的注册设计中有一半以上由国外设计师参与。在排名前四的行业中,利用国外现有相关设计的情况很普遍,其中2/3以上获得注册的设计是由国外设计师参与的。”

④ Daiko T., Dernis H., Dosso M., Gkotsis P., Squicciarini M., Vezzani A., *The Product Differentiation Strategies of Top R&D Investors: Designs*, in World Corporate Top R&D Investors: *Industrial Property*, 2017, p.57.

⑤ Daiko T., Dernis H., Dosso M., Gkotsis P., Squicciarini M., Vezzani A., *The Product Differentiation Strategies of Top R&D Investors: Designs*, in World Corporate Top R&D Investors: *Industrial Property*, 2017, p.57.

⑥ U.S. v. Westinghouse Elec. Corp., 648 F.2d 642, 646 (9th Cir. 1981) (指出专利法和反垄断法之间存在明显的紧张关系)。

法的角度对授予专利权人临时性专有权进行批评。在标准必要专利(SEPs)领域,即被标准制定组织指定为符合特定技术标准必需的专利,批评尤其犀利。人们担心这样的专利持有人会利用自己的垄断优势,要求获得过多的许可费,导致受其影响的产品无法进行高效的生产。[①] 公平、合理和非歧视的准则在很久以前就已经出台,以防止出现这种高额的许可费。根据所有美国进行介入的数据,在全球范围内,这些担忧尚未成为现实。[②]

除了标准必要专利之外,在更广泛的层面,由于人们认为美国专利保护过于强势,美国的知识产权制度已经开始全面退却。这种退缩来自对所谓"专利蟑螂"的恐惧,"专利蟑螂"通常被认为是指"本身不生产产品,仅仅是大量购买专利以对他人主张权利的那些公司"。[③] 美国司法机关对此作出的回应是,通过降低专利强度来解决这些问题。这不仅使主张专利权变得更加困难,而且使得一开始便难以确保专利权的有效性,因为可专利主题的范围被明显地缩小了。[④] 尽管个案判决的正当性可以依据个案的特殊性获得,但是,正如下文所述,这些判决从整体来看无法起到支持创新的作用,并且对整个创新产生了负面影响,因为善意

---

① 这种对标准必要专利许可实践的反对不仅仅在美国存在。例如,中国国家发展和改革委员会对高通的许可实践处以 9.75 亿美元的罚款,其中就包括标准必要专利的许可时间。Melissa Lipman, FTC Sues Qualcomm Over Standard-Essential Patent Licenses, https://www.law360.com/articles/881729/ftc-sues-qualcomm-over-standard-essential-patent-licenses, 下载日期:2019 年 4 月 4 日。

② David J. Kappos., Jessica M. Goodman, The Role of IP in Economic Growth: Looking Back, Looking Forward, *IPAJ*, Vol.14, 2018, p.56.

③ Robert L. Stoll, Patent Trolls: Friend or Foe, https://www.wipo.int/wipo_magazine/en/2014/02/article_0007.html., 下载日期:2019 年 4 月 4 日。John F. Luman III and Christopher L. Dodson, No Longer a Myth, the Emergence of the Patent Troll: Stifling Innovation, Increasing Litigation, and Extorting Billions, *Intell. Prop. & Tech. L. J.*, Vol.16, 2006, p.2."创造了机会。'专利蟑螂'充分利用了专利侵权给被告带来费用的影响,陪审团的结果具有不可预测性,如果被告败诉将面临永久性禁令的威胁,通过和解或者许可,从毫无戒备的、不抗风险的公司那里勒索数十亿美元。'专利蟑螂'除了满足自己掏腰包外,没有为专利制度提供任何价值。相反,它扼杀了创新并增加了琐碎的诉讼。'专利蟑螂'的诉讼正在增加,现在是针对被告进行回击的时候了。"

④ E.g., Bay Inc. v. MercExchange, LLC, 547 U.S. 388 (2006)(禁止自动针对专利侵权颁发禁令); KSR Int'l Co. v. Teleflex Inc., 550 U.S. 398 (2007)(对可授予专利发明的"非显而易见性"要求进行了修正); Octane Fitness LLC v. Icon Health & Fitness Inc., 134 S. Ct. 1749 (2014); Highmark Inc. v. Allcare Health Management System Inc., 134 S. Ct. 1744 (2014)(通过赋予法院在专利案件中判断费用转移是否需要适当更多的自由裁量权,使得支付律师费的请求变得更加容易获得支持); Impression Prods., Inc. v. Lexmark Int'l, Inc., 581 U.S. (2017)(通过自动适用穷竭原则来限制专利权的强度,阻止专利持有人在专利产品出售后行使权利); David J. Kappos, OPINION: Time for Congress To Leave Patent System Alone, https://www. law360. com/articles/774769/opinion-time-for-congress-to-leave-patent-system-alone., 下载日期:2019 年 4 月 4 日(讨论司法会议 2015 年 12 月 1 日关于提高专利案件辩护标准的决定); *Bilski v. Kappos*, 561 U.S. 593 (2010)(认为商业方法并不一定要被排除在专利保护之外,但是本案争议的权利要求属于抽象概念不能授予专利); Mayo Collaborative Servs. v. Prometheus Labs, Inc., 566 U.S. 66 (2012)(认为诊断方法不能授予专利,因为属于自然法则); Ass'n for Molecular Pathology v. Myriad Genetics, Inc., 569 U.S. 576 (2013)(认为分离的人类基因序列由于是自然产物而不能授予专利); Alice Corp. Pty. Ltd. v. CLS Bank Int'l, 134 S. Ct. 2347 (2014)(认为使用计算机管理代管账户不能授予专利,因为它包含一个抽象概念); USPTO, 2019 *Revised Patent Subject Matter Eligibility Guidance*, 84 FR 50.

的专利持有人被剥夺了原本授予保护其创新的权利。

美国司法部门并不是美国知识产权制度退却的唯一积极推动力量。美国国会通过提出削弱美国专利制度的立法来呼应美国司法机构。例如,众议员古拉特(Goodlatte)提出的《创新法案》(*Innovation Act*),目的在于提高法院对专利侵权诉讼案件中主张的要求。[①]

美国的首要目标不应是削弱激励创新的制度,而应该是提高专利质量、强化合法专利持有人的权利。在关于《美国发明法案》(*America Invents Act*)的辩论中,参议员莱希(Leahy)表达了上述观点:"美国发明法案将……提高专利授权的质量;它将在诉讼中提供更多的确定性……低质量专利和有效性存疑的专利……使得'专利蟑螂'从合法的企业中收取不合理的许可费用,已经成为创新的毒药。"[②]

美国专利制度加速退却的另一个表现,是近期为应对"专利战争"而进行的改革。但是,这也被证明是错误的,因为围绕创新的诉讼并不鲜见,无论是关于缝纫机、电报、电力、飞机还是手机。在"专利战争"中幸存下来的产业,随后取得了蓬勃的发展。解决的方法应该是从源头上提高专利质量,而不是削弱专利保护,阻碍创新。[③]

中国的知识产权制度尚未如美国制度那样受到攻击。中国的制度已经在很大程度上得到强化,尽管仍然面临着全力解决假冒和滥用权利的挑战。

2.中国的知识产权轨迹

尽管中国知识产权的观念没有西方那样强大的历史基础,但是,中国已经在短时间内取得了长足的进步,几十年来不断地进行修正。所有这些保护和执法的强化都是出于一个明确的、值得称赞的目标,那就是鼓励创新。当然,与世界其他地方的情况一样,制度的加强也带来了自身被滥用的问题[④],在内部和外部都面临着假冒商标、版权盗版、专利侵权和盗用商业秘密等问题的诟病。[⑤] 但是,在最近的几周里,我们看到其中一些问题正在迅速得到解决。[⑥]

与"专利蟑螂"类似,中国的滥用者通过假冒他人的发明、"商标抢注"或者其他手段利用

---

① Congressional Committee Reports, H.R. NO. 113-279 (2013 bill) and H.R. NO. 114-235 (2015 bill).众议员古拉特(Goodlatte)于 2013 年 10 月在第 113 届国会和 2015 年 2 月在第 114 届国会上提出了旨在减少专利诉讼的《创新法案》(HR 3309)。

② 157 CONG. REC. S936-53 (statement of Senator Leahy).

③ Charles Duhigg and Steve Lohr, The Patent, Used as a Sword, http://www.nytimes.com/2012/10/08/technology/patent-wars-among-tech-giants-can-stifle-competition.html,下载日期:2019 年 4 月 4 日;Gary Becker, On Reforming the Patent System, https://www.becker-posner-blog.com/2013/07/on-reforming-the-patent-system-becker.html,下载日期:2019 年 4 月 4 日。

④ Eric M. Griffin, Stop Relying on Uncle Sam! —A Proactive Approach to Copyright Protection in the People's Republic of China, *Tex. Intell. Prop. L. J.*, Vol.6, 1998, pp.181-82.

⑤ 对于外国公司而言的主要问题是"商标抢注":例如,中国运动服公司乔丹体育有限公司注册了迈克尔·乔丹(Michael Jordan)品牌"乔丹"(Jordan)的中文字符音译,这带来了数年的诉讼,直到中国最高人民法院下令将"乔丹"音译(以中文显示)被撤销,但是允许抢注者将"乔丹"商标保留在罗马字母中。Keelin Hargadon, 3 Strategies Used by Chinese Trademark Squatters, https://www.becker-posner-blog.com/2013/07/on-reforming-the-patent-system-becker.html,下载日期:2019 年 4 月 4 日。

⑥ 指 2019 年《商标法》和《反不正当竞争法》的修订。——译者注

正处于发展阶段的知识产权保护来为自己攫取经济利益。[①] 这些现象导致创造成果市场价值下降,并且给原始创新者带来了困难,本地人才被扼杀,外部创新者则不愿将他们的创新暴露在无法执行的侵权风险之中。[②]

尽管中美两国现有的知识产权制度各有不同的背景,且沿着不同的途径发展而来,但是两国都还有更多的工作要做,以使创新发挥最大的潜力。换句话说,尽管两个国家采取了不同的方向,但是它们已经处于相近或者至少是相似的地位,为彼此之间的进一步相互学习创造了很多机会。

(三)创新的现状

就当前的创新状态而言,优先考虑短期目标的主要问题在于创新生态系统已经受到损害,致使创新者丧失信心,或者迫使创新者寻求其他形式的保护,从而导致经济表现不佳。

1.高效的侵权人

美国弱化的知识产权保护导致知识产权侵权者开始滥用策略,公司通过成本效益分析认为:无视创新者的知识产权要比支付许可费更加符合成本效益原则。这种"有效的侵权者"得益于当今美国被弱化的专利制度,创新者面临可专利性难题以及难以针对侵权者获得禁令的问题。[③]《马基纳法律报告》(*Lex Machina Report*)发现,2015—2018 年之间美国的专利诉讼下降了 1/3 以上。[④] 考虑到强制执行的微不足道的威慑力,侵权人认为诉讼的风险不会比支付专利使用费获得许可来得更高,因此选择在未经专利权人同意的情况下肆意使用受专利保护的发明。[⑤]

在这种情况下,当侵权者不受惩罚且能轻易获取所有收益时,创新者几乎没有动力去花费时间、精力和资金从事创新。[⑥] 创新者要么停止创新,要么将创新努力转移到那些商业秘密保护的领域。

---

① Thomas J. Holmes, Ellen R. McGrattan & Edward C. Prescott, *The Costs of Quid Pro Quo*, Federal Reserve Bank of Minneapolis Economic Policy Paper, 15-1 (January 2015)(据估计,截至 2010 年,中国公司拥有的全部技术中有一半以上是从外国公司获得的).

② Charan J. Sandhu, Rami Sherman., Gordon Gao, *Current Issues in Chinese IP Licensing*, March 3 (2017).

③ 全球创新政策中心(GIPC)高级副总裁帕特里克·基尔布赖德(Patrick Kilbride)在新闻发布会上宣布的在知识产权指数方面的发现;IPWatchdog, U.S. Patent System Jumps to Tie for Second Place in International IP Index, https://www.ipwatchdog.com/2019/02/07/u-s-patent-system-jumps-tie-second-place-us-international-ip-index/id=106131/, 下载日期: 2019 年 4 月 4 日。

④ Ryan Davis, Patent Injunctions Drop Sharply in 2018, https://www.law360.com/articles/1121976/patent-injunctions-drop-sharply-in-2018., 下载日期:2019 年 4 月 4 日(据报道,2015 年专利诉讼数量为 5831 件,而 2018 年只有 3657 件)。

⑤ David J. Kappos, Richard Ludwin & Marc Ehrlich, From Efficient Licensing to Efficient Infringement, 255 *N.Y.L.J.*, Vol.255, 2016. p.1.

⑥ David J. Kappos, The Antitrust Assault on Intellectual Property, *Harv. J. Law & Tec*, Vol.31, 2018, p.667; Christopher Mims, How "Hoverboards" Epitomize Our Broken Patent System, https://www.wsj.com/articles/how-hoverboards-epitomize-our-broken-patent-system-1450674060, 下载日期: 2019 年 4 月 4 日("在纠纷中最能主张发明了争议技术的人……将不得不为了使其被许可人以及其自己的公司可以出售产品而达成和解,否则他的产品将由于便宜的中国产品或者专利诉讼的挤压而被迫退出市场")。

2.商业秘密制度的优势

专利制度被削弱的另一个特征表现为越来越多的创新者转向商业秘密而不是专利保护。当发明可能不符合可专利的标准(例如,如前所述,在美国受到可专利保护的主题范围缩小的情况下),或者尽管该发明能够获得专利保护,但创新者认为商业秘密保护会更好地为他们的利益服务时,商业秘密保护变得更加具有吸引力。[①]

顾名思义,商业秘密是不可公开获得的,也不会成为普通知识的一部分。如前文所述,商业秘密保护可以避免专利到期导致专利权消灭以及有效侵权的问题。但是,商业秘密在反向工程面前是十分脆弱的,而且也不提供一种专有的使用权。此外,如果商业秘密被公开,则所有人都可以任意接触和使用。然而尽管如此,许多创新者宁愿承担这些风险,也不愿意接受专利制度下保护的不确定性。最终由创新生态系统承担无法再受益于共享知识的损失。

3.不公开的创新

商业秘密会无限期地阻碍知识传播,并会阻碍基于共享创新的协作。有影响力的知识仅能在少数人之间共享,所造成的损害是无法估量的,因为无法预计如果公开披露该知识,人们会进一步创造出什么样的创新成果。

中国、美国和世界各地的创新者、实施者和消费者都面临着双输的局面,导致很多价值剩余没能得到有效分配。而在能够为每一个参与者的创新提供更佳保护的专利制度中,这些利益本来可以在所有的参与者之中共享。

二、协调知识产权政策促进创新繁荣

对知识产权保护优化不足导致了创新的减少。问题仍然是,什么水平的知识产权保护才能使创新发挥最大潜力?本文将讨论中国目前的积极改革,然后转向从美国经验中可以汲取的教训,最后为下一步的发展方向提供一些指导。

(一)中国是亚洲知识产权发展的晴雨表

越来越多的中国公司正在或者将要将创新活动扩展至国外或者出口其创新产品。如果在中国国内和国外没能提供足够的保护,那么这些创新产品将面临被侵夺的风险。中国明白进一步的改革是必要的,其改革知识产权制度的愿望并不是最近才提出来的。从2001年开始,作为加入世界贸易组织的条件之一,中国承诺加入《与贸易有关的知识产权协议》。[②]随后,2011年,田力普局长发布了《国家专利战略纲要》[③],以指导中国建立、利用和管理专利制度以鼓励经济发展。[④] 作为“一带一路”倡议的一部分,2018年8月和2019年4月在北京

① WIPO, Patents or Trade Secrets, https://www.wipint/sme/zh/ip_business/trade_secrets/patent_trade.htm,下载日期:2019年3月28日。

② Agreement on Trade-Related Aspects of Intellectual Property Rights, Apr. 15, 1994, Marrakesh Agreement Establishing the World Trade Organization, Annex 1C, 1869 U.N.T.S. 299, 33 I.L.M. 1197.

③ 该《纲要》实际上是由国务院发布的。——译者注

④ 需要注意的是,该战略包括针对年度专利申请量的预期指标。

专门召开会议讨论制定国家知识产权合作计划。① 在这种背景下，中国考虑的不仅是引入知识产权，还要考虑在“一带一路”倡议下有大量的本国的知识产权随着中国公司走向全球。② 这导致了中国的重要知识产权改革，以与国际趋势保持一致为导向，加强知识产权保护、强化对侵权行为的遏制。

1.顺应国际趋势

中国的改革使其在全球创新指数中的排名上升，跃居领先创新经济体的梯队。③ 2018 年 8 月发生了一项重大变化，中国专利和商标管理机构进行了重组，组建了中国国家知识产权局（CNIPA）。④ 这与中国管理机构整合的趋势一致，大大提高了知识产权保护中协调和管理的效率。⑤

中国还在新的《外国投资法》第 22 条中明确规定了与外国投资者相关的知识产权保护条款。⑥ 该条款规定外国投资者持有的知识产权将享有与中国本国公司相同的保护水平。⑦ 这项积极举措为创新提供了良好的环境，有利于促进中国创新蓬勃发展。

2.加强执法

中国审理的与知识产权有关的诉讼比世界上其他任何地方都多。⑧ 中国正在采取积极措施来处理这些案件。首先，采用了双轨制的执法机制，该机制由法院系统和地方知识产权局的行政执法组成。这种框架是司法执行框架的重大进步，它将有助于通过市场而非政府干预来保护知识产权。中国最高人民法院设立了专门的国家知识产权上诉法庭，该法庭从

① Belt and Road Portal, *Belt & Road Countries to Plan IP Cooperation*, https://eng.yidaiyilu.gov.cn/home/rolling/63604.htm，下载日期：2019 年 4 月 4 日。

② 要求进行知识产权保护改革的呼吁不再仅仅来源于外部；相反，来自中国公司的内部压力越来越大，这些公司是商标侵权的受害者。Liang Haiming, Opinion: IP Protection is Crucial to the Belt and Road Initiative, https://news.cgtn.com/news/3d3d774d7a51444f79457a6333566d54/share_p.html，下载日期：2019 年 4 月 4 日。

③ Cornell University, INSEAD, and WIPO, *The Global Innovation Index 2018: Energizing the World with Innovation*, Ithaca, Fontainebleau, and Geneva, xxxiii (2019)(指出自 2016 年以来，中国一直位居前 25 名，并在 2018 年全球创新指数中位居第 17 位).

④ 前身为中国国家知识产权局(China's State Intellectual Property Office)。中国国家知识产权局整合了过去的专利和商标主管机构。

⑤ Elizabeth Chien Hale, Intellectual Property Partner at CKR law, Practicing Law Institute on *The Chinese Intellectual Property Framework —Structural Changes* (March 4, 2019).

⑥ 2019 年 3 月 15 日通过的新《外商投资法》第 20 条规定：“国家依法保护外国投资者和外商投资企业的知识产权，保护知识产权持有人和有关权利持有人的合法权益，并鼓励基于自愿和商业规则的技术合作。”

⑦ Steve Dickinson, China's New Foreign Investment Law and Forced Technology Transfer: Same As It Ever Was, https://www.chinalawblog.com/2019/03/chinas-new-foreign-investment-law-and-forced-technology-transfer-same-as-it-ever-was.html，下载日期：2019 年 4 月 4 日。

⑧ Amy Hsiao, Why China Is the Most Litigious IP Society in the World?, https://lastweekinchina.com/why-china-is-the-most-litigious-ip-society-in-the-world/，下载日期：2019 年 4 月 4 日。

2019年1月以来开始运作。[①] 希望新的法庭在2014年10月最高人民法院设立的知识产权专门法院的基础之上进一步推进各个省份知识产权法律适用的统一。

3.强化对侵权的遏制

中国法院有权判决给予法定赔偿金,该规则在侵权人通过成本收益分析之后起到了遏制作用。2009年,法定赔偿金增加了一倍,诉讼成本的规则开始实施,对假冒专利的行为引入了刑事制裁。[②] 2019年,我们有望看到加法定赔偿数的进一步增加,以及对故意侵权的惩罚性赔偿的建立。[③]

除了需要应对大量涌入的外国公司,中国还面临着相互矛盾的国内利益。一方面,来自假冒和仿冒贸易;另一方面,来自新兴的本地发明家和品牌。总体来看,中国已经为国内外知识产权提供了更大的保护,中国产生的专有知识产权数量已经超过世界上其他任何国家(事实上,笔者认为,这一数字比其他所有国家的总和还多)。[④] 但是,中国鼓励人们利用专利制度这一过度宽泛的激励政策已经超出了制度的实际效用。事实上,此类政策导致的滥用程度已经超过其价值,必须制止这种情况。虽然申请量巨大,但是流失率也很高(例如,上海光华专利商标事务所报告称,在中国的外观设计专利中有91%在第五年就被放弃了),这表明它们缺乏价值。[⑤]

从假冒、仿冒到创新和知识产权保护文化的观念转变,标志着中国在与西方接轨方面迈出了一大步。专利数量证明了这一转变,但是还有需要改进的地方,现在急需关注的重点是

---

① Mark Cohen, Harry Fang, Steve Song., Jerry Liu., A Federal Circuit with Chinese Characteristics?—The Launch of China's New National Appellate IP Court, https://chinaipr.com/2019/01/04/a-federal-circuit-with-chinese-characteristics-the-launch-of-chinas-new-national-appellate-ip-court-%E4%B8%AD%E5%9B%BD%E7%89%B9%E8%89%B2%E7%9A%84%E8%81%94%E9%82%A6%E5%B7%A1/, 下载日期:2019年4月4日。

② 假冒专利是指侵权人在其产品上使用他人的专利号。Qian Huang., Paul Devinsky., China-Home and Away: The Next IP Powerhouse, http://www.law360.com/articles/123719/print? section=texas, 下载日期:2019年4月4日。

③ Han-Mei Tso, The PRC to Increase Damages for Patent Infringement, https://oshaliang.com/uncategorized/china-to-increase-damages-for-patent-infringement/, 下载日期:2019年4月4日[指出,法定赔偿范围从1万元人民币到100万元人民币增长到10万元人民币到500万元人民币。这个新的区间大致相当于14800美元到740000美元(基于2019年4月1日的汇率)]。

④ WIPO, *World Intellectual Property Indicators* 2018, p.24(2017年,"中国收到138万件专利申请,是美国的2倍").

⑤ Lulu Yilun Chen, China Claims More Patents Than Any Country—Most Are Worthless, https://www.bloomberg.com/news/articles/2018-09-26/china-claims-more-patents-than-any-country-most-are-worthless, 下载日期:2019年4月4日。

从数量转向质量。[①] 质量是通过专利的技术和经济价值来衡量的。[②] 中国可以进一步完善知识产权制度来赋予这种价值，借鉴美国取得的成绩，避免美国面临的困难。

（二）美国为中国制定知识产权政策提供战略参考

如前文所述，如果没有知识产权制度提供的正面激励措施，尤其是没有专利保护，创新者就没有分享他们的想法的动机，甚至会产生消极的动因。知识产权制度必须寻求一种平衡，以鼓励利用其保护高质量的创新，同时避免各种形式的滥用，并且推动进一步的技术突破。的确，对于任何单个国家而言都要实现这种微妙的三向平衡。更加具有挑战性的是，全球知识产权制度必须在各国之间寻求这种平衡。为此，每个知识产权制度进行的改革都要深思熟虑，以能够优先考虑受保护权利的质量。最好的方式是通过各国家专利局来实现上述目标。

1.谨慎改革

正如温斯顿·丘吉尔（Winston Churchill）巧妙地指出的那样："你可以相信美国人会做正确的事。当然，是在他们尝尽其他一切可能之后。"世界其他地区可以避免美国面临的知识产权相关问题（当然，在某些情况下，问题具有自身特点），在决策过程中学习这些经验制定行动纲领。从美国的改革中可以看出，削弱知识产权制度不但不会解决根本问题，反而会扼杀创新。此外，在美国，最具有误导性的政策是根据毫无根据的理论风险制定的。因此，作为最佳实践，任何新政策都需要以经验证据为基础，而不仅仅是基于对潜在风险的担忧。特别是对于专利主题而言，这意味着必须保持宽泛的保护范围。[③]

接受宽泛的可专利范围将不可避免地在边界方面产生争议，而且没有能够阻止激进诉讼策略的改革方案。但是，以边缘性纠纷主导政策制定将导致知识产权被边缘化到无关紧要的地步。一个人的"滥用"必然就是另一个人对权利的捍卫。最佳方法是通过法院解决这些争端，而不是以这些边缘性争议为中心制定政策。在开始讨论任何现实的、可实现的知识产权平衡状态之前，必须接受的是，任何被一个支持者认为是完整的、无懈可击的解决方案在其他多数人看来几乎肯定是有害的。

制定一个在保护的范围和内容上都最为合理的知识产权制度，能够防止经证明的滥用的发生，同时还能确保高质量的创新得到保护。

---

① WIPO, *The Global Innovation Index* 2018: *Energizing the World with Innovation*, Ithaca, Fontainebleau, and Geneva, p.xxxiii (2019); David J. Kappos, IP Insider: Strengthening Patent Value to Incentivise Innovation in China, https://www.iam-media.com/law-policy/ip-insider-strengthening-patent-value-incentivise-innovation-china，下载日期：2019 年 4 月 4 日。

② Daiko T., Dernis H., Dosso M., Gkotsis P., Squicciarini M., Vezzani A., The Product Differentiation Strategies of Top R&D Investors: Designs, in World Corporate Top R&D Investors: *Industrial Property*, 2017, p.28; Squicciarini, M., Dernis, H., *Criscuolo*, C., *Measuring Patent Quality*: *Indicators of Technological and Economic Value*, OECD Science, Technology and Industry Working Papers, 2013, p.6.

③ David J. Kappos., Jessica M. Goodman, The Role of IP in Economic Growth: Looking Back, Looking Forward, *IPAJ*, Vol.14, 2018, p.60.

2.质量而不是数量

必须保障专利授权的质量。这既可以将出色的新产品推向市场,也可以限制那些未经认真研发获得的专利的不良影响。内部和外部的审查有利于推进此进程。一个外部审查的例子是,美国专利商标局和中国国家知识产权局均采用的授权后审查程序,该程序允许在法院以外以更快捷、成本更低的方式对已授权专利提出异议,淘汰那些不应从保护中受益的专利。[①]

3.国家专利局推动的改进

美国专利商标局对专利强度下降以及随之而来的创新能力下降引发的问题保持警惕。2018年,美国因专利有效性的不确定性,在全球知识产权体系强度指数中排名第12位。在接下来的一年,美国专利商标局进行了改革。改革之后,美国在2019年的排名中位居第二。[②] 美国仍然被视为"知识产权执法和保护的全球领导者和标准制定者",并且通过解决这些问题,人们希望美国继续引领这一趋势,并为其他国家树立榜样。[③]

提出基于保障质量的专利授权标准的好处之一在于,可以使全球各地的专利局无缝地相互承认彼此的工作,从而使创新者可以确保从不同地域更可靠地保护其知识产权。包括中国国家知识产权局和美国专利商标局在内的许多专利局已经在共同开展重要工作,包括通过各类国际组织开展交流,如2019年3月举办了WTO-WIPO决策者知识产权高级培训课程。[④] 当然,十几年来,通过专利审查高速路等计划进行的工作共享模式已经被固定下来,事实证明是有质量、高效率的,对各专利局之间加强相互了解大有益处。需要提高到新水平的是,专利局之间更加紧密的工作共享,使得发明人的申请可以在多个国家或地区(得到高效)处理。这既可以避免专利局的重复工作,从而加快审查速度;同时还可以提高已发布专利的质量,避免对同一个申请产生不同意见。借助多个司法管辖区的知识产权保护,创新者可以更有效率地将产品推向全球市场,从而产生积极的社会影响并促进经济增长。

在以上几个方面下功夫,世界各地的决策者可以解决其知识产权制度中的现有缺陷,同时为他们应对21世纪的创新挑战提供了有益的参考,这些挑战包括数据、区块链和人工智能的增长,其影响通常是跨境的。

---

① Leahy-Smith America Invents Act, Pub. L. No. 112-29, 125 Stat. 284 (2011)(被编入《美国法典》第35编)(引入了多方复审程序,该程序是授权后的审查,不适用推定有效性)。

② Global Innovation Policy Center, *Inspiring Tomorrow —U.S. Chamber International IP Index*, 7th ed., 2019, p.vi; IPWatchdog, U.S. Patent System Jumps to Tie for Second Place in International IP Index, https://www.ipwatchdog.com/2019/02/07/u-s-patent-system-jumps-tie-second-place-us-international-ip-index/id=106131/, 下载日期:2019年4月4日。"其中包括以下改革措施:从多方复审程序中权利要求结构标准、联邦法院采用的菲利普斯(Phillips)标准、审查指南对于明确何种知识产权可以主张的改变,到与法官指派和发表先例意见有关的标准操作程序的改变。"

③ IPWatchdog, U.S. Patent System Jumps to Tie for Second Place in International IP Index, https://www.ipwatchdog.com/2019/02/07/u-s-patent-system-jumps-tie-second-place-us-international-ip-index/id=106131/, 下载日期:2019年4月4日。

④ WORLD TRADE ORGANIZATION, 11th WTO-WIPO Advanced Course on Intellectual Property for Policymakers Concludes in Geneva, https://www.wto.org/english/news_e/news19_e/trip_29mar19_e.htm., 下载日期:2019年4月4日。

(三)构建命运共同体

今天在中国进行改革的范围和规模,对于中国的创新者以及活跃于中国市场的外国公司而言都是至关重要的。强化知识产权保护与国家"中国制造 2025"的计划相契合,表明中国已经认识到知识创造、研发和先进的制造业——创新——的价值。[①] 中国必须制定政策促进本土的、独一无二的创新,同时为寻求进入中国市场的外国创新者提供平等的机遇和机会。为此,除了营造一种包容世界的创新文化——共筑创新命运共同体之外,别无他途。[②] 这些努力应当纳入"一带一路"倡议等全球性倡议之中,据此中国与其他国家开展合作,建立一个坚实可靠的全球知识产权制度,以赢得鼓励进一步创新所需的信任。[③]

技术不再被产业孤立,创新很容易跨越国界。知识产权制度需要全球协作和合作才能适应这些新现实。现在,创新的影响是多极的,美国和中国处于有抱负的影响者的最前沿。因此,两国都必须努力强化知识产权制度,同时努力建立更加标准化的全球知识产权制度。"一带一路"倡议提供了千载难逢的机会,借此机会可以建立引导性的、全球性的知识产权规范,并在全球范围内成为创新的引领者。

---

① THE PEOPLE'S REPUBLIC OF CHINA WEBSITE, Made in the PRC 2025, http://english.gov.cn/2016special/madeinchina2025/, 下载日期:2019 年 3 月 30 日; Kevin Hamlin, Yinan Zhao, Xiaoqing Pi., How "Made in the PRC 2025" Frames Trump's Trade Gripes, https://www.bloomberg.com/news/articles/2018-12-13/how-made-in-china-2025-frames-trump-s-trade-gripes-quicktake, 下载日期:2019 年 3 月 30 日。

② Jacob Schindler, How the Global IP Market Looks from the Heart of China's High-tech Industry, https://www.iam-media.com/litigation/how-global-ip-market-looks-shenzhen., 下载日期:2019 年 4 月 4 日。

③ Edelman Intelligence, GE Global Innovation Barometer Summary Report, https://s3.amazonaws.com/dsg.files.app.content.prod/gereports/wp-content/uploads/2018/02/12141008/ GE_Global_Innovation_Barometer_2018-Summary_Report.pdf, 下载日期:2019 年 4 月 4 日。

中国创新发展的实现路径与反思

■王　俊*

摘　要:总结改革开放以来中国在创新和知识产权领域的发展经验可以发现,建立与经济发展阶段相适应的知识产权保护水平,不断完善有利于创新和知识产权发展的市场经济基础,以及政府积极推动创新发展是中国创新和知识产权发展的重要基础。而政府的不当干预也是中国创新质量与数量的非同步提高的重要原因。中国未来的创新发展需要在市场和政府驱动创新之间维持精妙的平衡。

关键词:创新发展;创新质量;知识产权;政府干预

The Realization Path and Reflection of Innovative Development in China

Wang Jun

Abstract: Summing up China's development experience in the field of innovation and intellectual property since the reform and opening up, we can find that establishing a level of intellectual property protection that is compatible with the stage of economic development, continuously improving the market economy foundation that is conducive to innovation and intellectual property development, and the government's active promotion of innovation are important foundations for China's innovation and intellectual property development. The improper government intervention is also an important reason for the asynchronous improvement of China's innovation quality and quantity. China's future innovation development needs to maintain a delicate balance between market-driven and government-driven innovation.

Key Words: Innovation Development; Innovation Quality; Intellectual Property; Government Intervention

回顾改革开放以来中国在创新与知识产权领域的发展历程,我们既惊叹于中国在 40 多年间取得的惊人成就,也不得不直面中国在知识产权数量与创新能力这两项本应齐头并进的领域,却出现了某种程度的背离。知识产权数量被公认作为一个企业、区域乃至国家创新能力的重要衡量指标。在知识产权数量方面,中国在专利、商标等多项数量指标方面早已稳居世界第一。然而,在创新能力方面,我们却远远不敢自称世界第一。我们应当如何理解中

* 王俊,厦门大学知识产权研究院助理教授,厦门大学“一带一路”研究院研究员。

国在知识产权数量方面所取得的巨大成绩，上述成绩是由何种因素推动的；与此同时，又应当如何看待中国在创新能力方面与知识产权数量世界第一的成绩不匹配的现状，我们应当从哪些方面着手以改变这一现状，从而真正实现从知识产权大国向创新强国的转变？寻找上述问题的答案，对于中国未来或者说下一个40年创新和知识产权的发展具有重要的理论和现实意义。结合相关理论和实证研究，笔者尝试归纳和总结改革开放以来，中国在创新和知识产权发展过程中的有益经验和失败教训，从而厘清未来中国创新发展的方向。

一、与经济发展阶段相适应的知识产权保护水平

知识产权基本法律制度的建立和完善无疑是中国知识产权发展的前提和基础。改革开放后中国开始重建知识产权法律制度，直到1982年、1984年和1990年，新中国的第一部《商标法》、《专利法》和《著作权法》才分别正式颁布，中国的知识产权保护终于做到了有法可依。然而，制定这些法律时，中国尚处于从计划经济向市场经济过渡的时期，农业占国民经济的主要比重，对保护知识产权、推动创新还缺乏紧迫性。因此，最初制定的知识产权法对于知识产权的保护，无论在保护的标准还是水平上都相对较低，甚至可以说，只是对知识产权提供了最低水平的保护。例如1982年制定的《商标法》中，没有对集体商标、证明商标和驰名商标进行保护的规定，也没有对“优先权”进行保护的规定。1984年制定的《专利法》中，规定对于药品、用化学方法获得的物质以及食品、饮料、调味品不授予专利权，专利权的保护期限也相对较短。而1990年制定的《著作权法》对著作权中财产权的规定相对简略，当时只是规定了使用权和获得报酬权。此外，对于杂技艺术作品、建筑作品和汇编作品都未被列入著作权保护的客体。

而随着改革开放的深入，中国与世界范围内其他国家的经贸往来日益频繁。同时，在改革开放初期，中国经济面临资金、技术等诸多方面的短缺，迫切需要引进外商投资和先进的技术。而只有接受当时业已确立的国际贸易和知识产权保护规则，中国才能够被接纳并有效地参与国际经济与贸易。因此，中国陆续加入了《巴黎公约》《马德里协定》《伯尔尼公约》《与贸易有关的知识产权协定》等国际条约，并于2001年成为世界贸易组织的成员。这些进展客观上要求中国依据国际标准提高知识产权的保护水平。同时，随着中国国际交往和对外贸易的不断增多，国际社会也在不断对中国施加知识产权保护的压力。特别是自1989年以来，美国贸易代表办公室(Office of the US Trade Representative, USTR)每年都会根据《1974年贸易法》(*Trade Act of* 1974)第182节(主要是其中的第301条)单方面发布针对外国知识产权保护情况的年度报告——《特别301报告》(Special 301 Report)，该报告根据各国知识产权保护状况和水平依次确定重点国家、优先观察国家和观察国家名单，一旦被列入重点国家或者优先观察国家名单，美国贸易代表办公室便会考虑对该国进行调查，从而决定是否对该国采取相应的贸易制裁措施。从1989年起，中国就被美国列入了优先观察国家名单，1991年4月26日，美国将中国从“优先观察国家”名单升至“重点国家”名单中，指责

中国缺乏对美国知识产权充分有效的保护。同年12月3日,美国宣布进行贸易报复。[①]

经过中美双方的多轮谈判和交锋,其后在1992年、1994年和1996年,中美之间分别达成了《中国关于知识产权保护的谅解备忘录》《中美关于保护知识产权的协议》等三个协议,中国接受了美国大部分的对于加强知识产权保护的要求,因此修订了《专利法》《商标法》,颁布了《反不正当竞争法》,加强了对知识产权的法律保护。特别是中国为了加入世界贸易组织,需要达到《与贸易有关的知识产权协定》的要求,因此,在1992年和2000年,中国两次修订了《专利法》,从而扩大了专利权授予的范围、延长了专利的保护期限、完善了申请及审批程序、取消了专利权依所有制的不同而存在的权利上的差异等。同时在1993年和2001年也分别对《商标法》进行了两次修订,主要修改包括逐步将服务商标、集体商标、驰名商标等纳入保护范围,增加了注册不当商标的撤销程序和商标在先权的保护,加强了商标的使用管理,扩大了商标权利的主体范围等。这些知识产权法律的修订,逐步提高了中国的知识产权保护水平。

然而,虽然在国际社会,特别是美国的压力下中国通过不断修改知识产权法律法规,使得其与美国以及其他国家的知识产权法律规定保持一致;但是,对于尚处于经济发展初期,创新能力相对较弱的中国来说,过早地采取强知识产权保护举措是否合适也是值得思考的。事实上,现有研究关于知识产权保护水平与经济发展阶段关系的研究普遍认为,知识产权保护水平应当同经济发展阶段相适应。Chen和Puttitanun(2005)构建了针对发展中国家创新和知识产权保护之间关系的理论模型,结果表明发展中国家的创新与知识产权保护之间存在正向的关系,但最优的知识产权保护水平与经济发展水平之间存在非线性的关系,经济发展水平低时,知识产权保护水平会随着经济增长而降低;但当经济发展水平较高时,知识产权保护水平应随之提高。[②] 产生上述理论结果的关键原因在于,一国的经济发展水平较低时,创新的重要来源在于模仿;而同时知识产权保护水平的逐步提高,可以提供给发展中国家知识产权相关产业通过模仿而实现前期积累,并最终实现创新发展的成长空间。作者还使用64国的面板数据来为这些理论结果提供了实证支持。Kim等(2012)研究也认为,经济发展阶段不同的国家应当适用不同的知识产权规则。[③] 董雪兵等(2012)通过构建"知识—生产"两部门模型,分析了知识产权对经济增长的影响机制,认为对于中国而言,在经济转型的初期,选择较弱的知识产权保护强度有利于经济增长;但当经济发展到一定水平后,较强的知识产权保护强度更有利于促进经济的长期增长。[④] 郭春野和庄子银(2012)在南北产品周期模型中引入南方国家的自主创新和技能劳动约束,同样认为南方国家存在一个最

---

① 实际上中国长期被列入美国的《特别301报告》名单,当前中美贸易战的起源也是2018年3月23日,美国总统特朗普在白宫签署备忘录,宣布基于"301调查"结果,将对从中国进口的商品大规模征收高额关税、对中资投资美国设限并在世贸组织采取针对中国的行动等。

② Chen Y & Puttitanun T., Intellectual Property Rights and Innovation in Developing Countries, *Journal of Development Economics*, Vol.78, 2005, pp.474-493.

③ Kim Y K., et al. Appropriate Intellectual Property Protection and Economic Growth in Countries at Different Levels of Development, *Research policy*, Vol.41, 2012, pp.358-375.

④ 董雪兵、朱慧、康继军、宋顺锋:《转型期知识产权保护制度的增长效应研究》,载《经济研究》2012年第8期。

优的知识产权保护强度，该保护强度的水平取决于南方国家的技术水平以及市场的竞争程度。[①]

那么，中国是如何解决技术领先的发达国家对我国提高知识产权保护水平的外部压力和作为发展中国家的我们应当建立适应当时中国经济发展阶段需要的知识产权保护水平的冲突的？笔者认为，我们采取的途径是在立法中虽然与发达国家高水平保护相一致，但在具体的知识产权司法和执法过程中存在保留。韩玉雄和李怀祖(2005)以Ginarte-Park方法为基础，从保护的覆盖范围、是否加入相关国际条约、保护期限等知识产权立法保护的维度测度了中国知识产权保护指数，如表1所示。从表1可以发现，特别是随着1992年、2000年专利法的修订，中国知识产权立法保护指数是在大幅增长的，显示了中国知识产权立法保护强度的不断提升。[②] 然而，通过利用律师比例、立法时间、人均GDP、是否为WTO成员衡量社会法制化程度、法律体系的完备程度、经济发展水平、国际社会的监督与制衡机制作为中国知识产权执法力度的衡量指标，笔者发现，相对于立法保护指数，中国知识产权保护执法力度的提升是相对平缓的。上述指标衡量的只是知识产权保护执法的一个侧面，司法领域存在的诸如司法地方保护、司法不独立以及司法腐败等问题[③]，均会影响知识产权保护的实际水平。2015年美国《特别301报告》也提出了中国的立法和具体指导法律事实的法律解释不一致的问题。例如对于中国的药品专利保护，该报告指出，“尽管中国专利审查的原则性规定跟美国以及其他国家专利局的相关规定一致，但出台的相关解释却严重限制了专利申请人提供补充数据以支持其申请的权利”。[④]

表1　中国历年知识产权保护水平

年份	知识产权立法保护指数	执法力度
1990	1.512	0.279
1991	1.512	0.296
1992	2.857	0.333
1993	3.190	0.383
1994	3.190	0.397
1995	3.190	0.447
1996	3.190	0.491
1997	3.190	0.522
1998	3.190	0.550
1999	3.524	0.581
2000	3.524	0.619
2001	4.190	0.654
2002	4.190	0.678

资料来源：源自韩玉雄和李怀祖(2005)。

① 郭春野、庄子银：《知识产权保护与“南方”国家的自主创新激励》，载《经济研究》2012年第9期。

② 韩玉雄、李怀祖：《关于中国知识产权保护水平的定量分析》，载《科学学研究》2005年第3期。

③ 龙小宁、王俊：《中国司法地方保护主义：基于知识产权案例的研究》，载《中国经济问题》2014年第3期；刘作翔：《中国司法地方保护主义之批判》，载《法学研究》2003年第1期；施鹏鹏：《我国司法腐败的现状与遏制——以20个省/自治区/直辖市的实证调查为分析样本》，载《证据科学》2016年第1期。

④ 智合网：《美特别301报告将中国知产状况列上黑名单》，https://www.zhihedongfang.com/10247.html.，下载日期：2019年10月4日。

因此,虽然在立法保护水平上,中国在国际社会的压力面前已经逐步与国际标准保持一致,但由于中国在具体的执法和司法中还无法做到与立法保护相适应的水平,导致中国的知识产权保护是在较高的立法保护水平之上有折扣地执行,从而能够做到使中国的知识产权保护处于与中国的经济和创新发展阶段相适应的保护强度,有力地促进了中国的知识产权和创新水平的稳步提升。

然而,进入21世纪后,随着中国创新能力的不断积累和提升,中国也逐步意识到主动加强知识产权保护对于提升自主创新能力,推动产业结构转型升级的重要意义。因此,这一阶段中国知识产权法律的修订和完善也从被动地接受西方知识产权保护规则而与之接轨,逐步向主动探索设立适应中国创新发展需要的知识产权制度进行转型。2008年《专利法》第三次修订,以及正在进行的《专利法》第四次修订,其中关于完善专利行政执法,明确职务发明的激励机制,新设专利开放许可制度等方面进一步优化完善我国的专利权的相关制度。以及2019年《商标法》第四次修改针对商标恶意注册问题的制度性回应等,均是植根于我国知识产权保护实践的需要,针对我国知识产权发展过程中存在的问题,属于适应我国创新发展需要的特色制度设计。

从中国对知识产权立法保护的发展变迁可以看出,中国的知识产权保护走出了一条从最初的不愿意给予知识产权较强的保护,到后来在一定程度上因为外界压力的原因而不得不提高保护的水平,然而,通过执法平衡与中国实际需要不相契合的高强度立法保护,实现了与不同阶段创新发展需要相适应的整体知识产权保护水平。再到近年来出于自身发展创新经济的需要而主动进行的知识产权法的修订的轨迹。这样一条立法轨迹的选择在一开始虽可能非出于本意,但理论和实证研究均表明,这样的选择是正确并有利于发展中国家创新发展的。因此,中国在知识产权法律的制定和完善过程中走出的一条渐进发展路径是符合中国在特定历史阶段的发展需要的。

实证研究也进一步表明历次知识产权法的修订确实对知识产权和创新发展产生了积极影响。以专利法的修订为例,一方面,相当数量的研究发现专利法的修订对于专利数量的增长具有积极效果;①另一方面,也有研究表明专利法的修订对于以全要素生产率、创新边际产出具有积极影响。②

因此,中国知识产权保护制度从无到有,从低水平保护到逐步同国际接轨,但通过灵活执法平衡超过中国知识产权和创新发展实际需要的立法水平,再到适应中国创新发展的需要而不断完善,保障和推动了中国知识产权的高速发展。

---

① Hu A G & Jefferson G H, A Great Wall of Patents: What is Behind China's Recent Patent Explosion?, *Journal of Development Economics*, Vol.90, 2009, pp.57-68; Yueh L., Patent Laws and Innovation in China, *International Review of Law and Economics*, Vol.29, 2009, pp.304-313;张古鹏、陈向东:《基于发明专利的专利制度变动效应研究》,载《科研管理》2012年第6期。

② 叶静怡、宋芳:《中国专利制度变革引致的创新效果研究》,载《经济科学》2006年第6期;Fleisher B & Zhou M, *Are Patent Laws Harmful to Developing Countries? Evidence from China*, Ohio State University, Department of Economics, 2010.

二、有利于创新和知识产权发展的市场经济基础

知识产权与创新如同一枚硬币的两面，创新是知识产权设立的目的，知识产权是激励创新的重要方式。然而，我们在反复地提及保护知识产权、推动创新的同时，往往却忽略了作为私权的知识产权，实现其推动创新的价值离不开市场这一重要基础。

正如美国前总统林肯所言，"专利制度是给天才之火添加利益之油"，而利益之油只有通过市场这一途径才能得到兑现。为什么知识产权制度最早诞生在西欧国家，而中国直到清末才开始被动地移植西方的知识产权制度？安守廉教授从中华帝国的立法思想是维护皇权，中国文化强调模仿的角度解释了这一问题。[①] 然而笔者认为，从市场的发育和作为市场主体的商人阶层的地位来理解中国历史上未能孵化出知识产权制度可能更为合理。由于欧洲封建制度相对薄弱，王室、贵族和商人团体相互制约，王权受到较大程度的限制。随着生产技术的进步，手工业专业化程度的加强，商品经济逐渐发展起来，国内外市场逐步形成。富裕的手工业作坊主成为资本家，而农业技术的进步也为资本家提供了大量可雇佣的剩余劳动力。14—15 世纪，地中海沿岸如威尼斯等城市已经开始出现资本主义生产关系的萌芽，并随后在荷兰、英国、法国等地不断发展。而中国历史上长期处于中央集权的统治下，君权对整个国家具有极强的掌控力量。虽然中国在明朝后期也出现了资本主义的萌芽，但始终被中央政府限制在一定的范围内，自给自足的小农经济始终是中国经济的主体，长期形成的重农抑商观念和士农工商的职业等级观念也不利于商品经济和资本主义关系的产生。因此，缺乏可供实现知识产权价值的资本市场的土壤，也就使得中国没有形成和建立知识产权制度的推动力。

因此，只有以市场经济为基础，坚持市场化的方向和道路，知识产权制度才能成为创新的重要助推器。中国自 20 世纪八九十年代重建知识产权制度以来，在知识产权和创新领域取得了卓越的成绩，而其重要背景，则是改革开放使得中国从计划经济向市场经济转型，并最终建立了社会主义市场经济体制。

为什么说在市场经济体制下知识产权制度才能真正发挥作用呢？市场经济具有自主性、平等性、竞争性和开放性的特征。其中自主性是指市场的参与方是独立的市场主体，能够独立自主地进行市场决策。平等性是指市场经济运行过程中各市场主体在商品、服务交换过程中具有平等的地位。竞争性是市场经济的本质，市场主体之间相互竞争，优胜劣汰。开放性是指市场主体为了获取利润，会不断地开拓市场，市场范围越大，越有利于市场主体发挥各自的比较优势，在市场竞争中取得有利地位。市场经济自主性、平等性、竞争性和开放性的特征是培育企业家，特别是培育企业家精神的基础性土壤，而创新是企业家特有的工具。[②] 无论是技术领域的创新还是以商业方法为核心的非技术领域、管理上的创新，均是市场经济环境下企业家基于新技术新知识、市场需求结构变化等因素，立足自身优势，从而有

---

① Alford W P, *To Steal a Book is an Elegant Offense: Intellectual Property Law in Chinese Civilization*, Stanford University Press, 1995.

② [美]彼得·德鲁克：《创新与企业家精神》，蔡文燕译，机械工业出版社 2018 年版，第 17 页。

目的地实施创新战略的结果。

知识产权作为一项私权,只有在市场经济条件下,具有自主性的市场主体具有自主决策的能力,能够自由决定知识产权的占有、使用、处分和收益,知识产权制度的创造才能够通过知识产权将外部收益内部化的方式对市场主体产生制度价值。同时,市场主体在市场经济竞争机制的作用下,也才有充分的动力通过研发获得发明创造,进而获得知识产权,从而在一定期限范围内形成市场的垄断优势。此外,市场主体在市场竞争中居于平等的市场地位,在市场竞争的压力下,获得竞争优势的重要途径就是创新,既包括产品的创新,也包括方法的创新,开放性的市场使得创新的价值被无限地放大,更能够激励市场主体获得知识产权,并通过市场机制将其知识产权优势运用到更为广阔的市场中,从而获得最大化的利润。

因此,如上所述,中国近年来在知识产权和创新领域取得的成绩,正是得益于中国市场经济体制的不断完善。在 2018 年中国企业 PCT 国际专利申请排行榜中,华为、中兴、京东方、广东欧珀移动通信、腾讯分别以 4466、1801、1190、781 和 545 件专利分列前五位,上述五家企业的主营业务分别为移动通信、物联网和互联网。[①] 而在世界知识产权组织公布的 2018 年全球专利申请报告中,企业 PCT 专利申请量排名前十的企业中,华为排名全球第一,中兴排名全球第五。[②] 上述在被誉为高质量专利的 PCT 专利排行榜中能够位居世界前列的企业,主营业务均是具有高度市场竞争性的领域,而且均为民营企业,从而展现了市场经济带来的企业对发展知识产权的投入和创新活力。

以华为为例,作为一家 1987 年才注册成立的生产销售通信设备的民营通信科技公司,从一家组装交换机的小型民营企业,发展到 2018 年世界 500 强排名 72 位的行业领先的大型跨国企业,华为取得的成绩正是依托于市场经济的有利环境。华为作为民营企业,有比较充分的自主决策权,企业家的管理才能得到充分发挥,在市场经济下能够公平地参与市场竞争,而在市场竞争下面临的巨大生存压力激励着华为不断在产品上取得突破和创新。市场经济也打开了市场和技术的国门,通过积极参与国际竞争,华为在竞争中认识到了与国外先进技术的差距,一方面,通过利用知识产权能够引进和吸收国外的先进技术;另一方面,认识到技术创新的重要价值,重视研发投入,华为坚持将每年收入的 10% 以上投入技术创新和研究,利用专利的不断积累,最终在通信领域激烈的市场竞争中,实现了 2G、3G 时代追赶国际先进标准和技术,4G 时代与国际先进技术标准齐头并进,而在 5G 时代居于市场领先地位的跨越式发展。即便当前被美国制裁,但由于有长期技术的储备,从而在部分受到制裁影响的领域依然能够较为快速、有效地应对,并获得替代性的技术方案。

因此,知识产权实质上是同竞争一脉相承的。知识产权制度取得创新,离不开市场经济所具有的竞争环境。这也是为什么即便在计划经济时期,中国可以在“两弹一星”、航天科工等国之重器领域取得瞩目成绩,但在与消费者密切相关的竞争性领域,必须通过市场的方式逐步追赶,取得优势乃至领先地位。因为市场经济下的竞争,需要企业考虑成本、收益,考虑消费者的偏好,没有固定的标准和模式,只有通过市场竞争不断试错,才能探寻到既具有应

① IncoPat 创新指数研究中心:《2018 年中国企业 PCT 国际专利申请排行榜》,http://www.iprdaily.cn/news_20296.html.,下载日期:2019 年 10 月 4 日。

② WIPO, *World Intellectual Property Indicators* 2018, Geneva: WIPO, 2019.

用前景，又具有市场前景的产品形式。知识产权制度使得企业可以不断积累，利用知识产权开放获取的特征，不断学习已有的先进技术经验。同时，市场经济强调分工合作，不论何种领域，很难依靠一家企业垄断整个产品产业链的全部领域，因此，依托知识产权，便利了企业之间通过专利转让、许可等方式实现优势互补，相互合作。

综上所述，中国知识产权取得突破式发展的重要和成功经验，便是建立了有利于竞争的市场经济体制，并以此为基础，建立与中国各阶段经济与创新发展需要相适应的知识产权保护水平，从而从整体上、根本上保障了中国知识产权和创新的稳定、有序、健康发展。

三、市场经济下创新的限制和政府之手的运用

市场经济“无形的手”虽然有利于引导知识产权的创造，推动知识产权的保护和运用，从而有助于创新的发展，但是市场经济形成的产业链和产业分工也制约了中国在核心技术领域的投入和突破。

改革开放后，中国全面转向以经济建设为中心，开始逐步恢复和重建市场经济制度，并主动融入全球化和国际贸易的浪潮中。当时的中国，作为欠发达国家，从经济发展的要素禀赋结构来说，资本相对稀缺、技术相对落后、劳动力相对丰富。从中国当时国际贸易的比较优势角度来说，适宜发展的应该是劳动力密集型产业。事实上，中国也确实利用人口红利逐步发展成为世界工厂。然而，发展劳动力密集型产业使得中国在国际产业链的分工中处于底端位置，且不利于中国企业获得自主创新的激励。原因在于，一方面，劳动力密集型企业采用的生产技术大多数都是相对成熟的技术，不需要太多的自主研发；另一方面，由于中国企业并不处在世界技术的前沿，企业产品的升级换代可以通过从发达国家引进技术，或者对发达国家技术进行模仿的方式，抑或通过“干中学”的方式获得发达国家技术溢出的好处。[①]因此，中国企业缺乏进行自主创新的动力。

然而，在市场经济环境下基于资源禀赋优势的产业分工固然有其合理性，技术后发国家通过从发达国家引进技术也是实现经济跨越式发展的有效方式。但如果中国在产业分工的链条上长期依赖于从发达国家的技术引进，则会产生对中国经济可持续乃至赶超式发展的不利影响，具体来说：第一，由于中国属于技术后发国家，从发达国家引进技术一方面可以节约中国的研发成本，另一方面可以使得中国在尽可能短的时间内实现技术水平同发达国家的接轨。但是，当中国未来达到了发达国家的先进水平后，决定一国经济是否可持续发展的关键动力就是创新。如果没有自主创新和技术进步这一经济发展的重要动力，中国如何通过引领世界技术的发展方向，从而实现对发达国家的赶超？更何况可能在中国实现对发达国家的技术追赶前，发达国家可能就已经会通过技术断供的形式遏制中国经济的发展，美国对中兴和华为的断供就是前车之鉴。第二，中国世界工厂的地位一方面使得中国在全球化的过程中取得了可观的分工收益；但另一方面，加工制造始终处于产业链的底端，所获得的收益要远低于处于产业链上游的设计、研发、营销等环节，并且可替代性很强。例如随着中国劳动力成本的上升，已经有越来越多的如服装鞋帽的制造等制造业向劳动力成本更低的

① 林毅夫、张鹏飞：《后发优势、技术引进和落后国家的经济增长》，载《经济学(季刊)》2005年第1期。

东南亚国家转移。因此,随着中国要素资源禀赋结构的不断调整,未来中国如果想要在国际分工中居于有利地位,从而获得尽可能高的利润,就需要加强自主创新能力的建设。

因此,一方面,中国需要依靠市场培育具有自主创新能力,在各领域能够实现弯道超车,具有引领世界先进技术发展魄力的优秀科技企业不断脱颖而出。为实现这一目标,政府需要做的就是营造良好的营商环境,特别是解决企业发展过程中存在的融资约束问题。在世界银行发布的世界营商环境指数排名中,中国的整体营商环境指数排名不断提高,从2010年的世界排名89位提升到2019年的46位。然而,在其中获得信贷排名中,2010年中国位于61位,但在此后中国排名一路下滑,2019年排名降至73位,与中国营商环境整体排名提升的现状形成了鲜明对比。[①] 融资约束问题在科技型企业中体现得尤为明显,不同于传统类型企业往往可以通过固定资产抵押贷款的形式从银行获得资金,科技型企业除了极个别独角兽企业外,大多数企业既难以获得资本市场的青睐,也由于缺乏适格的抵押物而难以从银行获得贷款。目前,政府对于企业的融资支持的主要形式,在中央层面主要是通过设立各种国家产业基金和定向银行贷款,地方层面主要是地方政府的贷款贴息和政府入股。从具体效果来看,主要还是在扶持已经形成一定的产业规模的企业,而融资约束表现最为严重的中小型科技型企业,依然较难获得支持。因此,如何在尊重市场规律的基础上给予科技型企业,特别是中小企业以融资支持,是政府需要解决的重点也是难点问题。

另一方面,中国创新能力的提升也不能完全依靠市场,政府在创新发展中也具有十分重要的作用。政府的作用首先表现在基础研究领域。基础研究是指为了获得关于现象和可观察事实的基本原理的新知识而进行的实验性或理论性研究,它不以任何专门或特定的应用或使用为目的。从对基础研究的定义中可以看出,对于以追求利润最大化为目标的企业来说,绝大多数没有能力也没有动力投入基础研究,企业研发投入的重点是应用研究和试验发展。从可专利性的角度来说,大多数的基础研究由于不满足实用性的要求,也无法被授予专利。但是应用研究的发展深度和潜力往往取决于基础研究的水平。因此,在基础研究领域就特别需要政府的直接投入。世界各国政府也无一例外地重视对基础研究的投入。近年来,中国对研发的整体投入水平逐年提升,到2018年,中国的研发经费投入强度为2.18%,已经达到中等发达国家水平;但是在基础研究经费占总研究经费的比例上,2016年美国为16.9%,俄罗斯是14.0%,日本为12.6%,而中国的比例仅为5.2%。[②] 与其他国家相比仍存在较大的差距。因此,中国政府应当在未来重视基础研究的投入,推进中国创新能力,特别是基础研究能力的提升。

此外,政府也在利用各种类型的知识产权和创新政策推动我国创新能力的提升。然而,对于政府采取补贴、税收优惠等物质激励方式资助企业创新的政策,目前存在较大的争议。以近年来的中美贸易战为例,美国认为中国政府直接参与到创新的过程中是对市场公平竞

---

① World Bank & International Finance Corporation, *Doing Business* 2010, Washington: World Bank, 2010; World Bank & International Finance Corporation, *Doing Business* 2019, Washington: World Bank, 2019.

② 每日经济新闻:《投资未来,哪个省份最舍得"烧钱"?》,http://finance.ifeng.com/c/7pjJsy74TbY,下载日期:2019年10月4日。

争的干预，违反了市场经济的基本原则。对于这样一个判断笔者认为是有失偏颇的。我们前面已经说明了，由于创新具有的投入大、周期长、风险高的特征，仅仅依靠私人部门的投资可能造成创新投入的不足，因此，政府予以适当方式和水平的补助可以弥补市场在创新领域的失灵。事实上，即便作为市场经济最为发达的美国和欧盟，也在对企业进行补贴。其中美国诉欧盟补贴空客公司和欧盟诉美国补贴波音公司的贸易争端就是典型的说明。美欧关于飞机制造公司补贴的争端由来已久。2004 年，美国向世贸组织提出诉讼，指控欧盟以各种形式向空客提供非法补贴。欧盟随后也向世贸组织起诉美国政府向波音提供非法补贴。对此，世贸组织曾先后裁定，美国和欧盟均存在对各自航空企业提供非法补贴的问题。最新的争端裁决发生在 2019 年 10 月 2 日，世界贸易组织作出裁决，由于欧盟及其部分成员国对空客公司进行违规补贴，美国有权每年对约 75 亿美元欧盟输美商品和服务采取加征关税等措施。[①]

美欧近 20 年对飞机制造公司的补贴争端事实上也从一个侧面说明了政府对于创新型企业的补贴在一定程度上是必要并且有效的。因此，对于政府是否应当制定和实施以补贴政策为代表知识产权激励政策实际上从发达国家到发展中国家都用实际行动给出了答案，各国的差别实质上只是体现在对创新的干预方式和程度上。因此，我们的着眼点也应当在政府应如何制定科学、有效的知识产权政策，从而推动创新的发展。

四、知识产权政策在创新发展中的正反两方面作用

中国知识产权数量的几何级增长仅凭市场经济体制下对知识产权的保护显然无法得到完全的解释，从中央有针对性地对特定技术领域的支持到各地方竞争性的知识产权政策也是实现知识产权数量大幅增长的重要原因。然而，知识产权政策在创新发展中的作用并不仅仅体现在推动知识产权数量增长这样一个维度，也是具有其他方面的效果。

随着 1997 年党的十五大提出实施科教兴国战略和可持续发展战略的重要规划以来，国家陆续提出一系列关于知识产权和创新的战略纲要，甚至还专门制定了如专利申请年均增长率 14%左右的目标等相应的量化指标。为此，中央在全国建立了若干高新技术开发区，出台了高新技术企业所得税优惠政策，对符合一定知识产权数量条件的企业给予包括税收优惠、专利申请、维持费用减免等在内的各类扶持企业知识产权发展的政策。与此同时，中央的知识产权发展目标必然要分解为各地的发展任务，因而各省份也陆续出台了各自的知识产权发展规划。为了保障发展规划的实施，完成既定的知识产权发展目标，部分地方政府进一步推出了以税收优惠、财政补贴为代表的知识产权激励政策，并且在推动知识产权数量提升方面起到了重要作用。相当数量的研究发现，各地方政府出台的知识产权激励政策对于推动本地知识产权数量的提升具有积极的效果。

然而，各类知识产权激励政策虽然促进了知识产权数量的大幅提升，但与此同时，知识产权激励政策也同步带来了知识产权质量的下降。

---

① 新华网：《世贸组织裁决欧盟违规补贴空客　美计划对欧盟加征关税》，http://www.xinhuanet.com//2019-10/03/c_1125070096.htm，下载日期：2019 年 10 月 4 日。

在专利领域，笔者通过对专利激励政策对专利所产生的选择效应、需求效应和研发效应的分析，发现专利激励政策是造成专利平均质量下降的重要原因。原因在于，在获得专利所带来的税收优惠、财政补贴等各类物质性收益的刺激下，使得更多的质量较次的专利也进入了专利申请流程，从而降低了整体的专利质量。特别是对于审查标准较为宽松的实用新型和外观设计专利，更容易混入为获得物质奖励的低质量专利。①

在商标领域，地方政府对驰名商标的奖励政策也出现了类似的问题。企业实现驰名商标认定具有行政和司法两种途径。在地方政府的各种奖励方式的作用下，大量的企业通过行政和司法途径使自己的商标成为驰名商标，甚至出现了买通法官进行虚假司法诉讼来获得驰名商标认定的现象。为解决这一问题，在2013年修订的《商标法》中增加了关于禁止驰名商标宣传的修改内容，目的是使驰名商标不再是一种企业主动申请、批量认定的荣誉称号，从而得以重新回归对抗恶意注册、不正当竞争的制度原意。然而，笔者的研究发现，拥有工商总局认定的驰名商标的企业，其销售额和产出的增长要显著高于其他类似的企业。同时，企业广告费用的大幅增加说明了驰名商标宣传对于企业产出表现具有重要作用。而拥有司法认定的驰名商标的企业在各种绩效表现上均未发现与其他类似企业存在显著差别，也并未通过增强宣传而利用驰名商标提高自身的商誉和影响力。② 这一研究结论表明，中国驰名商标问题的源头在于不规范的司法认定所造成的部分不合条件企业获得了驰名商标。但是真正激励不合条件企业追求驰名商标认定的根源在于地方政府对于企业获得驰名商标的不当奖励，部分不符合行政认定驰名商标条件的企业，转而利用各种投机方式通过司法认定获得驰名商标，实质上在市场能够为消费者提供充足信息的情况下，通过司法认定获得驰名商标的主要原因是地方政府给予获得驰名商标企业的奖励及各种优惠政策要明显大于企业投机获得司法认定驰名商标的成本。

然而，并非所有类型的知识产权激励政策均会导致知识产权质量的下降。Li(2012)③以及笔者的研究发现，在专利领域，各地出台的专利申请及维持阶段相关费用的补助政策促进了发明专利数量的增长，但并未有证据表明专利费用补助政策对发明专利的质量具有负面影响。

在著作权领域，笔者研究了福建省德化县2004年颁布的一项版权本地免费登记政策对陶瓷企业绩效的影响。版权本地免费登记政策对于版权保护的优势在于，一方面节约了企业的版权登记费用，便利了企业的版权登记行为；另一方面，在本地登记后便于向当地同行业企业进行公示，以避免同行业其他企业的侵权行为。通过与同为泉州市所辖的其他地区的陶瓷企业，以及另外两大瓷都景德镇和醴陵的陶瓷企业的对比，笔者的研究发现德化县实施版权本地免费登记政策，显著提高了陶瓷企业的销售额、劳动生产率和利润率，且这种绩效的提升主要表现在对设计感要求较高的工艺陶瓷企业，也正是这些工艺陶瓷企业拥有更

---

① Long C X & Wang J., China's Patent Promotion Policies and Its Quality Implications, *Science and Public Policy*, Vol.46, 2019, pp.91-104.

② 王俊、龙小宁：《驰名商标认定机制对企业经营与创新绩效的影响》，载《经济科学》2020年第2期。

③ Li X., Behind the Recent Surge of Chinese Patenting: An Institutional View, *Research Policy*, Vol.41, 2012, pp.236-249.

多的版权登记数量。[①] 这为我们揭示了一条有效的版权保护的政策选择路径，即政府对于知识产权的支持应注重基础性保障，着眼点应放在知识产权保护本身，财政的支持和补助不应超过市场主体为获得知识产权所投入的成本。事实上，自 2013 年开始，江苏等省份也已经开始实施版权免费登记制度，并在其下辖的多个地级市成立了版权登记服务中心。源于地方政府探索实践的版权保护制度为推动中国的版权产业发展实践出了一条重要路径。从这样一个例子可以看出，中国的地方政府可以通过与知识产权保护相关的制度创新，在扶持知识产权产业发展方面发挥更加积极的作用。

综合上述不同类型知识产权政策对于知识产权正反两方面的影响效果，对于政府应当在知识产权和创新中如何发挥更加积极的作用，笔者认为，知识产权激励政策发挥积极效果存在一定的条件和界限：第一，当激励收益不大于企业为知识产权申请、授权实际付出的成本时，知识产权激励政策不会对知识产权质量产生显著的消极影响，但是当激励收益大于企业为获得知识产权付出的成本时，知识产权激励政策则会激励不适格的知识产权申请，从而可能出现低质量知识产权的策略性创新行为；第二，政府首先应当从提升营商环境，特别是缓解融资约束的角度支持市场主体的创新。如果必须采用激励收益大于成本的知识产权政策，则知识产权激励政策应当是普惠性的，尽可能地避免制定选择性的产业政策。主要原因在于，政府一般并不具有充分的信息以确定补贴的行业和具体补贴水平，且容易诱发企业的策略性创新行为。同时，选择性产业政策违反了 WTO 反补贴协议的相关规定，极易诱发持续的国际贸易争端。

结　语

2020 年是中国知识产权发展的一个重要战略节点，2008 年国务院印发实施了《国家知识产权战略纲要》，首次将知识产权工作上升到国家层面进行统筹部署和整体推进。纲要描绘了到 2020 年的知识产权战略目标，即"到 2020 年，把我国建设成为知识产权创造、运用、保护和管理水平较高的国家。知识产权法治环境进一步完善，市场主体创造、运用、保护和管理知识产权的能力显著增强，知识产权意识深入人心，自主知识产权的水平和拥有量能够有效支撑创新型国家建设，知识产权制度对经济发展、文化繁荣和社会建设的促进作用充分显现"。

2020 年是国家知识产权战略第一阶段的收官之年，回顾 10 多年来知识产权战略的实施和发展，基本实现了预定的战略目标。总结中国知识产权战略实施取得的成就，可以大体归纳出如下三方面的经验：首先，中国建立了与创新和经济发展水平相适应的知识产权制度体系。中国的知识产权保护水平是逐步提高的，这就给了中国知识产权相关产业从模仿到创新的足够的成长空间。其次，中国的市场经济制度体系不断发展和完善。从根本上推动和激发了中国知识产权的创造、运用和保护的活力。最后，从中央到地方能够有效地调动尽可能多的资源来激励知识产权产业发展。例如地方政府实施的促进知识产权发展的激励政

① 王俊、龙小宁：《版权保护能够提升企业绩效吗——来自德化陶瓷企业的证据》，载《经济学动态》2016 年第 6 期。

策,特别是地方政府的竞争下出现的各种有利于知识产权保护的创新举措,为知识产权相关产业的发展提供了重要保障。例如德化的版权免费本地登记制度,就是地方政府创新服务和推动地方产业发展的代表性例证。

2020年,中国的知识产权发展将迎来重要的转折,其中的一个重要表现,体现在2019年中国专利和商标申请数据发生了近几十年来的首次下降。在专利方面,2019年上半年,中国发明专利申请量为64.9万件,同比下降9.4%;同时在商标方面,2019上半年,中国商标注册申请量为343.8万件,同比下降4.1%。国内发明专利申请中,职务发明所占比重达到91.2%,较2018年同期提高5.7个百分点;个人发明专利申请量同比下降46.0%。[①] 专利、商标申请量和个人发明专利申请量的下降,职务发明占比的提高,体现了中国知识产权发展正在由重视数量增长转向强调质量提高、结构优化的新阶段。中国也将从知识产权大国建设向知识产权强国建设转型。

而若要顺利实现从知识产权大国向知识产权强国的转型,笔者认为应当从如下三个方面进行调整:首先,明晰创新和知识产权发展中市场和政府的边界。一方面,要坚持市场在促进创新和知识产权发展中的基础性地位不动摇;另一方面,对于像基础研究这样单纯依靠市场机制无法实现充分发展的领域,政府应当积极增加投入并支持高校、科研机构等研究力量广泛参与。其次,政府应当积极为企业的发展营造良好的营商环境,通过减税降费等方式减轻企业的经营负担,鼓励和引导企业重视研发投入,打造百年老店,着力解决特别是科技类企业的融资约束问题。最后,在各种法律、法规和政策实施前,政府需要谨慎地评估法规和政策的实施效果,以更好地防范各种始料不及的后果(unintended consequences)。特别是对于政府直接性的知识产权激励政策,应当注意实施的边界,即市场主体从政府处获得的知识产权激励收益应当不大于市场主体为获得知识产权所投入的相关成本,否则会助长市场主体的策略性投机行为。

创新决定着一国经济未来的发展潜力与前景。因此,如何实现创新驱动发展是世界各国均着力应对并尝试解决的重要问题。而知识产权和政府创新政策无疑是推动创新不可忽视,也是最常被提起的两驾马车。知识产权和政府政策在创新过程中的关系和作用实质上类似于市场经济中"无形之手"和"有形之手"的关系,若要实现创新,任何一方均不可偏废,需要明确和把握两者之间的界限。过弱的知识产权保护不利于激励创新,过强的知识产权保护反而可能会阻碍创新。政府的创新政策更是只有在市场激励创新失灵的情况下有限度并且科学地实施,才能起到积极的效果。中国未来的创新之路,需要在知识产权保护基础上的市场驱动和政策推动创新的政府主导之间把握精妙的平衡,方能在创新发展的道路上稳步前行。

---

① 澎湃新闻:《国家知识产权局:上半年专利商标申请量下降是结构优化的结果》,http://finance.sina.com.cn/roll/2019-07-09/doc-ihytcerm2354329.shtml,下载日期:2019年10月5日。

理论争鸣

台湾地区智慧财产法院 11 年的经验及启示*

林秀芹　陈俊凯**

摘　要：台湾地区于 2008 年设立智慧财产法院，并陆续实施三合一审理、一院两审制、知识产权有效性自为判断、配置技术调查官、构建秘密保持命令制度等一系列配套举措。此后智慧财产法院亦出台各项细化规定，通过民事一、二审专庭审理，采取多种手段使当事人晓喻技术争点，吸收“智慧财产局”参与民事诉讼，促进技术审查官来源多元化，完善秘密开示相关流程等方式，提高知识产权案件审理的专业性与公正性。当前，大陆正在完善知识产权纠纷解决机制，台湾地区智慧财产法院运作 11 年的许多经验值得大陆借鉴，举其要者有：妥善处理集中管辖与审级监督的关系；允许法院知识产权有效性自为判断；吸收专利审查部门参与民事案件审理；完善技术审查官意见采信机制；构建秘密保持命令制度等。

关键词：智慧财产法院；知识产权诉讼；特别程序；运行成效

The Experience and Enlightenment from Eleven Years of the Taiwan Intellectual Property Court

Lin Xiuqin　Chen Junkai

Abstract: The Taiwan Intellectual Property Court was established in 2008, and a series of supporting measures have been implemented successively, including three-in-one court, high court with two instances, the validity judgment in infringement cases, allocation of the technical examination officers and establishment of secret protective order system.

---

* 本文数据资料由作者根据台湾地区司法机构分布数据统计整理。

** 林秀芹，厦门大学知识产权研究院院长，教授、博士生导师，中国法学会知识产权法学研究会副会长；陈俊凯，厦门大学知识产权研究院硕士研究生。

After that, to improve the professionalism and impartiality of the intellectual property trial, Intellectual Property Court also introduced the detailed measures, such as dedicated court trial for the first and second civil instance, adopting various ways to make the parties to be aware of technology issues, absorbing Intellectual Property Office to participate in civil procedure, promoting the diversification of sources of technical examination officers, improving the secret discovery process. At present, the mainland is improving the intellectual property dispute resolution mechanism. The experience from the eleven years of the Taiwan Intellectual Property Court is worth learning for the mainland. The important ones of these measures are: handling properly the relationship between centralized jurisdiction and the supervision of trial hierarchy; allowing the Court to make its own judgment on the validity of intellectual property; absorbing patent examination departments to participate in the civil procedure; improving the mechanism about accepting opinions from technical examination officers; establishing secret protective order, etc.

Key Words: Intellectual Property Court; Intellectual Property Litigation; Special Procedure; Operational Effectiveness

2004年2月,为强化知识产权保护,台湾地区有关机构开始筹划成立智慧财产法院,并组成"智慧财产法院筹划小组",统筹规划智慧财产法院的审判权限、组织架构、管辖案件、诉讼程序等事项。在征求各界专业意见的基础上,台湾地区于2007年分别通过"智慧财产法院组织法"与"智慧财产案件审理法",明确设立属高等法院层级的智慧财产法院,专责审理知识产权案件。2008年台湾地区出台"智慧财产案件审理细则"及"智慧财产法院处务规程",进一步细化知识产权案件审理事项。同年智慧财产法院正式运作。此后,台湾地区成立"智慧财产案件审理法制研究修正委员会",汇集司法实务中出现的收集相关问题,进行基础性研究,以作为修法及解决诉讼问题的依据。台湾地区亦依据司法实践情况及各界意见数次修订二法,不断完善知识产权司法审判制度。2017年台湾地区推动"商业法院"与智慧财产法院合并设置,并于2020年公布新修订的"智慧财产及商业法院组织法"[①],将以"智慧财产及商业法院"取代独立的智慧财产法院。台湾地区智慧财产法院设立10余年来,在制度架构和具体程序上进行了许多有益的探索。总结和梳理台湾地区智慧财产法院10余年的运作经验,对当前大陆正着力强化知识产权保护、完善知识产权纠纷解决机制,具有重要的实践意义。

一、智慧财产法院各类案件收结情况统计

自2008年起,智慧财产法院管辖了台湾地区绝大部分知识产权民事一、二审,刑事二审和行政一审案件。如表1所示,2008年7月至2019年12月智慧财产法院共受理案件(新收)15917件,其中民事案件8633件,占总受理案件的54.23%。而第一审共6037件,占比

① 于2020年1月15日修正公布,全文45条,生效日期未定。

37.93%;刑事案件3447件,占比21.66%;行政案件3837件,占比24.11%。但从表1亦可看出,自2010年智慧财产法院年受理量达2380件高点后,历年案件受理量总体呈下降趋势,除民事一审受理量近年来有所回升外,刑事二审与行政一审受理量总体仍在减少。自智慧财产法院成立后,台湾地区高等法院及分院知识产权刑事二审案件量急剧下降。如表2所示,2008年高等法院审结刑事二审182件,占台湾地区刑事二审案件量的66.67%;但2009年仅审结19件,占总案件量的6.69%,此后逐年下降,个别年份未审结刑事二审案件。就智慧财产法院历年刑事二审审结情况而言,自2011年达到275件后,审结量就基本逐年下降,可见台湾地区针对地方法院所判刑事案件上诉意愿不断下降。

表1　2008—2019年智慧财产法院案件审理情况统计

年度	总计/件	民事一审案件量/件	民事二审案件量/件	行政诉讼案件量/件	刑事诉讼案件量/件	结案平均所需日数	法官平均月结件数	上诉维持率/(%)	再审维持率/(%)
总计	15917	6037	2596	3837	3447	166.12	10.67	90.78	86.39
2008	694	183	92	244	175	73.07	9.66	—	66.67
2009	1878	563	313	567	435	114.87	17.03	84.90	81.58
2010	2380	899	417	614	450	145.42	19.13	87.83	95.74
2011	1999	652	380	510	457	164.62	13.77	91.42	97.96
2012	1933	736	327	454	416	156.48	10.80	91.06	93.65
2013	1876	687	343	471	375	169.82	9.22	91.69	95.00
2014	1821	726	321	420	354	174.64	8.26	92.33	88.89
2015	1776	664	340	445	327	209.14	8.05	89.22	88.00
2016	1697	628	291	435	343	196.38	7.57	94.46	87.22
2017	1708	679	259	450	320	201.73	7.16	94.16	79.63
2018	1866	762	355	432	317	204.86	8.66	91.71	84.75
2019	1911	818	351	385	357	182.45	8.76	89.79	77.55

表2　2008—2019年台湾地区知识产权刑事二审案件审结情况统计

单位:件

年度	智慧财产法院							高等法院及分院
	总计	普通刑法	特别刑法					知识产权案件审结量
			总计	著作权	商标	公平交易	其他	
2008	91	7	84	49	25	—	10	182

续表

年度	智慧财产法院							高等法院及分院
	总计	普通刑法	特别刑法					知识产权案件审结量
			总计	著作权	商标	公平交易	其他	
2009	265	18	247	147	63	—	37	19
2010	257	30	227	129	55	—	43	5
2011	275	29	246	138	77	1	30	5
2012	226[1]	30	195	108	54	—	33	5
2013	219[2]	29	189	123	49	—	17	3
2014	182	14	168	104	52	—	12	—
2015	176	22	154	113	30	—	11	5
2016	152	27	125	83	32	—	10	2
2017	136	32	104	56	38	—	10	—
2018	147	29	118	60	41	—	17	1
2019	144	51	93	44	36	—	13	—

说明:[1]含并案裁判1件。

[2]含并案裁判1件。

就具体诉讼种类而言,如表3所示,首先专利案件占智慧财产法院审结民事案件中多数,共2289件,占民事案件总审结数量4572件之50.07%;其次为著作权案件,共1171件,占比25.61%;最后为商标权案件,共822件,占比17.98%。在刑事二审中,首先由于台湾地区专利侵权已除罪化,违反著作权法案件数量最多,为1154件,占总审结案件数量2270件之50.84%;其次为违反商标法案件,共552件,占比24.32%;最后为违反妨害农工商罪、妨害秘密罪等普通刑法的案件,为278件,仅占12.25%。在行政一审方面,首先为商标权案件,共2047件,占总审结案件数量3571件之57.32%;其次为专利权案件,共1422件,占比39.82%;最后为著作权案件,共53件,仅占1.48%。

在审结效率方面,如表1所示,2008—2019年间智慧财产法院审结案件平均所需日数为166.12日,并且所需日数总体呈逐年增长趋势,案件审结所耗时间不断增加。而与之形成对比的是,法官平均每月办结案件约10.67件,且每月办结案件总体呈下降趋势,法官办案负荷不断减轻,台湾地区有关文件对此亦有所提及。究其原因主要是近几年智慧财产法院案件受理量在一定程度上下降,以及办案人员不断增加,缓解了人手紧张问题。① 在上诉

① 据统计,台湾地区智慧财产法院2008年实有员工人数为94人,其中法官人数为7人,技术审查官人数为9人。到2018年智慧财产法院实有员工人数增长至113人,其中法官人数为13人,技术审查官人数为11人。此外,2013年该院新增约聘技术审查官及约聘法官助理岗位,2018年两岗位人数分别为2人、11人。

及再审维持率方面，2008—2019 年智慧财产法院平均上诉维持率为90.78%，总体呈上升趋势；而再审年平均维持率为 86.39%，总体呈下降趋势。

表 3 2008—2019 年智慧财产法院终结诉讼种类统计

单位：件

案由	民事一审	民事二审	案由	刑事二审	案由	行政一审
总计	3041	1531	—	2270[①]	—	3571
著作权	820	351	著作权	1154	著作权	53
专利权	1474	815	商标权	552	专利权	1422
商标权	557	265	其他特殊刑法	283	商标权	2047
其他	190	100	公平交易法	1	光碟	1
—	—	—	妨害农工商罪	18	公平交易法	12
—	—	—	妨害秘密罪	17	其他	36
—	—	—	其他普通刑法	243	—	—

二、一院两审制度及引起的争议

根据台湾地区“智慧财产及商业法院组织法”[②]第 3 条的规定，智慧财产法院除管辖知识产权行政一审以及刑事二审案件外，还管辖包括“专利法”“商标法”“著作权法”“光碟管理条例”“营业秘密法”“积体电路布局保护法”“植物品种及种苗法”“公平交易法”在内的民事一审与二审案件。由高等法院层级的智慧财产法院管辖民事一、二审案件是基于知识产权案件审理专业化以及技术审查官等制度设计的考量[③]，亦求使得相关争议产生后可以由专门法院第一时间裁决。但智慧财产法院同时审理民事一、二审案件在台湾地区引发不小争议，主要是担心集中审理可能损害当事人审级利益，影响二审公正性。此外，智慧财产法院内部亦担心集中审理使得普通法院一审法官欠缺知识产权民事案件审理能力，影响二审法官遴选，最终导致人才断层。[④]

（一）一院两审制特点

为打消各界关于一院两审制的疑虑，台湾地区并未采用专属管辖表述，而且在实践操作中采取民事一、二审“专庭审理”等措施保障审级监督功能。总体而言，台湾地区智慧财产法院所实行的一院二审制有如下特点。

---

① 2012 年、2013 年各并案裁判 1 件。

② 台湾地区原“智慧财产法院组织法”已于 2020 年修订为“智慧财产及商业法院组织法”。

③ 台湾地区《“立法机构”公报》第 96 卷第 10 期。

④ 台湾地区智慧财产法院：《2009 年度智慧财产法院法官与律师、专利师及专利代理人座谈会会议记录》2009 年 10 月 2 日。

1.明确智慧财产法院优先管辖性质

在智慧财产法院集中审理民事一、二审案件前,台湾地区仅地方法院可同时审理适用简易程序、小额程序的一、二审案件。[①]但智慧财产法院集中审理并不意味着智慧财产法院专属管辖民事案件,而仅为优先管辖,即知识产权案件原则上应由智慧财产法院审理,但若普通法院认定错误而加以审理,其判决亦属有效。其原因是民事案件常涉及多重法律关系,是否属于知识产权案件有时并不明确,采用优先管辖可避免地方法院裁判无效情形。[②]因此"智慧财产案件审理细则"第9条明确规定,知识产权民事、行政诉讼案件非专属智慧财产法院管辖,其他民事、行政法院实质上应属于知识产权民事、行政诉讼案件而实体裁判的,上级法院不得以管辖错误为由废弃原裁判。台湾地区相关官方公报也提及智慧财产法院虽同时审理知识产权民事一、二审,但为尊重当事人诉讼权益,当事人可以基于合意或拟制合意由普通法院审理一审案件。[③]

根据设立之初台湾地区有关机构观点,若普通法院为民事一审管辖法院,则第二审应由对应高等法院而非智慧财产法院管辖。[④] 但为避免裁判分歧,统一法律见解,台湾地区于2014年修订"智慧财产案件审理法",明确民事第二审案件"向管辖之智慧财产法院为之"。[⑤]尽管修法说明强调为避免裁判分歧,民事二审自应由智慧财产法院审理[⑥],智慧财产法院及高等法院[⑦]亦采取此种见解,但优先管辖本身即含原则上应由智慧财产法院管辖之意,且该条文表述并未采用"应"由该法院管辖或"专属管辖"等术语。[⑧]因此,民事二审仍为优先管辖而非专属管辖。

2.民事一、二审"专庭审理"

根据"智慧财产法院处务规程"第15条的规定,"智慧财产法院得视事务之繁简,分设各庭,每庭各置庭长一人,法官若干人。前项各庭庭数之设置,应陈报'司法院'核备"。智慧财产法院设立之初,仅有两个审判庭,每位法官均兼办各类型(包括专利、商标、著作等)民事第一审、第二审,第二审刑事及第一审行政诉讼。若民事一审案件由第一庭法官独任审理裁

---

① 台湾地区"民事诉讼法"第436条规定:"简易诉讼程序在独任法官前行之。简易诉讼程序,除本章别有规定外,仍适用第一章通常诉讼程序之规定。"第436-1条规定:"对于简易程序之第一审裁判,得上诉或抗告于管辖之地方法院,其审判以合议行之。"

② 台湾地区《"立法机构"公报》第96卷第10期。

③ 台湾地区《"立法机构"公报》第103卷第37期。

④ 台湾地区司法机构:《关于智慧财产审理法新制问答汇编》2008年6月。

⑤ 现行台湾地区"智慧财产案件审理法"第19条规定,"对于智慧财产事件之第一审裁判不服而上诉或抗告者,向管辖之智慧财产法院为之"。修改条款于2014年6月6日起施行。

⑥ 台湾地区《"立法机构"公报》第103卷第37期提及"为统一法律见解,其上诉或抗告自应由专业之智慧财产法院受理"。

⑦ 2018年上字第249号民事裁定中强调针对知识产权民事诉讼案件上诉均应由智慧财产法院管辖。即使当事人均不否认本院管辖权,但管辖权属法院应依职权调查事项,将本案移送于智慧财产法院。

⑧ 章忠信:《智慧财产权民事诉讼管辖权之争议解析》,http://www.copyrightnote.org/ArticleContent.aspx?ID=6&aid=2747,下载日期:2020年2月15日。

判[①]，当事人不服上诉或抗告，即由第二庭法官抽签轮办，反之亦然。但不同审判庭之间相互审理民事二审亦引发了关于审级监督是否能有效落实的疑虑。为消除外界质疑，加强审级监督，台湾地区于 2010 年起陆续增补智慧财产法院法官，并将民事一、二审承审法官分开独立。此后，智慧财产法院所设各庭职责及人数多次调整。[②]

尽管智慧财产法院对民事一、二审法官进行编制分离，但行政诉讼仍由民事一、二审法官合作审理，因此双方在案件审理上仍有交叉，部分台湾地区学者认为应彻底分立民事一、二审法官，杜绝两审级法官合作审判，提高审级监督力度。[③]

3.技术审查官民事一、二审统管不分

智慧财产法院虽将民事一、二审法官分隔，但技术审查官并未依审级配置。技术审查官仅有一位主任编制，所有的技术审查官同处一间办公室，技术报告完成之后尚须呈送主任签核，同一民事案件的一审及二审程序虽必然分派不同技术审查官处理，但这两位不同技术审查官的技术报告呈请同一位主任签核。[④]此外，上、下审级之法官、技术审查官长期共处在同一办公场所，经常相互讨论，较容易形成统一法律、技术见解。技术审查官辅助法官进行技术判断，对于知识产权案件审理发挥着重要作用，在缺乏外在监督的情况下，较难使第二审审级救济功能充分发挥。

(二)一院两审制实践效果

一院两审基本实现了智慧财产法院集中审理民事一、二审的设立初衷。尽管普通法院并未丧失管辖权，但在司法实务中，普通法院自认为就知识产权民事诉讼并无管辖权，必须为原告向普通法院起诉，而被告未抗辩普通法院无管辖权，普通法院方可依“民事诉讼法”第 24 条(合意管辖)、第 25 条(拟制合意管辖)而拥有管辖权。[⑤]台湾地区高雄地方法院在 2014 年度诉字第 420 号关于侵害著作权损害赔偿民事判决中即采此见解。[⑥]就著作权、专利权和商标权三类主要知识产权民事一审案件审结量而言，地方法院与智慧财产法院审结量差距明显。如表 4 所示，2010—2018 年间，地方法院审结著作权、专利权和商标权三类主要知识产权民事一审案件数量为 853 件，其中涉及著作权、专利权和商标权结案量分别为 370 件、307 件和 176 件，而同期智慧财产法院主要知识产权民事一审案件结案数量为 2306 件，其中涉及著作权、专利权和商标权案件量分别为 637 件、1220 件和 449 件。即使就案件受理量而言，2008 年 7 月 1 日至 2013 年 11 月 30 日期间，各地方法院新收知识产权民事一审诉

---

① 台湾地区“智慧财产及商业法院组织法”第 6 条规定：“智慧财产及商业法院审判案件，除智慧财产之民事事件第一审程序以法官一人独任行之外，其余以三人合议行之。”

② 林欣蓉：《智慧财产诉讼之变革与展望》，载《智慧财产权月刊》2014 年第 2 期。

③ 张哲伦：《对智慧财产法院成立 10 年专利审判实务之总体观察及建议》，载《专利师》2017 年第 30 期。

④ 张哲伦：《对智慧财产法院成立 10 年专利审判实务之总体观察及建议》，载《专利师》2017 年第 30 期。

⑤ 章忠信：《智慧财产权民事诉讼管辖权之争议解析》，http://www.copyrightnote.org/ArticleContent.aspx?ID=6&aid=2747，下载日期：2020 年 2 月 17 日。

⑥ 台湾地区高雄地方法院 2014 年诉字第 420 号民事判决。法院部分表述如下：“‘智慧财产案件审理细则’第 9 条规定，智慧财产民事、行政诉讼事件非专属‘智慧财产法院’管辖，仍由‘民事诉讼法’第 24 条、第 25 条有关合意管辖、拟制合意管辖规定之适用。然参酌‘智慧财产法院组织法’第 1 条‘立法’意旨，为使智慧财产之民事诉讼事件能集中由‘智慧财产法院’依智慧财产案件审理法所定程序审理，除有‘民事诉讼法’第 24 条、第 25 规定之情形外，普通法院自应以无管辖权为由移送‘智慧财产法院’。”

讼案件为 634 件,而同期智慧财产法院所受理的民事一审诉讼案件为 1562 件。①前文提及智慧财产法院 2008—2019 年间共受理民事一审案件达 6037 件,亦占总受理案件量之 37.93%。

如表 5 所示,2010—2014 年间,高等法院主要知识产权案件二审结案量为 55 件,而同期智慧财产法院主要知识产权案件二审结案量为 730 件。尽管绝大部分知识产权案件二审已由智慧财产法院审理,但如上文所述,2014 年台湾地区明定民事二审由智慧财产法院管辖,高等法院及分院基本不审理民事二审案件,仅高等法院台中分院于 2015 年、2018 年各审结一起专利上诉案件,该分院未将相关案件移送智慧财产法院亦体现了民事二审非专属管辖性质。

表 4 2010—2018 年地方法院与智慧财产法院主要知识产权民事一审结案量比较

单位:件

年度	各地方法院			智慧财产法院		
	著作权	专利权	商标权	著作权	专利权	商标权
总计	853			2306		
	370	307	176	637	1220	449
2010	47	75	24	78	211	41
2011	46	73	11	62	168	50
2012	33	34	18	53	133	44
2013	50	23	24	52	153	55
2014	37	25	30	90	111	49
2015	27	19	14	70	113	52
2016	38	21	18	64	100	48
2017	47	20	17	71	107	47
2018	45	17	20	97	124	63

表 5 2010—2018 年高等法院与智慧财产法院主要民事知识产权二审结案量比较

单位:件

年度	高等法院			智慧财产法院		
	著作权	专利权	商标权	著作权	专利权	商标权
总计	57			1173		
	11	34	12	275	691	207
2010	6	19	7	28	92	18
2011	1	6	2	20	133	26
2012	3	4	2	31	85	26
2013	1	2	1	36	92	29

① 林欣蓉:《智慧财产诉讼之变革与展望》,载《智慧财产权月刊》2014 年第 2 期。

续表

年度	高等法院			智慧财产法院		
	著作权	专利权	商标权	著作权	专利权	商标权
2014	—	1[1]	—	34	65	15
2015	—	1[2]	—	40	60	26
2016	—	—	—	35	63	31
2017	—	—	—	28	42	15
2018	—	1[3]	—	23	59	21

[1]通过检索台湾地区裁判文书检索系统发现，该案应为上诉人对 2014 年 4 月 29 日台中地方法院 2013 年度智字第 4 号第一审判决向台湾地区高等法院台中分院提起上诉，台中分院于 2014 年 12 月 16 日作出判决，案号为 2014 年智上字第 2 号民事判决。

[2]通过检索台湾地区裁判文书检索系统发现，该案应为上诉人对 2013 年 12 月 20 日台中地方法院 2013 年度智字第 9 号第一审判决向台湾地区高等法院台中分院提起上诉，台中分院于 2015 年 5 月 26 日作出判决，案号为 2014 年智上字第 1 号民事判决。

[3]通过检索台湾地区裁判文书检索系统发现，该案应为上诉人对 2017 年 1 月 20 日台中地方法院 2016 年度智字第 7 号第一审判决向台湾地区高等法院台中分院提起上诉，台中分院于 2018 年 8 月 29 日作出判决，案号为 2017 年上易字第 134 号民事判决。

一院两审制提高了知识产权民事一、二审案件审理效率。智慧财产法院设立前，各地方审结智慧财产民事第一审诉讼案件平均为 353.28 日，高等法院审结智慧财产民事第二审诉讼案件平均为 543.23 日。①如表 6 所示，智慧财产法院设立后，审结民事一审案件平均日数为 208.39 日，审结民事二审案件平均日数为 206.82 日（截至 2019 年 12 月），基本实现为提高知识产权案件审理效率而设立智慧财产法院的初衷。但从表 6 中亦可看出近年来智慧财产法院民事案件审结日数较大幅度增加。台湾地区针对智慧财产法院民事一审与二审案件考核标准分别为 240 日与 220 日，并在 2018 年将二审考核标准延长至 240 日，台湾地区司法机构对于智慧财产法院在法官工作负荷逐年趋缓的情况下结案日数未减反增，且近年屡超考核标准表示关切。

表 6　2008—2019 年智慧财产法院民事一、二审审结日数情况统计

单位：件

年度	民事一审案件审结所需日数	民事二审案件审结所需日数
平均	208.39	206.82
2008	58	48.62
2009	128.34	110.66
2010	159.39	180.53
2011	209.17	220.85

① 林欣蓉：《智慧财产诉讼之变革与展望》，载《智慧财产权月刊》2014 年第 2 期。

续表

年度	民事一审案件审结所需日数	民事二审案件审结所需日数
2012	225.29	204.26
2013	231.57	216.70
2014	233.61	215.91
2015	278.28	253.70
2016	239.03	248.52
2017	228.18	228.67
2018	221.26	203.65
2019	170.01	236.54

如前文所述，各界对于一院两审制在民事一审法官选拔以及审级利益保障方面存有疑虑。总体而言，一院两审制的实施效果如下：

第一，一院两审制并不至于导致知识产权民事一审法官断层。如前文所述，一院两审制并未专属管辖知识产权民事案件，地方法院仍审理部分知识产权民事案件，2010—2018 年间审结主要知识产权案件(著作权、专利权和商标权)民事一审为 853 件，占同期台湾地区主要知识产权民事一审案件 3159 件之 27%。此外台湾地区近年来实行"三专生"制度[①]，亦有助于地方法院法官接触知识产权案件，虽然有观点认为这可能不符合知识产权案件审理专业化的原则[②]，但在地方法院仍受理部分知识产权民事案件的情况下，允许部分地方法院法官进入智慧财产法院交流有助于统一裁判见解。

第二，一院二审制审级监督效果有待提高。如表 7 所示，2009—2018 年，台湾地区智慧财产法院民事一、二审上诉维持率总体均保持在 90%以上。在民事二审维持率方面，2009—2018 年智慧财产法院二审上诉维持率为 88.81%，与同期高等法院民事二审维持率 87.67%差距不大。但在民事一审维持率方面，智慧财产法院民事一审维持率为95.92%，高于同期地方法院民事一审维持率 85.26%约 10%，亦高于智慧财产法院二审上诉维持率约 7%。且与智慧财产法院成立前，台湾地区高等法院知识产权案件民事一审维持率相差较大，如在 2004—2008 年间，高等法院针对主要知识产权案件(著作权、专利权和商标专用权)民事一审维持率分别为 71.43%、84.88%、78.35%、80.84%和80.67%。[③]尽管智慧财产法院于 2010 年后进行了一系列配套举措，保障审级监督有效进行，但除 2010 年前后明显变化后，近年来基本上维持在 95%以上。智慧财产法院民事一审高维持率可能是法官专业化审

① 所谓"三专生"制度是指下级审法官调至上级审办事，期间为 3 年之制度。这项制度由来甚久，其目的除了充实上级法院办案人力外，旨在增加下级审法院法官办案经验，以及检视下级审法官是否适合充任上级审实任法官。

② 熊诵梅：《十年一觉板桥梦》，载《工商时报》2018 年 8 月 2 日。

③ 上诉维持率计算方式依据台湾地区司法机构网站关于维持率计算的问答。维持率：分为上诉维持率和抗告维持率。对于下级审而言，指在一定期间内经上级审裁判驳回(维持原判)件数占驳回和废弃(撤销)原判件数百分比。部分废弃(撤销)以驳回 0.5 件、废弃(撤销)0.5 件计。

理的结果，但民事一审为法官独任审理，且一院二审制本身就引发审级监督是否能有效落实的质疑，过高的一审维持率令人生疑。除前文提及的学界疑虑外，台湾地区《"立法机构"公报》亦提及一审维持率过高，应探讨将一审案件回归地方法院审理的可行性决议。①因此，一院两审制是否能充分实现审级监督目的值得考究。

表7　智慧财产法院一、二审民事案件上诉维持率统计

单位：%

年度	智慧财产法院			高等法院及地方法院	
	总体维持率	一审上诉维持率	二审上诉维持率	一审上诉维持率	二审上诉维持率
平均	93.23	95.92	88.81	85.26[1]	87.67[2]
2008	无			84.27	83.95
2009	92.90	100.00	86.08	83.53	85.30
2010	88.97	95.77	80.99	85.22	86.37
2011	94.90	98.78	86.11	85.22	88.10
2012	94.34	94.67	93.56	85.24	89.87
2013	92.96	94.20	89.92	85.98	87.42
2014	93.78	94.30	92.75	85.65	85.91
2015	93.44	95.18	90.42	86.06	87.46
2016	95.08	95.58	93.44	85.56	89.82
2017	92.84	95.34	87.70	85.25	88.38
2018	93.08	95.40	87.15	84.92	88.02

说明：[1]不含2008年维持率。

[2]不含2008年维持率。

三、知识产权有效性自为判断

法院有权对知识产权有效性自为判断是台湾地区知识产权案件审理制度的重要创新。在智慧财产法院成立前，若当事人在诉讼中提出专利、商标无效抗辩时，法院需要中止案件审理，等待"智慧财产局"有效性认定结果，致使民事、行政案件审理拖沓。根据"智慧财产案件审理法"第16条的规定："当事人主张或抗辩知识产权有应撤销、废止之原因者，法院应就其主张或抗辩有无理由自为判断……"这明确规定在审理知识产权案件时，法院可对知识产权有效性进行认定，且从该表述中亦可看出知识产权有效性认定为司法强制义务，法院不得推托。

① 台湾地区《"立法机构"公报》第103卷第37期。

(一)知识产权有效性自为判断特点

台湾地区在允许智慧财产法院进行知识产权有效性自为判断的同时,亦采取吸收行政审查部门参与民事诉讼、明确知识产权有效性自为判断仅具有个案效力、专利无效宣告后可针对原侵权判决提起再审之诉等配套举措。

1.吸收行政审查部门参与民事诉讼

根据台湾地区"智慧财产案件审理法"第17条的规定,"当事人主张或抗辩知识产权有应撤销、废止之原因者,于必要时,得以裁定命智慧财产专责机关参加诉讼"。实务中针对知识产权民事侵权诉讼,若当事人抗辩权利有无效原因,法官会询问被告是否向"智慧财产局"提出专利、商标无效请求,有需要的可依规定裁定命"智慧财产局"参加诉讼。"智慧财产局"则指派承办前述行政争议的审查官代理参加诉讼,审查官依审定处分书表达意见等。2008年7月至2016年6月,当事人提出民事专利诉讼之权利有效性抗辩905件中,法官裁定"智慧财产局"参加诉讼计94件,占提出权利有效性抗辩件数之10.39%。允许"智慧财产局"参与民事诉讼是法院知识产权有效性自为判断的重要辅助手段,该制度设计有助于增进司法机关与行政部门在有效性判断上的理解,帮助法官更好了解先前行政机关的审定思路,提高有效性认定质量以及审理效率,亦可避免当事人向行政机关提起有效性异议时,法院及行政部门各自裁决之间的冲突。

2.有效性判断仅具有个案效力

台湾地区"智慧财产案件审理法"第16条虽规定民事法院可进行知识产权有效性判断,但台湾地区实行公私法二元及双轨制,行政部门对于有效性的认定,具有优先性及绝对性。从"智慧财产法院审理法"的制定目的来论,法院于民事诉讼中自为有效性认定应居补充地位。[①] 此外"智慧财产案件审理细则"亦强调知识产权有效性认定非独立之诉,不得提起确认之诉或反诉。因此,涉及知识产权有效性认定的相关判决并不对第三人产生既判力,权利人仍可对第三人提起侵权诉讼。

3.提供民事再审救济

尽管自为有效性判断可以提高民、刑事案件审理效率,但可能引发司法与行政裁决冲突。以专利诉讼为例,法院认定专利侵权成立,行政机关却宣告专利无效,则被告是否可以针对原专利侵权判决提起再审之诉,存在疑问。在智慧财产法院设立之初,即有学者提出该疑虑。[②]对此,台湾地区两则案例值得关注。台湾地区"最高法院"于2012年认为专利无效程序结果经行政诉讼审结后已构成行政处分变更,当事人可依台湾地区"民事诉讼法"第496条第1项规定的"判决基础之行政处分已变更",针对原民事侵权判决提起再审之诉。[③]但针对未经行政诉讼确认的宣告无效结果,原判决当事人可否对原民事侵权判决提再审之诉问题上,智慧财产法院与台湾地区"最高法院"见解不同。智慧财产法院认为,"民事法院

① 李素华:《民事法院自为判断专利有效性与加速解决纷争之迷思》,载《月旦裁判时报》2016年第1期。

② 智慧财产培训学院(TIPA):《2009年度第二次智慧财产案例评析座谈会议记录》,http://www.tipa.org.tw/download/%B2%C4%A4G%A6%B8IP%AE%D7%A8%D2%B5%FB%AAR%AEy%BD%CD%B7%7C%C4%B3%AC%F6%BF%FD.pdf,下载日期:2020年2月22日。

③ 台湾地区"最高法院"2012年度台抗字第683号裁定。

就专利是否有效所为之判断,仍有可能因其后行政争讼之结果决定有无再审之事由,无异鼓励当事人另行提起行政争讼,且使法院等待行政争讼之结果确定后始为判断,亦与台湾地区'智慧财产案件审理法'第 16 条第 1 项规定意旨显相违背"[①]。但台湾地区"最高法院"认为专利无效后,专利效力视为自始不存在,应认为判决基础行政处分已变更。[②]因此,根据台湾地区"最高法院"于两则判决中的见解,即使法院已对专利有效性作出判断,但若该专利已被行政程序宣告无效,则构成行政处分变更,原审侵权案件被告可提起再审之诉。但台湾地区针对该见解亦存在争议,有学者认为允许对原确定判决提起再审之诉可能导致诉讼拖沓,与加快知识产权案件审结效率宗旨不符。[③]

同时为避免法院有效性判断与相关行政诉讼裁决相冲突,台湾地区规定应由相同法官参与审理相关联知识产权案件。台湾地区"智慧财产案件审理法"第 34 条[④]规定曾审理知识产权民事、刑事案件的法官无须回避与该案相关联的行政案件。"智慧财产案件审理细则"第 41 条[⑤]进一步规定行政诉讼案件应由曾审理相关民事案件的独任或受命法官审理。台湾地区"最高法院"认为此处不适用传统回避制度是出于政策考量,符合智慧财产法院有限法官以及维持裁判统一见解需要。[⑥]

(二)有效性自为判断实践效果

如前文所述,知识产权有效性自为判断可避免民事、刑事案件等待行政程序的困境,提高了知识产权案件一、二审审结效率,符合智慧财产法院设立初衷。并且就民事一审中专利有效性判断情况而言(如表 8 所示),智慧财产法院关于专利有效性判断之无效比例为 51.58%。相较于 2009—2018 年台湾地区"智慧财产局"专利无效宣告情况(如表 9 所示),可以发现在 2009—2012 年间,智慧财产法院专利无效认定比例明显高于同期"智慧财产局"宣告无效比例。两者差距明显甚至引发对法院专利认定无效比例过高的质疑。[⑦]为此,智慧财产法院亦曾对专利无效比例过高问题进行回应,认为专利无效率高的一大原因在于专利审查授权时仅进行书面审查,缺乏两造攻防情形,因此大量专利在法院审理阶段通过两造攻防

---

① 智慧财产法院 2013 年民专上再字第 4 号民事判决,2014 年 9 月 1 日。法院部分表述如下:"倘若民事法院业已依台湾地区'智慧财产案件审理法'第 16 条第 1 项规定自行调查证据认定事实而为专利有效之判断,且践行程序保障,实难认民事确定判决之判决基础、所进行之诉讼程序有何重大瑕疵,并足以动摇该确定判决之既判力,自不得仅因嗣后行政争讼结果与民事法院判断歧异,即认有再审事由存在,如民事法院就专利是否有效所为之判断,仍有可能因其后行政争讼之结果决定有无再审之事由,无异鼓励当事人另行提起行政争讼,且使法院等待行政争讼之结果确定后始为判断,亦与台湾地区'智慧财产案件审理法'第 16 条第 1 项规定意旨显相违背。"

② 台湾地区"最高法院"2015 年台上字第 407 号民事判决。

③ 蔡忠峻:《专利有效性判断歧异之研究——以民事再审程序为中心》,载《智慧财产权月刊》第 2017 年第 10 期。

④ 该条规定:"第 8 条至第 15 条、第 18 条及第 22 条之规定,于有关智慧财产权之行政诉讼,准用之。办理智慧财产民事诉讼或刑事诉讼之法官,得参与就该诉讼事件相牵涉之智慧财产行政诉讼之审判,不适用'行政诉讼法'第 19 条第 3 款之规定。"

⑤ 该条规定:"关于同一基础事实之智慧财产权民事或刑事诉讼之上诉、抗告案件,以及行政诉讼事件,同时或先后系属于智慧财产法院时,得分由相同之独任或受命法官办理。前案已终结者,亦同。"

⑥ 台湾地区"大法官会议解释"第 761 号。

⑦ 李素华:《民事法院自为判断专利有效性与加速解决纷争之迷思》,载《月旦裁判时报》2016 年第 1 期。

暴露出较多问题,无效比例也相对较高。①此外智慧财产法院亦不断检视专利无效比例过高原因,近年来专利无效比例相较成立之初已有所下降。

表8 2008—2019年智慧财产法院民事一审专利有效性判断情形统计

单位:%

年度	抗辩件数	未判断[1]	权利有效	权利无效	权利无效成立比例
2008	5	2	1	2	40
2009	47	10	7.5	29.5	63
2010	68	14	7	47	69
2011	66	13	13	40	61
2012	63	10	10	43	68
2013	74	16	13	45	61
2014	66	23	17	26	39
2015	87	28.5	11	47.5	55
2016	63	27	14	22	35
2017	68	35.5	12.5	20	29
2018	62	25.5	7.5	29	47
2019	70	24	9.75	36.25	52

说明:[1]"未判断"指法官认定侵害已成立或有其他原告之诉应予驳回情形而毋庸再论专利是否有效。

表9 2009—2018年台湾地区"智慧财产局"专利无效宣告情况统计

单位:%

年度	提请无效宣告数量	无效宣告成立	无效宣告部分成立	无效宣告不成立	无效宣告不成立比例
2009	1247	694	0	553	44.35
2010	916	503	0	413	45.09
2011	911	469	0	442	48.52
2012	883	462	0	421	47.68
2013	851	425	114	312	36.67
2014	804	360	135	309	38.43
2015	638	294	99	245	38.4
2016	677	277	100	300	44.31
2017	688	310	91	287	41.72
2018	585	266	86	233	39.83

说明:该统计内容不含撤回、驳回、不受理等情形。

---

① 台湾地区《"立法机构"公报》第103卷第17期。

尽管法院有效性认定仅具有个案效力，先前判决对第三人无既判力。但在司法实务中，他案第三人是否可以前案有效性争点认定结果为抗辩，请求排除有效性争点，即争点排除规则（台湾地区称之为争点效）是否适用于第三人存在争议。根据“智慧财产案件审理细则”的规定，先前判决已对撤销、废止原因实质判断的，而同一当事人就同一基础事实的主张或抗辩不同于原确定判决时，法院应审查原判决是否明显违反法令，或出现足以影响判决结果的新材料或当事人有无违反诚信原则。[①] 由此观之，第三人似乎可适用争点排除规则。在“欧阳伟”系列案件中，熊诵梅法官认为：“如已在他诉讼中为充分之攻击防御时，除非法院对该争点所为之判断显然违法，或本诉讼提出新诉讼资料，足以推翻原判断之情形外，他造当事人即使未参与该诉讼，仍得主张该有利于己之争点为抗辩，法院亦不得为相反之判断。”[②]熊诵梅法官认为为维护诚实信用原则与公平效率，法院应不为相反判断而直接判决驳回。李得灶法官审理该案上诉时却直接对该专利有效性进行了重新认定，从反面否定了一审直接援引原判决实质判断结果的裁判路径。[③] 台湾地区学者分析台湾地区争点排除规则不适用于第三人的主要原因是台湾地区“最高法院”曾在判决中认为争点排除规则仅适用于“同一当事人间”以及台湾地区实行公私法二元制使得法院有效性认定效力有限所致。法官对知识产权有效性的判断仅具有个案效力，虽尊重了权力分配框架，却意味着尽管先前诉讼已对专利有效性作出无效的实质判断，但无法阻止专利权人针对其他被告不断提起诉讼，前文所述历时多年的“欧阳伟”系列案件即如此，这与提高知识产权案件审理效率的初衷不符，熊诵梅法官等所持争点排除规则适用于第三人的观点似有可取之处。

此外，以专利领域为例，在实务中专利权人为回应对专利有效性的抗辩，亦会在案件审理中直接向“智慧财产局”申请更正请求项范围，对于以更正前或更正后内容进行审理依据个案情况有不同处理方式，多数法官似倾向就专利权人申请更正之内容自为判断是否合法可采。比如2018年12月20日智慧财产法院2018年度民专上字第16号判决，认为更正内容于己不利时，既属当事人自己的选择，法院即可径依更正后之请求项为裁判。[④]

四、配置技术审查官

为加强知识产权案件审理，我国台湾地区学习韩国、日本等引入技术专家参与诉讼制度，设置技术审查官，协助案件审理。“智慧财产及商业法院组织法”规定，技术审查官协助法官进行技术判断，技术资料收集、分析，提供技术意见等。[⑤]在知识产权案件审理过程中，

---

① 台湾地区“智慧财产案件审理细则”第34条规定：“智慧财产民事诉讼之确定判决，就智慧财产权有应撤销、废止之原因，业经为实质之判断者，关于同一智慧财产权应否撤销、废止之其他诉讼事件，同一当事人就同一基础事实，为反于确定判决判断意旨之主张或抗辩时，法院应审酌原确定判决是否显然违背法令、是否出现足以影响判断结果之新诉讼资料及诚信原则等情形认定之。”

② 智慧财产法院2010年民专诉字第135号民事判决。

③ 智慧财产法院2011年民专上易字第2号民事判决。

④ 简秀如、吴俐莹：《专利权人于民事诉讼若为对己不利之请求项更正，法院得径依更正后之范围为审理》，http://www.leeandli.com/TW/Newsletters/6208.htm，下载日期：2020年2月22日。

⑤ 台湾地区“智慧财产及商业法院组织法”第16条第4款。

技术审查官发挥了较大作用,是法院知识产权有效性自为判断的重要支撑。技术审查官制度设立后,技术审查官参与程序范围不断扩大。鉴于知识产权民事保全程序及强制执行程序,多涉及专业技术判断,如专利权是否有被撤销的高度可能性或相对人是否使用专利方法制造物品等[①],台湾地区于2014年修改"智慧财产案件审理法",将技术审查官参与范围扩大至民事保全及强制执行程序。智慧财产法院设立至今,技术审查官制度发挥了重要作用,但台湾地区学者及实务界亦不乏对技术审查官的质疑,主要包括技术审查官来源及在法庭审理中的地位。

首先,技术审查官来源过于依赖借调途径。根据台湾地区"智慧财产及商业法院组织法"第16条的规定,台湾地区技术审查官包括任用、选聘及借调三种来源。从"智慧财产局"借调技术审查官的主要原因是技术审查官除需要具备高度技术方面的专业知识外,还需对专利法律以及审查标准有着深入了解,才能协助法官进行专利有效性判断;而"智慧财产局"借调的技术审查官在技术及法律方面具有丰富的实务经验,对于法官而言,是最佳的辅助人选。但台湾地区各界对于从"智慧财产局"借调技术审查官多有疑虑。[②]根据台湾地区"智慧财产法院技术审查官借调办法"第5条、第6条的规定[③],技术审查官任职期间薪资虽由智慧财产法院支付,但年终考核与奖惩仍由"智慧财产局"负责。借调审查官任期为2～3年,借调期满后,技术审查官仍回"智慧财产局"工作,这可能导致"智慧财产局"借调或暂调人员既当裁判员又当守门员。[④]

其次,技术审查官庭审地位不明。台湾地区"智慧财产案件审理细则"第16条规定,技术审查官以书面形式向法官陈述意见而制作的报告书,不得作为认定事实的证据资料,不予公开,当事人亦不得请求阅览。有学者认为技术报告不公开可能导致技术审查官成为"影子法官"。[⑤]并且自设立技术审查官后,法院对鉴定的依赖性大为下降,与可对鉴定结果进行攻防相比,当事人却无从全面了解技审官的想法,让判决结果的公信力连带受波及。[⑥]因此,在智慧财产法院设立之初,就有学者提出智慧财产法院成败的关键在于如何使技术审查官的意见有机会在法庭上被当事人诘问与辩论。

(一)技术审查官制度配套举措及特点

为加强技术审查官公信力,提高审判品质,台湾地区亦采取多种举措完善技术审查官制度。总体而言,台湾地区技术审查官制度具有如下特点:

---

① 台湾地区"立法机构"第8届第5期第10次会议记录。

② 台湾地区《"立法机构"公报》第103卷第17期。

③ 台湾地区"智慧财产法院技术审查官借调办法"第5条规定:"借调之技术审查官,其借调期间之平时考核及差假由智慧财产法院负责办理,并于每年年终或借调期满归建时,将平时考核及差假勤惰有关资料,送其本职机关(构),作为奖惩及考绩之依据,遇有具体功过发生时,依上述程序及权责随时办理。"第6条规定:"应予考绩(成)之借调技术审查官,其考绩(成)或晋叙,由本职机关(构)依相关规定办理。办理留职停薪之借调技术审查官,其差假、退休、抚恤、保险及福利等事项,依各有关法令规定办理。"

④ 智财散步:《地位尴尬的技术审查官,是否应该重新审视该制度?》,https://iptouring.com/? p=1380,下载日期:2020年2月17日。

⑤ 熊诵梅:《十年一觉板桥梦》,载《工商时报》2018年8月2日。

⑥ 江雅绮:《智财技审官是影子法官?》,https://www.chinatimes.com/newspapers/20130816000884-260109? Chdtv,下载日期:2020年2月18日。

1.推动技术审查官来源多元化

为回应各界对从“智慧财产局”借调技术审查官可能影响法院中立裁判的质疑，台湾地区司法机构强调会根据技术审查官制度运作情况，调整法院自行遴选与从“智慧财产局”借调的人员比例。智慧财产法院内部亦认同技术审查官来源多元化举措。并提及在借调技审官回任时，每期释出少数的借调名额，逐批渐进改为任用或约聘，目标是将借调的名额缩减到1/3，以任用、约聘方式取代；同时继续促成修法，放宽技术审查官的任用资格[①]，至少应涵盖专利师。[②]

2.拓宽法官案件审理咨询途径

台湾地区于2000年发布“专家参与审判咨询试行要点”（现为“法院行专家咨询要点”）以推动司法审判专业化。为应对技术审查官人数有限以及专业领域限制问题，台湾地区司法机构设有咨询专家名册，列有各项技术领域咨询专家100人，供法官办理智慧财产案件于有必要时择用，并定期依各法院实务运作状况更新。2018年台湾地区司法机构即更新智慧财产诉讼鉴定专业机构参考名册中有关“营业秘密”部分的咨询专家。[③]咨询专家为个案选任，个案支付报酬，力求涵盖各专业领域，选取各领域著名专家以解决技术审查官难以应对的尖端问题。并且与技术审查官相似的是，咨询专家的意见陈述亦不得直接作为证据。相较而言，咨询专家在法律素养以及协助方面虽不如技术审查官，但建立专家咨询制度可以较好地解决技术审查官人数以及专业领域限制问题，协助法官了解具体技术领域，提高案件审判质量。在知识产权案件审理过程中，技术审查官与咨询专家在功能上具有一定的互补性。同时，为便于法官审理知识产权案件时遇有鉴定、鉴价参考，台湾地区司法机构于2012年、2014年、2017年分别更新智慧财产诉讼鉴定专业机构参考名册及智慧财产诉讼鉴价专业机构参考名册。此外，由于设有技术审查官，智慧财产法院对于当事人申请传唤专家证人而多持保守态度，台湾地区司法机构亦明确若当事人认为有委托专家证人作证或送鉴定必要，而向法院申请调查证据，法院不得以已有技术审查官协助诉讼为由拒绝，而应视具体情形判断。

3.引入心证开示制度

技术审查官作为法官案件审理辅助人，协助法官进行相关技术判断，但技术报告并非证据，无须对当事人公开。智慧财产法院虽一再强调技术审查官所作意见仅为法官参考，但为保障当事人诉讼权益，有必要将法官依靠技术审查官所知悉相关事项向当事人表明。根据台湾地区“智慧财产案件审理法”第8条的规定，“法院已知之特殊专业知识，应予当事人有辩论之机会，始得采为裁判之基础”且“审判长或受命法官就事件之法律关系，应向当事人晓喻争点，并得适时表明其法律上见解及适度开示心证”。根据智慧财产法院的观点，“特殊专业知识”主要包括法官本身于个案审理时自行钻研及同类案件经验累积，专家咨询及技术审

① 目前台湾地区智慧财产法院技术审查官约聘人员资格较技术审查官公务人员较为宽松，如曾任专利或商标审查官，成绩优良并具证明，得受聘为约聘技术审查官（约聘人员）；而担任技术审查官职务（公务人员）则须现任或曾任专利或商标审查官合计3年以上，成绩优良并具证明。

② 北美智权报：《送旧迎新：台湾专利界2014年回顾与2015年展望》，http://www.naipo.com/Portals/1/web_tw/Knowledge_Center/Industry_Economy/publish-314.htm，下载日期：2020年2月18日。

③ 台湾地区法务部门：《司法改革第三次半年进度报告》，2019年2月25日。

查官等专业人士于个案向法官为意见陈述等。台湾地区“最高法院”在一起专利案件中,就提及为避免造成突袭性裁判及平衡保护诉讼当事人之实体利益及程序利益,法官从技术审查官处获知的特殊专业知识未给予当事人辩论机会遂作为裁判基础的,属于重大瑕疵。[①]在案件审理中,为使当事人能充分了解相关技术争点,法院通过开庭通知、在审理计划中提醒当事人可针对技术争点提出意见、在准备程序等环节中就相关技术事项(含技术审查官所提之技术资料意见)命当事人陈述意见等方式,使当事人晓喻技术争点,并有辩论机会。[②]

(二)技术审查官制度实施效果

根据《智慧财产法院成立十年实务操作状况报告》,截至2017年,智慧财产法院指定技术审查官协助诉讼总共3098件,其他法院裁定指定技术审查官协助诉讼总计140件。此外根据“智慧财产及商业法院组织法”的规定,审查官制度亦将在商业诉讼中推广,于智慧财产及商业法院设置商业调查官,协助法官进行相关商业问题的判断。[③]引入技术审查官制度后,送请鉴定数量亦有明显下降。根据智慧财产法院内部统计,如表10所示,在智慧财产法院成立10年间(2008年7月至2017年6月),送请第三方鉴定总共68件,其中以民事一审送请鉴定居多,占61.8%,并且从历年送请鉴定件数亦可看出2014年之前送请鉴定件数总体下降,此后送请鉴定件数总体上升,可能与前文所提台湾地区司法机构2014年关于不得以已有技术审查官协助诉讼为由拒绝鉴定之要求有关。

表10 智慧财产法院各类案件送请鉴定情况统计

单位:件

年度	总计	民事一审	民事二审	刑事二审
总计	68	42	16	10
2008	—	—	—	—
2009	3	3	—	—
2010	14	10	3	1
2011	9	5	2	2
2012	11	4	3	4
2013	7	4	3	—
2014	3	2	—	1
2015	7	3	3	1
2016	11	8	2	1
2017年1—6月	3	3	—	—

尽管台湾地区司法机构及智慧财产法院内部均强调促进审查官来源多元化,但多元化

① 台湾地区“最高法院”2011年台上字第1013号民事判决,2011年6月30日。

② 蔡惠如:《智慧财产诉讼审理之新趋势》,载《专利师》2011年第1期。

③ 台湾地区“商业事件审理法”第17条。

步伐十分缓慢。如表11所示，自智慧财产法院成立后，技术审查官借调比例不断下降，目前智慧财产法院共配置13名技术审查官，其中11名为借调自“智慧财产局”资深专利审查官（占技术审查官总人数84.62%，以下同），并由其中1名担任主任技术审查官，而由智慧财产法院自行遴聘的专业技术人员为2人（占15.38%）。智慧财产法院内部有观点认为多元化难以推行的一大原因是技术审查官约聘人员待遇不高，不利于吸引专业人才。[①]近期台湾地区司法机构相关报告再次强调当前智慧财产法院借调技术审查官比重仍过大，不利于专任专责技术审查官的培养。应扩充技术审查官的来源，研议增聘资深专利代理人或专利师的可行性。

表11　2008—2019年智慧财产法院技术审查官来源情况统计

单位：人

年度	来源			
	任用	遴聘	借调	小计
2008	0	0	9	9
2009	0	0	9	9
2010	0	1	9	10
2011	0	1	12	13
2012	0	1	12	13
2013	0	1	12	13
2014	0	1	12	13
2015	0	1	12	13
2016	0	3	10	13
2017	0	2	11	13
2018	0	2	11	13
2019	0	2	11	13

虽然来源多元化进程缓慢，但技术审查官通常能保持客观立场，且参与相关案件审理效果显著。通过对智慧财产法院成立以来专利行政一审诉讼案件的统计（如表12所示），可以看出专利行政一审原告胜诉率平均为19.28%，远高于智慧财产法院成立前7.55%的专利行政一审原告胜诉率（如表13所示）。并且自2008年至今，原告胜诉率总体呈上升趋势；自2016年起，均突破20%。如前文所述，部分年份智慧财产法院民事一审专利无效率明显高于同期“智慧财产局”专利宣告无效比例。两者差距明显甚至引发对法院认定专利无效比例过高的质疑。总体而言，智慧财产法院技术审查官虽较大比例借调自“智慧财产局”，但在案件审理过程中，技术审查官能保持较为客观的立场。此外，根据智慧财产法院的相关统计，

① 李得灶：《于“智与愿违，从长技议”检讨技审官运作程序与强化智财保护体制公听会上的发言》，https://www.chinatimes.com/newspapers/20131023000541-260106? Chdtv，下载日期：2020年2月20日。

法官对于技术审查官提供的技术报告，直接采用或是修正后再采用比例较高，未采用比例极低。可见技术审查官在协助法官认定相关技术问题方面发挥了重要作用。

表 12　2008—2019 年台湾地区智慧财产法院专利行政一审案件审理情况统计

年度	结案数量/件	胜诉数量/件	败诉数量/件	胜败互见	原告胜诉比例/% (胜败互见以 1/2 计算)
2008	40	6	28	—	15
2009	135	20	90	11	18.89
2010	173	42	109	12	27.75
2011	161	31	102	20	25.47
2012	105	14	73	7	16.67
2013	148	15	112	12	14.19
2014	108	9	86	4	10.19
2015	128	18	87	14	19.53
2016	107	17	57	11	21.03
2017	98	16	62	11	21.94
2018	112	20	76	8	21.43
2019	263	—			—

表 13　2002—2008 年台湾地区"行政法院"专利行政一审案件审理情况统计

年度	终结案件数量/件	胜诉数量/件	败诉数量/件	胜败互见	原告胜诉比例/% (胜败互见以 1/2 计算)
2002	421	25	284	12	7.36
2003	324	15	225	25	8.49
2004	410	18	310	20	6.83
2005	455	22	355	19	6.92
2006	358	25	283	7	7.96
2007	340	10	284	16	5.29
2008	270	24	223	6	10

五、秘密保持命令

为兼顾知识产权诉讼审理效率及商业秘密保护，降低当事人因提供商业秘密而可能遭受损害，台湾地区"智慧财产案件审理法"引入了秘密保持命令制度，即当事人或第三人就其持有的商业秘密进行开示，在符合一定情形时可向法院申请对其他当事人、代理人、辅助人等发出秘密保持命令，受秘密保持命令约束之人不得出于该诉讼以外目的而使用该秘密或是向未收秘密保护命令之人开示。根据台湾地区“智慧财产案件审理法”的规定，符合下述条件的，法院可以核发秘密保持命令：(1)当事人文书载有当事人与第三人商业秘密或已调查或应调查证据涉及当事人与第三人商业秘密；(2)为避免上述商业秘密的开示，或出于该诉讼以外目的使用该秘密，有妨害该当事人或第三人的可能性，且存在限制其开示或使用的必要。[①]但若其他当事人、代理人、辅助人或其他诉讼关系人，在申请前已依前述书状阅览或证据调查以外方法，取得或持有该秘密时，则不适用秘密保持命令。[②]台湾地区“智慧财产案件审理法”规定的秘密保持制度仅适用于智慧财产案件审判程序，为解决侦查程序需要与商业秘密保护间的冲突问题，2017年台湾地区“智慧财产局”组织的“营业秘密法部分条文修正草案公听会”就建议参考“智慧财产案件审理法”关于秘密保持命令的规定，赋予检察官核发秘密保持命令权限，并规定于“营业秘密法”之中，使秘密保持命令适用于非属知识产权但涉及商业秘密的民、刑事案件。相关建议被有关机构采纳，台湾地区于2020年1月15日公布新修订的“营业秘密法”，正式引入侦查中秘密保持令制度[③]，弥补了秘密保持命令制度仅适用于审判程序而无法适用于侦查程序的不足，有利于商业秘密刑事案件审理。

(一)秘密保持命令制度特点

为细化秘密保持命令制度实施，台湾地区专门制定了“法院办理秘密保持命令作业要点”明确秘密保持命令相关保密措施，主要包括命令申请另行分案、诉讼资料管理与调取、相关协商会议与法庭记录材料处置等。此外，针对秘密保持命令案件，“智慧财产案件审理细则”进一步弥补“审理法”规范不足之处，如特别规定，法院在裁定秘密保持命令前，暂停所涉商业秘密部分审理。[④]总体而言，台湾地区秘密保持命令具有以下特点：

1.申请文书以间接引用方式披露

台湾地区“智慧财产案件审理细则” 第20条第1款规定相关申请文书仅须以间接引用方式揭露商业秘密，供法院判断是否符合营业秘密要件即可。[⑤]申请时以间接方式披露商业秘密一方面可以减轻当事人的证明责任，另一方面避免在法院裁定之前相关商业秘密泄露。此外，根据台湾地区“智慧财产案件审理法”所规定秘密保持命令核发条件为“经释明符合下

---

① 台湾地区“智慧财产案件审理法”第11条规定：“当事人或第三人就其持有之营业秘密，经释明符合下列情形者，法院得依该当事人或第三人之声请，对他造当事人、代理人、辅佐人或其他诉讼关系人发秘密保持命令：一、当事人书状之内容，记载当事人或第三人之营业秘密，或已调查或应调查之证据，涉及当事人或第三人之营业秘密。二、为避免因前款之营业秘密经开示，或供该诉讼进行以外之目的使用，有妨害该当事人或第三人基于该营业秘密之事业活动之虞，致有限制其开示或使用之必要。前项规定，于他造当事人、代理人、辅佐人或其他诉讼关系人，在声请前已依前项第一款规定之书状阅览或证据调查以外方法，取得或持有该营业秘密时，不适用之。受秘密保持命令之人，就该营业秘密，不得为实施该诉讼以外之目的而使用之，或对未受秘密保持命令之人开示。”

② 台湾地区“智慧财产案件审理法”第11条第2项。

③ 台湾地区“营业秘密法”第14条。

④ 台湾地区“智慧财产案件审理细则”第24条规定：“关于秘密保持命令之声请，法院于裁定确定前，得暂停本案诉讼关于该营业秘密部分之审理。”

⑤ 台湾地区“智慧财产案件审理细则” 第20条第1款第2项。

列情形者，法院得依该当事人或第三人之声请”，台湾地区“最高法院”于多项民事裁定[①]中对“释明”进行解释，即“系使法院就某事实之存否，得到‘大致为正当’之心证为已足，与‘证明’须就当事人提出之证据方法，足使法院产生坚强心证，可以确信其主张为真实者，尚有不同”。智慧财产法院在相关裁定[②]中亦认为台湾地区“智慧财产案件审理法”第11条所称的“释明”仅需以间接引用方式揭露，使法院认为大致如此，而无须达到证明确信的程度。此外，为确保双方当事人的诉讼权益，“智慧财产案件审理细则”第21条第2款规定，法院核发秘密保持命令之前应通知双方当事人协商。

2.规定刑事责任

对于违反秘密保持命令者，台湾地区引入刑事制裁手段，处以3年以下有期徒刑、拘役或罚金。[③]此外，台湾地区“智慧财产案件审理法”第36条规定，“法人之负责人、法人或自然人之代理人、受雇人或其他从业人员，因执行业务犯前条第一项之罪者，除处罚其行为人外，对该法人或自然人亦科以前条第一项之罚金”。因此，不但违反秘密保持命令者将面临极重的刑事责任，并且雇用违反秘密保持命令者的法人或自然人亦将被处以罚金，进一步提高了秘密保持命令违反成本。考虑到商业秘密属于知识产权，且专业性较强，台湾地区于2014年正式将违反秘密保持命令之罪归入知识产权刑事范畴。[④]

（二）秘密保持命令实践效果

如表14所示，智慧财产法院成立至今，除个别年份外，智慧财产法院秘密保持命令准许比例维持在90%以上，并且准许数量以及准许比例总体逐年提高，尤其是近4年来准许数量分别达到23件、32件、52件、71件，在一定程度上反映了近年来当事人申请秘密保持命令的意愿不断增强，秘密保持命令制度价值日益凸显。在司法实务中，秘密保持命令虽然核发比例较高，但法院仍会考量秘密保持命令适用对象身份及数量等因素。比如在2019年民秘申字第61号民事裁定中，智慧财产法院依“智慧财产案件审理细则”所规定的相对人应为自然人[⑤]而驳回申请人针对“高鼎精密材料股份有限公司”的申请。此外法院亦强调所申请核发对象应为特定，如在智慧财产法院2019年民秘申字第59号民事裁定中，法院认为“申请人另申请就系争文件限制仅得由原告所委任之律师得以阅览部分，因所请求限制之主体尚非特定，本院无从审酌核驳之必要性”。

法院对律师等受职业伦理规范规制的相对人通常会核发秘密保持命令，此亦符合“智慧财产案件审理细则”中关于“如他造已委任诉讼代理人，其代理人宜并为受秘密保持命令之人”的规定。[⑥]但为降低商业秘密被不当使用的风险，法院对处于竞争地位当事人的内部人员一般从严核发秘密保持命令。比如在2018年民秘申字第38号民事裁定中，法院认为被告已有足够的诉讼代理人作为秘密保持命令相对人协助攻防准备，且基于双方当事人处于

---

① 台湾地区“最高法院”2008年台抗字第264号、2009年度台抗字第807号民事裁定。

② 台湾地区智慧财产法院2019年民秘申字第58号民事裁定。

③ 台湾地区“智慧财产案件审理法”第35条第1款。

④ 台湾地区《“立法机构”公报》第103卷第37期。

⑤ 台湾地区“智慧财产案件审理细则”第20条第1款第1项规定：“声请状记载之受秘密保持命令人应为自然人，并应记载其个人住所或居所。”

⑥ 台湾地区“智慧财产案件审理细则”第21条第1款。

直接竞争地位，被告法定代理人和法务人员等内部人员并不适合知悉相关数据。在2019年民秘申字第1号民事裁定中，法院亦提及“拜耳公司及其法定代理人与申请人及第三人之间可能存在有潜在竞争关系，阅览系争资料本身就可能有对申请人与第三人造成损害的疑虑，纵经核发有秘密保持命令，也无法避免”。

在认定标准方面，智慧财产法院主要依据“秘密性”“具有潜在或实际经济价值”“开示后受到侵害可能性”①等标准衡量。并且在商业秘密开示范围上一般不加限制，如智慧财产法院在2019年民秘申字第1号民事裁定中认为“系争资料是否有可供证明待证事项之处，并不应由申请人片面决定其范围，也不宜由法院先入为主地加以预断，应全部开放由相对人的诉讼代理人阅览来加以检核确定”。

表14 智慧财产法院秘密保持命令准许情况统计

年度	驳回案件量/件	撤回案件量/件	准许案件量/件	准许比例/%
2008年7—12月	—	1	1	100
2009	5	—	5	50
2010	—	1	4	100
2011	1	4	1	50
2012	2	5	8	80
2013	2	2	3	60
2014	1	5	11	92
2015	—	3	15	100
2016	1	5	23	96
2017	3	5	32	91
2018	1	8	52	98
2019	3	3	71	96

结 语

为提高知识产权案件审理水平，台湾地区在组织架构以及审理程序方面不断探索。总体而言，台湾地区知识产权审判制度改革取得了一定成效。在加强知识产权案件司法保护

① 台湾地区智慧财产法院2019年民秘申字第59号民事裁定：“系争文件为出口报单、订单、报关资料、营利事业所得税结算申报书之损益及税额计算表、资产负债表、出口报单总细项资料清单等文件，堪认系声请人基于申报税捐目的所提出，并未对外公开而无由为一般公众或同业所得知悉，具有秘密性，又系争文件涉及声请人之销售与营运等重要资讯，具有相当之经济利益，若为竞争对手或同业所知悉，恐有妨害声请人基于该营业秘密之事业活动之虞，可认系争资料具有实际或潜在之经济价值，堪认声请人已释明系争文件为其具有经济价值之营业秘密，又此营业秘密如经开示，或供该诉讼进行以外之目的的使用，确有妨害声请人基于该营业秘密之事业活动之虞。”

方面,台湾地区创设一院两审制度,促使专业法院更早介入知识产权案件审理,该制度极大地推动了知识产权案件审理专业化以及加快民事一审审结效率,但在保障当事人审级利益上仍有待提高,且集中审理民事一、二审案件是基于台湾地区实行三审终审制及案件受理量不大的现实情况,对大陆知识产权案件集中管辖借鉴意义不大。相较而言,大陆目前将部分民事一审案件集中于部分基层法院的做法更合理。

台湾地区知识产权案件实行三合一审判,并赋予法院知识产权有效性自为判断,解决了民事、刑事案件等待行政程序结果的尴尬境地。大陆目前施行专利确权与专利侵权程序二元制,容易导致专利维权周期长。因此,大陆亦有观点认为应赋予法院个案专利效力认定。[①]台湾地区赋予法院知识产权有效性自为判断实践值得大陆借鉴。台湾地区鉴于公私法二元体系,规定法院进行有效性认定仅具有个案效力,并赋予原审当事人再审救济以及智慧财产法院可裁定"智慧财产局"参与诉讼,避免法院有效性认定与行政部门裁决相冲突,台湾地区该制度设计在遵循公私法二元制体系下,加快知识产权案件审理效率。

作为知识产权有效性自为判断的重要制度支撑,智慧财产法院引入技术审查官制度并充分发挥技术审查官的作用。为消除当事人对技术审查官制度的疑虑,台湾地区引入心证开示,并采用多环节中提示当事人可针对技术事项发表意见等方式保障当事人晓谕技术争点,此外亦调整技术审查官借调比例,提高技术审查官公信力。大陆各知识产权法院技术调查官来源较为多元,过于倚重借调的情况较不突出,但大陆技术调查官意见采信机制仍不完善,如未明确法院从技术调查官获取知识,当事人应有辩论机会的规定,台湾地区针对技术审查官意见心证开示制度值得参考。

台湾地区在知识产权案件审理中引入秘密保持命令制度,兼顾了裁判公正以及商业秘密保护。大陆目前主要通过不公开审理制度、签订保密承诺书等方式保护商业秘密,但存在诸多不足。厦门市中级人民法院等亦曾试水保密令制度,台湾地区关于秘密保持命令的实践可供大陆构建秘密保持命令制度借鉴。

---

① 罗东川:《修改完善专利无效程序》,http://ipc.court.gov.cn/zh-cn/news/view-170.html,下载日期:2020年2月23日。

海峡两岸专利代理制度与专利师互认法律问题研究*

罗立国　赵志浩**

摘　要:随着海峡两岸经贸往来的密切,海峡两岸之间专利申请数量稳步增长,海峡两岸专利代理制度各自发展。本文比较海峡两岸专利代理制度,分析总结海峡两岸专利代理和专利资格考试的异同,介绍海峡两岸知识产权协议沿革,对专利代理师互认的法律和监管问题开展分析,提出海峡两岸专利师互认的模式选择,认为直接认可台湾地区专利师在大陆执业有助于大陆专利代理行业的发展,对促进海峡两岸社会经济合作交流有着重要的意义。

关键词:专利代理制度;专利师;互认

On the Legal Issues of Patent Agency System and Patentee Mutual Recognition Cross Taiwan Straits

Luo Liguo　Zhao Zhihao

Abstract: With the closer Cross-Strait economic and trade exchanges, the number of patent applications across the Straits has increased steadily, the patent agency system are still in their respective development. The paper compares the patent agency system across the Straits, analyses and summarizes the similarities and differences between patent agency system and patent qualification examinations across the Straits, and introducing the evolution of cross-strait intellectual property agreement, and analyses the legal issues of patent agency system and patentee mutual recognition, then proposed the mode choice of mutual recognition of patentees across the Taiwan Strait, and holds that the direct recognition of Taiwan patentee to practice in the mainland will promote the development of patent agency industry in the mainland, it is of great significance to promote cross-strait socio-economic cooperation and exchanges.

Key Words: Patent Agent System; Patentee; Mutual Recognition

---

* 本文受中国(福建)自由贸易试验区厦门片区管理委员会“台湾专利代理师在大陆执业若干问题研究”项目资助。

** 罗立国,厦门大学知识产权研究院副教授,厦门大学“一带一路”研究院研究员;赵志浩,厦门大学知识产权研究院硕士研究生。

引　言

2018年5月4日国务院发布《关于印发进一步深化中国(福建)自由贸易试验区改革开放方案的通知》(国发〔2018〕15号),提出:鼓励台湾地区居民在大陆取得专利代理人资格证书并执业,推动直接采认台湾地区职业技能资格。2018年7月23日,平潭综合实验区管委会对台湾地区部分职业资格予以采信,其中,专利代理人作为准入类的职业资格进入对台执业资格采信工作的目录。2010年两岸签署《海峡两岸知识产权保护合作协议》,从2011年开始,大陆允许台湾地区人员参加大陆专利代理人资格考试,台湾地区人员被指定在福建考点进行考试。根据福建省知识产权局的统计,截至2018年12月31日,在福州考点报名并实际参加考试的考生共1276人次,其中358人通过考试获得专利代理人资格。

台湾地区越来越多的企业来大陆投资,也在大陆申请了大量的专利,而台湾地区本地申请专利的数量在缩减,台湾地区专利代理机构面临大陆专利代理机构的挑战,[①]台湾地区从事专利代理服务的人员包括专利师、专利代理人、律师,在专利代理行业积累了丰富的经验,特别是与美国多年的专利纠纷,对美国专利制度极其熟悉。研究海峡两岸专利代理制度问题,既有利于提升大陆专利代理行业的水平,也有利于吸收台湾地区专利代理的经验,更有利于促进海峡两岸社会经济合作交流。

一、海峡两岸专利代理制度的现状和背景

(一)台湾地区专利代理制度

台湾地区从1949年起即建立了专利制度,但直到2003年才制定"专利代理人管理规则"(现已废止),于2007年颁布了"专利师法"对专利代理行业进行管制。台湾地区"专利师法"于2008年1月11日生效,生效后台湾地区专利代理人的正式名称改为"专利师"。"专利师法"规定,"经专利师考试及格,并依本法另有专利师证书者,得充任专利师",即获得专利师证书要通过严格的考试。然而,该法的出台并没有使专利代理人制度彻底废止,在该法出台以前取得专利代理人资格的人仍然可以继续以专利代理人的名义执业,同时专利代理人也可以选择报考专利师考试以取得专利师证书,其中符合免试资格的可以申请全部科目免试,但是在取得专利师证书后只能以一个身份执业。

台湾地区专利师证书获取的条件是必须通过专利师资格考试,考试及格后领取专利师考试合格证书,之后必须参加台湾地区"智慧财产局"举办的职前训练并且训练合格后才能申领专利师证书。对于符合免试条件的,取得专利师考试全部科目免试及格证书者,需要申请参加专利师考试全部科目免试及格人员专业训练,训练合格后取得专利师证书。另外,台湾地区"专利师法"第2条规定,在台湾地区有住所,"合于下列规定之一者,得依本规则,向专利专责机关申请核发专利代理人证书,充专利代理人:一、取得法官或检察官或律师或会

① 李容嘉等:《两岸专利代理机构营运模式与绩效比较——以将群、三友及三环为例》,载《政大智慧财产评论》2008年第1期。

计师或技师资格者。二、毕业于专科以上学校，并曾在专利专责机关担任专利审查事务3年以上者”。原先由法官、检察官、律师、会计师、技师、专利审查人员直接以申请的方式取得专利代理人资格，既没有职前训练，也没有在职进修，更没有质量评鉴制度与执业伦理规范。无论以何种方式取得专利师证书，加入专利师公会后，才可以执行业务。台湾地区专利师公会对会员的加入与退出也有严格的限制，仅有专利师可以加入该公会，专利代理人则不可以加入，专利代理人只能加入APAA(亚洲专利代理人协会)，而专利师则可以选择加入该协会。

台湾地区的专利代理实行新人新办法、老人老办法的制度模式，专利师与专利代理人并行存在，台湾地区进入专利代理的双规制时代。除了专利代理人、专利师外，根据台湾地区“律师法”的规定，律师也可以从事专利代理业务。[①] 为强化专利师管理及保护专利申请人权益，规范专利师行为，台湾地区“经济部”还发布了“专利师惩戒办法”，对惩戒委员会的组成、任期、回避等事项作了具体规定。

(二)大陆专利代理制度

早期的专利代理分为一般专利代理和涉外专利代理两种，二者的组织形式都是国有制，对涉外专利代理机构的设定要求比较严格，起初只有三家被指定的企业也已从事涉外专利代理，即中国国际贸易促进委员会专利代理部、中国专利代理香港有限公司和上海专利商标事务所，其余的专利代理机构只能从事大陆业务的一般代理工作。

为了规范专利代理机构和专利代理人的行为和职业操守，专利局于1985年3月发布了《关于专利代理工作的几项暂时规定》，同年9月国务院批准了《专利代理暂行规定》，这是大陆专利代理制度的第一个行政法规，使专利代理机构的设立及执业有了法律依据。1991年4月1日国务院颁布实施了《专利代理条例》。[②] 1988年12月，中华全国专利代理人协会经民政部批准登记备案，同月在安徽合肥召开成立大会，自此中华全国专利代理人协会成立。2002年国家知识产权局发布《专利代理惩罚规则(试行)》，针对专利代理机构和专利代理人的违规行为作出相关规定。

随着内地与港澳地区经济的共同发展，2004年国家知识产权局发布《香港、澳门居民参加全国专利代理人资格考试的安排》，允许港澳居民参加内地专利代理人资格考试。

专利代理机构的组织形式应当为合伙企业、有限责任公司，专利代理机构可以接受委托，代理专利申请、宣告专利权无效、转让专利申请权或者专利权以及订立专利实施许可合同等专利事务，也可以应当事人要求提供专利事务方面的咨询，但是没有关于专利代理师执业范围的相关规定。专利代理师执业必须依托专利代理机构，专利代理师个人不得自行接受委托，也不得同时在两个以上专利代理机构从事专利代理业务。专利代理机构的组织形式应当为合伙企业、有限责任公司等，合伙人、股东应当为中国公民。

---

① 台湾地区“智慧财产局”资料显示：截至2019年8月，专利代理人共计260人，从事专利代理工作的律师共计141人。

② 2018年国务院通过修订1991年《专利代理条例》，并自2019年3月1日起施行。《专利代理管理办法》经过2015年、2019年两次修改。《专利代理管理办法》颁布后，2002年12月国家知识产权局发布的《专利代理惩戒规则(试行)》废止，把专利代理人改名为专利代理师。

(三)海峡两岸专利代理制度的比较分析

通过对比分析,台湾地区与大陆专利代理制度的差异主要体现在构建基础、惩罚措施及在职进修三方面。

首先,台湾地区与大陆专利代理制度机制不同。台湾地区专利代理制度是以专利代理师制度为基石构建起来的,大陆专利代理制度则是以专利代理机构制度为基石构建的。

其次,台湾地区"专利师法"对无权代理行为规定了具体的处罚措施,包括行政处罚和刑事处罚;大陆《专利代理条例》中缺乏对无权专利代理行为的禁止性规定。

最后,台湾地区专利师在职期间要严格遵守相关规定参与在职进修,并对相关事宜作了具体规定。大陆专利代理师并无相关的在职进修规定,只有中华全国专利代理人协会发布的倡议全国专利代理师进行在职培训,但不是强制规定,也无具体的措施。

对于台湾地区与大陆专利代理考试制度的相关规定,二者之间的差异主要体现在考试科目、试题类型及报名资格三个方面。首先,相比较而言,台湾地区专利代理考试科目有七门,除了专利法相关的四个科目外(专利法规、专利行政与救济法规、专利审查基准与实务、专利代理实务),其余三个科目均为专利法以外的科目(普通物理与普通化学、专业英文或专业日文、工程力学或生物技术或电子学或物理化学或基本设计或计算机)。其次,二者的试题类型显著不同,台湾地区专利师考试科目类型主要采用申论式,对于部分实务课程则采取测试式;而大陆的考试仅就专利代理实务部分采取测试的方式,专利法律知识和相关法律知识则采用选择题的方式考查。最后,报名资格是二者之间的又一明显区别。台湾地区专利代理师考试报名资格兼具文理两学科,而大陆则规定只有理工科背景的人员才具有报考资格。

虽然台湾地区和大陆专利代理考试之间存在三方面的差异,但是综合比较而言,二者之间的差异并没有那么明显,相较于大陆专利代理师而言,台湾地区专利师对从业人员资格条件限制更宽容,但是对从业人员的素养要求较高。

二、海峡两岸专利师互认的法律问题分析

(一)海峡两岸知识产权协议的沿革与政策

"九二共识"以后,海峡两岸的合作交流日渐频繁,海峡两岸知识产权领域的交流和合作在1993年4月29日《汪辜会谈共同协议》中就有所涉及,其协议提出海峡两岸知识产权保护的议题。2010年6月29日海峡两岸关系协会会长陈云林与台湾地区海峡交流基金会董事长江丙坤在重庆签署了《海峡两岸经济合作框架协议》(ECFA)[①]和《海峡两岸知识产权保护合作协议》[②],使得知识产权的交流得到进一步的加强。

---

① 《海峡两岸经济合作框架协议》第6条规定:"为强化并扩大本协议的效益,双方同意,加强包括但不限于以下合作:(1)知识产权保护和合作……"

② 《海峡两岸知识产权保护合作协议》对专利、商标、著作权及植物新品种权(植物品种权)等两岸知识产权保护方面的交流与合作作出了相关规定,主要涉及申请和保护两个方面的内容,提升了两岸知识产权的创新、应用、管理及保护水平。

2010 年公布的《关于台湾同胞专利申请的若干规定》[①](2010 年 11 月 22 日起施行中国专利局第 58 号)对台湾地区在大陆申请专利进行了规定,包括主体、优先权等内容。2013 年 6 月 21 日《海峡两岸服务贸易协议》规定,允许台湾地区服务提供者在工商行政管理机关登记并取得法定经营主体资格后,在大陆从事商标代理业务。2018 年 2 月 28 日国台办发布实施《关于促进两岸经济文化交流合作的若干措施》("惠台 31 条"),提出符合条件的台湾地区医师,可通过认定方式获得大陆医师资格,对医师的资格采用认定的方式。

知识产权方面已经开放商标代理业务,开放了台湾地区人员来大陆考取专利代理人资格考试,2018 年 11 月 23 日国务院在《国务院关于支持自由贸易试验区深化改革创新若干措施的通知》(国发〔2018〕38 号)文件中明确提出允许港澳职业资格的专利代理等领域专业人才,经相关部门或机构备案后,按规定范围为自贸试验区内企业提供专业服务。[②]

(二)海峡两岸专利师法律定位和监管问题分析

1.专利代理是否属于法律服务

海峡两岸之间的法律服务有着特殊性,台湾属于中国的一部分,大陆不可能完全认可其作为"独立主权区域"的身份所制定的法律,而台湾地区出于政治的考虑,也不会完全承认大陆法律的域外效力。[③] 2008 年公布的《台湾居民参加国家司法考试若干规定》(2008 年 5 月 28 日司法部部务会议审议通过,2008 年 6 月 4 日中华人民共和国司法部令第 110 号)规定:台湾地区居民取得国家法律职业资格,在大陆申请律师执业的,依照司法部有关规定办理。2012 年 10 月 30 日,中共中央台办、国务院台办发布 7 个台湾律师事务所驻福州、厦门代表处,[④]这表明,大陆对台湾地区人员在法律业务上是更开放的,允许其设立代表处,开展相关的法律服务。

在法律服务问题上,内地对香港的开放程度更高,2004 年《〈内地与香港关于建立更紧密经贸关系的安排〉补充协议》中规定:自 2005 年 1 月 1 日起,内地在《安排》附件 4《关于开放服务贸易领域的具体承诺》的基础上,在法律等领域对香港服务及服务提供者进一步放宽市场准入的条件。2005 年根据《内地向香港开放服务贸易的具体承诺的补充和修正二》[⑤]对法律服务更加开放,允许在内地设立代表机构的香港律师事务所,与其代表机构住所地所在的省、自治区或直辖市的一个内地律师事务所联营。司法部在 2014 年回复广东省司法厅的《关于在广东开展内地与港澳律师事务所合伙型联营试点工作的请示》(粤司〔2013〕330 号)

---

① 原中国专利局 1993 年 3 月 29 日颁布的《关于受理台胞专利申请的规定》和 1993 年 4 月 23 日颁布的《关于台胞申请专利手续中若干问题的处理办法》同时废止。

② 2018 年 11 月 23 日《国务院关于支持自由贸易试验区深化改革创新若干措施的通知》第 52 条规定:"授权广东自贸试验区制定相关港澳专业人才执业管理办法(国家法律法规暂不允许的除外),允许具有港澳执业资格的金融、建筑、规划、专利代理等领域专业人才,经相关部门或机构备案后,按规定范围为自贸试验区内企业提供专业服务。"

③ 林秀芹、郑鲁英:《海峡两岸商标权相互承认的法律思考——从"农友"商标侵权纠纷案谈起》,载《台湾研究集刊》2013 年第 2 期。

④ 中共中央台办、国务院台办:《台湾律师事务所驻福州、厦门代表》,http://www.gwytb.gov.cn/guide_rules/service/201210/t20121030_3250630.htm,下载日期:2019 年 6 月 15 日。

⑤ 《内地向香港开放服务贸易的具体承诺的补充和修正二》,http://images.mofcom.gov.cn/www/table/cepa3_hk_02.pdf,下载日期:2019 年 7 月 3 日。

中记载:"同意你厅上报的《关于在广东省开展内地与港澳律师事务所合伙型联营试点的工作方案》,在横琴自贸试验区设立中国首家内地与港澳合伙联营律师事务所中银—力图—方氏(横琴)联营律师事务所。"

因此,大陆在对香港的法律服务问题上开放程度较高,对于台湾地区也开放其在大陆设立代表处。对于专利代理行业是否属于法律服务还存在一定的争议,从专利代理业务本身而言,其接受委托人的委托代为办理申请专利、答复审查意见、复审、无效宣告等行为是基于专利权利的事宜开展的业务,应该属于委托代理服务,关于专利诉讼等涉及法院权属、侵权纠纷等事项应该属于法律服务范畴,认为专利代理的行为不属于传统法律服务业务,不应该受国家主权的束缚,对于专利诉讼等法律服务活动,还是属于法律服务,现阶段还不能进一步地开放,但是,内地已经对港澳开放设立三地联营所,标志着法律服务的进一步开放,相信开放法律服务也是可期的。

2.台湾地区专利师的法律定位

在台湾地区,一位专利师即可设立专利代理机构,台湾地区专利师是以自己的名义代理专利申请事宜,被称为执行业务人,并且以自己的名义处理案件,对承办的案件承担无限责任,所以,在检索专利代理机构时出现的是专利师个人,并不体现代理机构的名称,台湾地区专利师表现的是"人身"属性。台湾地区专利师成立专利代理机构的作用在于缴纳税款,如三位专利师共同设立专利代理机构,每个人都是执行业务人,但是在纳税时,以代理机构设立一个税级,三人联合在一起交税,三人共同缴纳同一级别的税,目的在于降低税款的负担。对于代理业务还是个人对其负责。

大陆设立的专利代理机构的组织形式应当为合伙企业、有限责任公司等,需要满足下列条件:(1)有符合法律、行政法规规定的专利代理机构名称;(2)有书面合伙协议或者公司章程;(3)有独立的经营场所;(4)合伙人、股东符合国家有关规定。体现的是机构的形式,以机构的名义承担相应的责任和义务,个人属性比较弱化。

大陆专利代理师和台湾地区专利师在法律定位上差别比较大,大陆专利代理师对其签名办理的专利代理业务负责,但还有代理机构作为承担责任的主体,一般是由代理机构先承担责任再向专利代理师追责;而台湾地区专利师自身就是承担责任的主体,而且承担无限责任,因此,台湾地区专利师的人身属性非常强,其法律责任相对更严格。

3.海峡两岸专利师监管问题

为强化专利师管理及保护专利申请人的权益,规范专利师行为,台湾地区"经济部"发布了"专利师惩戒办法"对台湾地区专利师进行管理,该办法对惩戒委员会的组成、任期、回避等事项作了具体规定。

大陆专利代理行业实行双层四面监管制。一是国家层面,由政府机构统一对专利代理进行监管,其中既涉及对专利代理机构的监管,又涉及对专利代理师的监管;国家层面监管主要从法律角度,对违反规定的代理行为给予不同程度的行政处罚,需要符合大陆《专利代理条例》的规制。二是协会层面,由中华全国专利代理人协会统一对专利代理行业的机构及人员从业规范进行监管。

台湾地区专利代理师来大陆执业首先应符合国家层面的监管,这是不可退让的。其次,专利代理人协会作为专利代理行业的自治性组织,实现自我管理、自我监督,其有理由也有

义务和权利继续监督来大陆执业的台湾地区专利代理师。可以在中华全国专利代理人协会下设一级台湾地区专利师分委员会，专门负责对台湾地区专利师进行监管，这既符合我国专利代理行业的要求，又能体现针对性对待。

三、海峡两岸专利师互认的模式选择

（一）海峡两岸专利师互认的路径

现阶段，海峡两岸的知识产权服务业要进行更深入的交流，最简单最快速的方式，就是利用福建，特别是厦门地区与台湾地区的地缘关系，充分运用自由贸易试验区的相关改革措施，[①]利用先试先行的政策，让台湾地区的专利师或者知识产权工作者有机会到厦门落脚发展事业。根据前文的分析，从法律方面已经允许台湾地区律师事务所在大陆设立代表处，开放在大陆获得法律职业资格证书的人员从事法律服务，开放医师资格、教师资格等。知识产权方面已经开放商标代理业务，开放了台湾地区人员来大陆考取专利代理人资格考试，国务院在国发〔2018〕38 号文件中明确提出允许港澳职业资格的专利代理等领域的专业人才，经相关部门或机构备案后，按规定范围为自贸试验区内企业提供专业服务，为台湾地区专利代理师在大陆执业提供政策依据。

台湾地区专利代理人员来大陆执业方案可以先在福建自贸试验区厦门片区先行先试，后面进一步总结经验扩展到全国，拟采用如下方案：

（1）直接开放认可台湾地区专利师在大陆执业，不再需要通过专利代理师资格考试。

（2）对台湾地区专利代理人和律师增设大陆专利代理法律知识考试，专利代理实务部分予以免考，通过者即可授予大陆专利考试资格证书。

（3）对于台湾地区从事专利审查等工作满七年的人员，可以申请免予专利代理实务科目考试，只需参加专利代理法律知识考试，通过者即可授予大陆专利考试资格证书。

（4）对于台湾地区资深专利代理人，但没有专利师资格的人员，经过同行评议，可以直接授予大陆专利考试资格证书。

（5）允许台湾地区专利代理机构在自贸区设立分支机构。

（6）允许台湾地区专利师在大陆兼职执业，进一步允许台湾地区专利师成为专利代理机构的合伙人。

（二）海峡两岸专利师互认的后续问题

1.海峡两岸专利师资格考试问题

根据海峡两岸专利师互认的路径，直接认可台湾地区专利师在大陆执业是否会冲击大陆专利代理人的执业。目前大陆取得专利代理人资格人数达到 3.7 万人，执业专利代理人

---

① 2019 年 6 月 30 日国家发展和改革委员会、商务部发布第 26 号令《自由贸易试验区外商投资准入特别管理措施（负面清单）（2019 年版）》对部分领域列出了取消或放宽准入限制的过渡期，过渡期满后将按时取消或放宽其准入限制。

达到1.7万人;[①]而台湾地区专利师才385人,台湾地区专利代理人和从事专利的律师各260人和141人,相对于大陆而言显得很少,开放这一部分人才的执业,可以利用其国际服务申请经验来为大陆服务,也不会冲击大陆的市场。同时,台湾地区在半导体技术领域实力雄厚,台湾地区专利人才在大陆执业也会带来相应的半导体技术,或进一步进行许可、转让、交易等专利运营活动,也可以促进大陆的半导体技术的发展。

对于台湾地区资深专利从业人员,有很多是在"专利师法"颁布之前就从事专利代理行业,更应该开放吸引其来大陆执业,充分利用其丰富的经验来为大陆服务,提升大陆专利代理行业水平,也可以解决台湾地区专利代理师业务饱和的问题,为台湾地区居民提供专利代理行业的就业机会,促进两岸的社会经济发展。

2.海峡两岸专利师互认执业问题

大陆对于专利代理机构只能依法在大陆设立,禁止域外的专利代理机构在大陆设立分支机构,并且域外人士在大陆从事专利代理事务,不能担任代理机构合伙人。这个部分如何进一步开放显得比较困难,需要大陆对《专利代理条例》进行修改,首先允许台湾地区专利代理机构设立分支机构,由于台湾地区专利代理机构只起缴纳税收的作用,应该要求台湾地区专利代理机构的分支机构的负责人承担无限连带责任,进而允许台湾地区专利师在大陆兼职执业,进一步地允许台湾地区专利师成为专利代理机构的合伙人。

结　论

大陆知识产权服务业蓬勃发展,这对于台湾地区的专利师甚至一般知识产权服务业者,毫无疑问有着非常大的吸引力,应该认可台湾地区专利师的考试资格,直接认定其执业,可以给大陆市场带来国际经验,但对市场冲击力度有限;进一步开放台湾地区专利代理人、律师、专利审查员和资深专利代理从业人员的资格认可;进一步允许台湾地区专利代理机构在自贸区设立分支机构,允许台湾地区专利师在大陆兼职执业,允许台湾地区专利师成为专利代理机构的合伙人。由中华全国专利代理人协会设立台湾地区专利师分委员会,吸收台湾地区专利师任分委员会的委员,对台湾地区专利师进行行业监督。这既有利于提升大陆专利代理行业的水平,也有利于吸收台湾地区专利代理的经验,更有利于促进海峡两岸社会经济的合作交流。

---

① 中华全国专利代理人协会:《我国取得专利代理人资格人数达到3.7万人》,http://www.acpaa.cn/article/content/201807/4375/1.html,下载日期:2019年7月23日。

论 FRAND 许可承诺的法律性质[*]

魏立舟[**]

摘　要：作为防范专利劫持发生的一种手段，FRAND 许可承诺制度在标准化过程中不可或缺。但是，我国司法实践对 FRAND 许可承诺法律性质的定位一直非常模糊，这导致实践中处理标准必要专利时存在一些问题。本文在借鉴德国相关理论探讨和实践经验的基础上，在我国现行法的框架下重新讨论了 FRAND 许可承诺法律性质的问题。分析 FRAND 许可承诺的法律性质必须区分三方关系和两方关系两个面向，也要注意义务型 FRAND 许可承诺和选择型 FRAND 许可承诺的差别。在三方关系下，FRAND 许可承诺是第三人利益预约的一部分；在两方关系下，其为向不特定第三人发出的关于缔结 FRAND 许可合同的要约。在两者竞合的基础上，直接采要约说更为合理。另外，作为要约的 FRAND 许可承诺可以通过解释论获得对世性，以防止通过专利转让规避 FRAND 许可承诺限制的发生。

关键词：标准必要专利；FRAND 许可承诺；第三人利益预约；要约说；继受保护

The Nature of FRAND License Promise in Law

Wei Lizhou

Abstract: As a means of preventing patent holdup, the FRAND commitment is indispensable in the process of standardization. However, the judicial opinion with regards to the legal nature of the FRAND commitment is still vague, which leads to potential pitfalls when deciding disputes relating to Standard-Essential-Patents. This paper is going to discuss the legal nature of FRAND commitment under the framework of the current Chinese law, on the basis of the relevant theoretical exploration and practical experience of Germany. In analysing the legal nature of the FRAND commitment, it is important to distinguish between the tripartite relationship and the bipartite relationship, as well as the compulsory FRAND commitment and the voluntary one. In the tripartite relationship, the FRAND commitment is part of a preliminary contract in favour of a third party; in the bipartite relationship, the FRAND commitment can be regarded as an offer made to an unspecified

---

* 本文系国家社科基金项目"'公平、合理和无歧视'专利许可规则的构建与适用"（项目号：14BFX172）部分研究成果。

** 魏立舟，浙江大学光华法学院助理教授。作者感谢赵启杉博士在本文写作过程中给予的大力帮助。

third party. Considering the competition of the two claims, it is more desirable to adopt the theory of offer. Apart from that, the absolute impact can be acquired by the FRAND commitment through dogmatic interpretation, in order to prevent sidestepping the limitation of FRAND commitment by the transfer of patents.

Key Words: Standard Essential Patent; FRAND Commitment; Preliminary Contract in Favour of a Third Party; Offer; Succession Protection

前　言

(一)问题背景

今天的人们大概很难想象这样的情景:当你拿着一部华为手机从北京来到东京,因为中国手机制式跟日本网络不兼容,所以不得不在当地换用索尼手机,以防止与世界"失联"。在一个手机走遍世界的当下,人们得以尽享技术的便捷,这背后要归功于标准的存在。标准化可以使不同生产商提供的产品与服务互相兼容,从而大大降低了社会成本,在当今技术发展中有着越来越重要的意义。

但是,产业标准并非凭空而生。以电子通信行业为例,其标准通常由该产业的相关市场竞争者在标准化组织的架构之下通过协商确定。与通过残酷的市场竞争所形成的事实标准①相比,这种通过标准化组织制定的法定标准②,因其独特的制度优势③,在实践中的应用更加广泛。尽管,从严格意义上来说,竞争者之间通过协议拟定标准的过程,有构成反垄断法所禁止的横向限制竞争协议行为的嫌疑。但是,正因为标准化所带来的不容忽视的优势,

① 通过市场竞争,某一(或若干)企业的技术解决方案将其他企业的解决方案排挤出市场,从而形成一家独大的局面,由此所建立的标准,我们称之为事实标准(*De facto* standards)。比如,当年家用录像机领域内,索尼公司的Betamax录像带和JVC公司的VHS录像带的格式之争,最后以Betamax没落,VHS一统天下成为录像带格式的事实标准。最近的例子是关于高清DVD的标准之争,最终日本东芝为首倡导的HD DVD完败于以索尼为首所倡导的蓝光DVD标准。

② 除了通过标准化组织所确定的标准之外,法定标准(*De jure* standards)广义上还包括由国家强制规定的标准,如《生活饮用水卫生标准》[GB5749-2006],这类标准主要涉及与保障人体健康,人身、财产安全有关的方面。

③ 一方面,与事实标准相比,通过标准化组织成员协商产生的法定标准,更有独特的制度优势。法定标准的制定,避免了事实标准产生所必须经历的你死我活的"标准大战",从而避免了资源浪费。另一方面,事实标准的产生,主要取决于支持该标准的企业实力及多方因素,而与该标准本身在技术上是否最优并无直接关系。这就导致某些技术上而言优质的方案,因为没有为大企业所采用,而在竞争中被逐渐边缘化,不能最终成为标准,经济学上称为"锁定效应"(Lock-in)。而标准化组织通过协商产生的法定标准,则能使这些技术上有优势的方案脱颖而出,成为标准。

法律一般不认为竞争者之间协议标准的行为构成反垄断法所禁止的垄断协议。[①]

标准化具有"善"的一面,也有"恶"的一面。一旦标准确立,吸引了大多数的生产者和用户,因为规模效应所导致的极高转换成本,就使得相关市场的参与者一般只能选择因循标准,选择使用符合标准的技术。如果某种被标准所涵盖的技术已获得专利保护[②],成为所谓的标准必要专利。此时,专利的排他性特点与产品必须符合标准的现实要求一结合,就赋予了标准必要专利权人极大的议价能力,因为专利权人可以通过拒绝许可或高价许可专利来阻碍第三人实施标准,引发"专利劫持"(Hold-up)的危机,[③]从而导致所谓的"反公地悲剧"(tragedy of the anticommons)现象[④]的出现,最终影响社会创新并损害消费者福利。

根据微观经济学的理论,标准与专利结合所可能引发的专利劫持问题不可能在市场制度框架内得到解决。因此,必须借助法律手段进行外部干预对标准必要专利权人进行限制,这种观点已经成为共识。在若干种以不同法律途径进行限权的理论模式中[⑤],通过标准化

---

① E.g., Guidelines on the applicability of Article 101 of the Treaty on the Functioning of the European Union to horizontal co-operation agreements, [2011] OJ C211/1, Paragraphs 278 and 280-286. 当然,将标准化组织排除于反垄断法适用范围,需要以满足一定条件为前提,如对加入标准化组织不能设置限制条件,协商标准的程序必须透明,不能强制成员必须遵守标准,以及在公平、合理、无歧视的条件下保障使用人使用标准的机会。

② 在高科技领域(尤其电信产业)标准制定的过程中绕开专利设立标准几乎是不可能完成的任务。

③ Hold-up 是一个经济学术语,经济学者译为"套牢",指的是如果一项交易活动,需要一方投资,而一旦投资就不能收回形成沉没成本,而有关交易的价格的条款却不能事先确定,只能事后确定,那么就存在这样一种情况,在先期投资者已经投入的情况下,后者会借机剥削前者的利益,这就是套牢行为。Stanford Grossman/Oliver Hart, The Costs and Benefits of Ownership: A Theory of Vertical and Lateral Integration, *Journal of Political Economy Band*, Vol.94, 1986, pp.691-719. 在专利法领域,Hold-up 被译为(专利)劫持,指专利权人使用法院签发的禁令(或者仅仅是禁令威胁),"要挟"使用人支付高昂许可费的现象,而使用人因为无法避开这个专利,所以只能支付高昂许可费的现象。Mark Lemley, Ten Things to Do About Patent Holdup of Standards (and One Not To), *Boston College Law Review*, Vol.48, 2007, pp.149-168.

④ 反公地悲剧指的是本应共有的产权由于细分化、私有化导致社会未能充分利用资源的情形,是由公地悲剧理论(tragedy of the commons)所衍生的概念;Michael Heller, The Tragedy of the Anticommons: Property in the Transition from Marx to Markets, *Harv. L. Rev.*, Vol.111, 1998, pp.621-688.

⑤ 限权模式理论上可以通过如下几种法律途径实现:①通过标准化组织内部规则进行治理;②通过专利法内部相应的规则进行限制;③通过反垄断法中滥用市场支配地位进行规制;④通过反不正当竞争法来阻止标准必要专利权人滥用权利。Peter Picht, *Strategisches Verhalten bei der Nutzung von Patenten in Standardisierungsverfahren aus der Sicht des europäischen Kartellrechts*, Bern: Stämpfli Verlag 2013, p.129 et seq.

组织内部规则(主要指FRAND许可承诺制度)进行限权的模式最为常见①。实践中,世界各标准化组织一般都要求其成员在加入标准化组织或在制定标准的过程中必须作出许可承诺,承诺在其专利被选中的标准所覆盖,成为标准必要专利的情况下,愿意以公平、合理、无歧视(fair, reasonable and non-Discriminatory)的条件许可任意第三方(标准实施者或称许可寻求人)使用其标准必要专利。这里的承诺通常被称作FRAND许可承诺。该制度的设置是希望通过"权利人必须遵守其作出的承诺"这一朴素的私法逻辑,在民法的框架下解决对标准必要专利权人权利限制的问题。

(二)现实意义

虽然FRAND许可承诺制度在世界范围内已经被各标准化组织广泛地接受,②但是因为"公平、合理、无歧视"的表述过于原则,所以在司法审判实践中围绕FRAND许可承诺的法律效力问题一直存在争议。这种争议(至少)具体表现在如下四个方面:第一,FRAND许可承诺的效力问题,即当作出许可承诺的必要专利权人违反FRAND许可承诺时,寻求许可人是否可向法院起诉,必要专利权人在这样的情况下是否要承担法律责任,承担何种法律责任(简称:可诉性问题);第二,如果作出FRAND许可承诺的标准必要专利权人将该标准必要专利转让给第三人,但该第三人不属于相关标准化组织的成员,那么此受让人(新权利人)是否还要受到原权利人所作的FRAND许可承诺之约束(简称:拘束受让人问题);第三,FRAND许可承诺中包含的"公平、合理、无歧视"原则如何在个案中具体化,即权利人主张多少额度的许可费率符合该条件(简称:具体化问题);第四,在侵权行为发生的情况下,受FRAND许可承诺拘束的标准必要专利权人在主张停止侵害请求权上是否会有一定限制(简称:禁令限制问题)。

这些问题看似千头万绪,但仔细分析可知,问题二、三、四均以FRAND许可承诺的可诉性这一问题为基础。易言之,只有在认定违反FRAND许可承诺是可诉的前提下,其余问题才有进一步探讨的必要。而讨论FRAND许可承诺的可诉性问题,其实质则指向FRAND许可承诺法律性质的判断,因为对FRAND许可承诺法律性质的认定会直接影响其对标准必要专利权人拘束力大小的判断。不仅如此,法律性质的研判也会直接或间接地涉及拘束受让人问题和禁令限制问题的解答。③ 可见,在当下越来越多的专利纠纷都涉及标准必要专利的大背景下,如何认定FRAND许可承诺的法律性质在实践中因为直接涉及标准化组

---

① 实践中另一广泛运用的法律途径是通过反垄断法中滥用市场支配地位条款进行限制。因为标准必要专利权人很容易被认定为反垄断法上的"拥有市场支配地位"的经营者,在这种情况下,标准必要专利权人实行过高定价、歧视性定价或者在一定条件下对标准实施者主张停止侵害请求权,都可能构成滥用市场支配地位,从而得被禁止。最近,欧盟法院就"华为诉中兴"案作出的先行裁决亦在欧盟法的层面上,对必要专利权人主张禁令救济在什么情况下会构成滥用市场支配地位进行了具体解释,也是在此路径下对制度的进一步完善。对通过反垄断法达到对标准必要专利权人限权的介绍,参见魏立舟:《标准必要专利情形下禁令救济的反垄断法规制》,载《环球法律评论》2015年第6期。因为本文主要讨论FRAND许可声明的法律性质和拘束力问题,所以对通过反垄断法路径进行限权的模式不在本文主要讨论的范围之内。

② Mark Lemley在2002年对当时世界范围内43个电信、计算机领域的标准化组织的实证调查显示,有36个标准化组织在内部的知识产权规则中都规定了成员的FRAND许可声明义务。

③ 对于FRAND原则在个案中进行具体化的问题,非常重要,但与FRAND许可声明的法律性质并没有直接的关系,故本文不做重点讨论。

织、必要专利权人、标准实施者以及在标准专利转移的情况下该专利新权利人等多方主体的利益，具有重大意义。

(三)研究现状

尽管对 FRAND 许可承诺法律性质的研究非常重要，但我国司法实践中对该问题还没有清晰的定论。最高人民法院最早在 2008 年批复的〔2008〕民三他字第 4 号答复函[①]中认为，标准实施者在使用标准必要专利时视为已获得相关专利的许可。虽然在该案中并不存在 FRAND 许可承诺，但是应该可以合理推得，在存在 FRAND 许可承诺的情况下，最高人民法院也会认同如下规则——标准实施者使用标准必要专利不会构成侵权，但专利权人可以要求实施人支付一定的许可费。[②] 有学者认为，基于这种规则，可以认为 FRAND 许可承诺是专利权人向不特定第三方发出的一个要约，任何标准实施者向专利权人通知其将要实施标准的事实就是对要约的承诺，所以在实际使用该专利前，标准实施者与权利人之间已经达成了许可合同。这就解释了为什么标准实施者在使用前并不需要就具体的许可费与权利人达成一致，只要事后支付满足 FRAND 条件的许可费即足够的原因。[③]

但是，上述答复函只针对个案，不能作为裁判案件的直接依据予以援引。最高人民法院在 2012 年于“张晶廷与衡水子牙河建筑工程有限公司等侵害发明专利权纠纷”一案的再审判决中，明确地指出了这一点。[④] 进一步地，最高人民法院表达了与之前答复函不一样的态度：“……实施该标准，应当取得专利权人的许可，根据公平合理无歧视的原则，支付许可费。在未经专利权人许可使用，拒绝支付许可费的情况下，原则上，专利侵权救济不应当受到限制。”可见，最高人民法院不认为 FRAND 许可承诺允许标准实施者“先使用、后付费”，而认为即使专利权人作了 FRAND 许可承诺，标准实施者在使用相关专利之前，仍然必须获得权利人的许可，否则就构成侵权。

此后，深圳市中级人民法院在“华为诉 IDC 滥用市场支配地位”案的判决中认为：“专利权人加入标准组织，同意将其专利纳入标准，并做出(F)RAND 授权承诺，不宜理解为标准必要专利权人与标准实施者之间已经成立了合同关系，而应理解为标准必要专利权人对标准实施者以及潜在的标准实施者负有以符合(F)RAND 条件许可的义务，该义务与供水、供电、供气等垄断企业所负担强制缔约义务相似。”[⑤]广东省高级人民法院在该案的二审判决

---

① 2008 年最高人民法院在《关于朝阳兴诺公司按照建设部颁发的行业标准〈复合载体夯扩桩设计规程〉设计、施工而实施标准中专利的行为是否构成侵犯专利权问题的函》中指出：“鉴于目前我国标准制定机关尚未建立有关标准中专利信息的公开披露及使用制度的实际情况，专利权人参与了标准的制定或者经其同意，将专利纳入国家、行业或者地方标准的，视为专利权人许可他人在实施标准的同时实施该专利，他人的有关实施行为不属于专利法第十一条所规定的侵害专利权的行为。专利权人可以要求实施人支付一定的使用费，但支付的数额应明显低于正常的许可使用费；专利权人承诺放弃专利使用费的，依其承诺处理。”

② Cui Guobin, *Standard-Essential Patents and Injunctive Relief*, *in* Patent Law in Greater China 340, 352 (Stefan Luginbuehl & Pater Ganea eds., 2014).

③ Cui Guobin, *Standard-Essential Patents and Injunctive Relief*, *in* Patent Law in Greater China 340, 352 (Stefan Luginbuehl & Pater Ganea eds., 2014).

④ (2012)民提字第 125 号民事判决书。

⑤ (2011)深中法知民初字第 857 号民事判决书。

中，亦基本认同了上述一审法院对 FRAND 许可声明性质的认定。①

《最高人民法院关于审理侵犯专利权纠纷案件应用法律若干问题的解释(二)》(以下简称《专利法司法解释二》)第 24 条以司法解释的形式较为系统地表述了法院在此问题上的立场：首先，被诉侵权人以实施标准必要专利无须专利权人许可为由抗辩不侵犯该专利权的，法院一般不予支持；其次，在协商标准必要专利的实施许可条件时，专利权人故意违反其在标准制定中承诺的公平、合理、无歧视的许可义务，导致无法达成专利实施许可合同，且被诉侵权人在协商中无明显过错的，对权利人请求停止侵害请求权的主张，法院一般不予支持；最后，具体的实施许可条件需要双方协商确定，如果不能经协商确定，可以请求法院确定。然而值得注意的是，该条司法解释仅适用于推荐性标准，对实务中更常见的强制性标准以及国际标准，因为争议较大，仍然留给司法实践逐步解决。② 最高人民法院这种保守谨慎的态度佐证了我国现阶段司法实践在此问题上共识的缺乏。

司法实践在此问题上逡巡不前，学界亦难辞其咎。在仅有的几篇文献中，学者的观点也有较大出入。崔国斌认为在尊重合同自由的前提下，FRAND 许可承诺可以解释为对不特定第三人发出的要约或者是第三人利益合同的一部分。③ 李永强、黄玲认为 FRAND 许可承诺最多只能算作要约邀请，因为 FRAND 许可承诺不涉及要约的具体内容，因此根本不满足合同成立的要件。④ 王斌认为 FRAND 许可承诺并不是权利人对于禁令救济的放弃。⑤ 何怀文、陈如文则认为 FRAND 许可承诺本身是法律行为，因此具有约束力，违反 FRAND 许可承诺有可能会构成缔约过失、不正当竞争和权利滥用。⑥ 从上述对审判实践和学者研讨的总结可见，我国在 FRAND 许可承诺法律性质问题上还未有定论，仍有待进一步研究。

(四)论述结构

FRAND 许可承诺法律性质的认定，实际上与民法中的法律行为相关的一系列概念关系最为密切。而自清末以来，我国的民法概念体系及其相应思维方式直接或间接地师法德国，最典型的就是对法律行为的概念的继受。⑦ 因此，当我们讨论 FRAND 许可承诺的法律性质遭遇瓶颈时，转向体系严谨、概念精确的德国法学，实为当然之选。需要警惕的是，比较法上的观照只能为我们思考问题提供参考，具体取舍仍需在我国现行法律框架下作出研判。鉴于此，本文在各部分论述时将辅以德国司法实践或学术观点的介绍，并在此基础上立足我国情况进行分析。

---

① (2013)粤高法民三终字第 305 号民事判决书。

② 宋晓明、王闯、李剑：《〈关于审理侵犯专利权纠纷案件应用法律若干问题的解释(二)〉的理解与适用》，载《人民司法》2016 年第 10 期。

③ Cui Guobin, Standard-Essential Patents and Injunctive Relief, in Patent Law in Greater China, edited by Stefan Luginbuehl & Pater Ganea, Edward Elgar Pub., 2014, p.352.

④ 李永强、黄玲：《论标准必要专利持有人与标准实施者关系的处理》，载《中国发明与专利》2014 年第 7 期。

⑤ 王斌：《关于标准必要专利禁令救济的思考》，载《电子知识产权》2014 年第 11 期。

⑥ 何怀文、陈如文：《技术标准制定参与人违反 FRAND 许可承诺的法律后果》，载《知识产权》2014 年第 10 期。

⑦ 朱庆育：《法律行为概念疏证》，载《中外法学》2008 年第 3 期。

本文结构如下:第一部分强调被忽视的意思自治原理和国际私法规则,此为分析 FRAND 许可承诺法律性质的前提;第二部分从标准化组织、必要专利权人和标准实施者三方关系切入,在梳理 FRAND 许可承诺和标准化组织章程间关系的基础上,分析 FRAND 许可承诺的法律性质;第三部分从必要专利权人和标准实施者两方关系角度来审视法律性质问题;第四部分则着眼于拘束受让人问题,来讨论 FRAND 许可承诺的对世性问题;最后是作结。

一、辨析法律性质的两个前提

(一)意思自治

在开始检讨 FRAND 许可承诺法律性质这个问题之前,首先有必要思考我们所讨论的对象与意思自治原则之关联。无论是 FRAND 许可承诺,还是作为其产生基础的标准化组织章程,都是意思自治的体现,当事人可以任意设定其意思表示,而不受任何类型或内容的强制。

如果忽略意思自治的原则,一味抽象地讨论 FRAND 许可承诺的法律性质,就在不自觉中假设了这样一个前提,即所有标准化组织的 FRAND 许可承诺文本都是同一的。然而,在实践中各标准化组织不仅在章程性文件的架构、表述上五花八门,而且 FRAND 许可承诺的文本也大相径庭。不同文本的措辞不同,会导致 FRAND 许可承诺在法律性质确定上的差异。因此,分析 FRAND 许可承诺的法律性质,不仅要抓住各标准化组织有关 FRAND 许可承诺规定的相同之处,更要着重注意其不同之处,如此持论才能公允。

举例来说,标准必要专利权人在 FRAND 许可承诺中承诺在公平、合理、无歧视的许可条件下可能会有不同的文本表述,如“愿意协商”(willing to negotiate)①、“愿意许可”(be prepared to license)②、“将许可”(will grant)③等。如果文本表述为“愿意协商”,那么必要专利权人只需要与标准实施者就许可合同进行洽谈即可,并没有负担 FRAND 许可义务;而文本表述如果是“将许可”,那么就意味着在标准实施者提出了一个符合 FRAND 要求的报价后,权利人必须接受并授予许可,对其拘束力更大。可见表述的不同会导致对必要专利权人的拘束力的不同,进而影响 FRAND 许可承诺法律性质的判断。

基于意思自治原则可能带来的 FRAND 许可承诺表述及架构的多样性,本文会在注重类型化差异的基础上,以最一般的 FRAND 许可承诺为分析对象,此点烦请读者注意。

(二)准据法

除却意思自治的因素之外,判断 FRAND 许可承诺法律性质还需要将国际私法的因素纳入考量范围。因为 FRAND 许可承诺存在于标准化组织框架之下,而标准化组织大多具有涉外因素,④所以判断 FRAND 许可承诺法律性质涉及选择哪国法作为准据法的问题。

---

① 如 ISO/IEC/ITU 的 FRAND 许可声明文本。

② 如 ETSI 的 FRAND 许可声明文本。

③ 如 VITA 的 FRAND 许可声明文本。

④ 各标准化组织的注册地不同,如 ETSI 的总部在法国索菲亚科技园,IEEE 的总部在美国纽约,不一而足。

华为诉IDC有关标准必要专利使用费率纠纷一案就牵涉此问题。该案中的诉争专利为欧洲电信标准化组织(ETSI)所确定的标准必要专利。该标准化组织内部的规约中已经明确选择了法国法作为准据法;[①]基于ETSI知识产权政策作出的FRAND许可承诺,其模板中亦明确知识产权许可承诺的作出、有效性及履行均受法国法管辖。鉴于华为诉IDC案的主要争点就是被告向原告作出的许可费率报价是否符合FRAND原则,[②]直接跟FRAND许可承诺的有效性及履行有关,似乎应根据意思自治原则选择适用法国法。[③] 然而,深圳市中级人民法院和广东省高级人民法院都认为:"该案所要解决的不是基于原被告均系ETSI成员、ETSI知识产权政策下的被告方在欧洲标准必要专利的许可使用费问题,而是原告因实施中国通信标准而必须实施被告方在中国法域下的中国标准必要专利的授权许可问题。双方争议标的、原告住所地、主要经营场所、涉案标准必要专利实施地、谈判协商地等均在中国,按照最密切联系原则,本案应适用中国法律。"[④]

可见,目前我国法院在审理涉及FRAND许可承诺法律性质时,由于各种原因还是倾向于适用本国法。虽然笔者并不完全认同我国法院在此问题上的意见,[⑤]但鉴于我国法院在此问题上采法院地法的事实,所以接下来对FRAND许可承诺法律性质的探讨主要在我国现行法的框架下展开。

二、法律性质之辨的维度一:标准化组织、必要专利权人和标准实施者间的三方关系

在开始研究FRAND许可承诺法律性质的问题之前,首先需要回答的一个问题是为什么必要专利权人需要作出此意思表示。这就涉及标准化组织的章程和FRAND许可承诺间的关系。本部分将先对这两者间的关系进行类型化,然后在此基础上分析标准化组织、必要专利权人和标准实施者三者间的法律关系。

(一)事实面向:标准化组织章程与FRAND许可承诺的两种关系

作为非官方、非营利性的单位,标准化组织的设立旨在制定与相应行业相关的技术标准,其成员多由参与相关行业的市场竞争者组成。标准化组织成员的权利、义务以及标准化组织的结构和运作都规定于各标准化组织的章程性文件中。

以ETSI为例,其内部规则统称为ETSI指令(ETSI Directive),[⑥]其中最重要的文件是

---

① ETSI《程序规则》第18条规定:除非成员另有约定,否则在ETSI存续或清算期间发生的一切法律纠纷,均使用法国法。ETSI《知识产权政策》第12条规定:"本政策适用法国法……"

② 祝建军、陈文全:《标准必要专利使用费率纠纷具有可诉性》,载《人民司法》2014年第4期。

③ 《涉外民事法律关系适用法》第3条。

④ 祝建军、陈文全:《标准必要专利使用费率纠纷具有可诉性》,载《人民司法》2014年第4期。

⑤ 本文由于篇幅所限,此处不对准据法问题进行深入探讨。Dicky Tsang King Fung and Jyh-An Lee, Unfriendly Choice of Law in FRAND, *Virginia Journal of International Law*, Vol.59, 2019, pp. 220-304.

⑥ ETSI Directve, Version 35, https://portal.etsi.org/directives/35_directives_dec_2015.pdf, 下载日期:2016年5月1日。

ETSI 规约(Statute)和 ETSI 程序规则(Rules of Procedure)。这两份文件犹如标准化组织的章程性文件,涵盖了组织架构、各机构职能、会员的权利义务等方方面面最重要的内部规定。章程性文件的修改要求极为严格,只有经过特别召集的全体大会进行表决方可。[①] 引人瞩目的知识产权政策(IPR Policy)[②]规范着知识产权与标准两者间的关系,规定在 ETSI 程序规则的附件六中,因此属于章程性文件的一部分,对所有成员均有拘束力。[③]

虽然各个标准化组织对如何确定标准的规定各有不同,但基本都包括相关专利披露义务和 FRAND 许可承诺义务这两项。值得注意的,FRAND 许可承诺义务在不同的标准化组织中有不同的表述和规定。根据标准化组织成员对 FRAND 许可承诺的作出是否具有选择权,可以将 FRAND 许可承诺分为义务型和选择型两种。

1.义务型 FRAND 许可承诺

义务型 FRAND 许可承诺是指标准化组织的章程(或者附属章程的知识产权政策)强制性地对组织成员课以义务,要求在其所有的专利(可能)入选标准的情况下,必须作出 FRAND 许可承诺。义务型 FRAND 许可承诺进一步又有两种情况:无论是否有替代技术,一旦入选标准都必须作许可承诺的,可称之为“普遍义务型”FRAND 许可承诺;[④]当标准的建立只能通过纳入某项被专利的技术方能实现,而无其他替代方案时,相关专利所有人才必须作出许可承诺的情况,可称之为“例外义务型”FRAND 许可承诺。[⑤]

在义务性 FRAND 许可承诺情形下,作出 FRAND 许可承诺是章程规定的每个成员都需要遵守的义务,作为成员的权利人无选择的余地。

2.选择型 FRAND 许可承诺

在选择型 FRAND 许可承诺类型项下,标准化组织的章程并不课以相关专利权人必须在其所有的、可能纳入标准的专利上作 FRAND 许可承诺的义务。标准化组织鼓励相关专利权人就相关专利作出 FRAND 许可承诺;[⑥]作为组织成员的专利权人可以拒绝 FRAND 许可承诺,但在此情况下必须承担可能产生的负面效果,如其所有的专利不被纳入标准等。[⑦] 以 ETSI 为例,其《知识产权政策》第 6.1 条规定,如果成员向 ETSI 披露了某项与标准有关的知识产权,则 ETSI 总干事必须要求该权利人在三个月内以书面形式作出承诺,声明

---

① 其他内部规则的修改相比较就宽松很多,ETSI Directve, Version 35, p.3。

② 该部分在各个标准化组织中的称谓不同,在 ISO/IEC 和 W3C 中被称为“专利政策”(Patent Policy),在 ECMA 中被称为“专利相关事由的行为法则”(Code of Conduct in Patent Matters),不一而足。本文为简便起见,统称为“知识产权政策”。

③ 需要区别的是 ETSI 另一份与知识产权相关的文件,即 ETSI 知识产权指南。虽然该文件也属于 ETSI 内部规则的一部分,但是只是为了辅助知识产权政策的落实而制定(ETSI《知识产权指南》第 5 条),颁布和修改均有 ETSI 委员会依据知识产权政策作出,不需全体大会表决通过,效力相对较低。

④ 例如,标准化组织 Trusted Computing Group (TCG)章程的第 16.4 条以及 Digital Video Broadcasting (DVB)规约的第 14.2 条。

⑤ 例如,E DIN 820-1:2007-11 第 7.9 条。

⑥ 例如,ETSI《知识产权政策》第 6.1 条,CEN/CENELEC 指南 8 的第 3 条,ISO/IEC 指令第一部分的第 2.14.2 条。

⑦ 相关专利权人拒绝作出 FRAND 许可声明会产生负面效果,各标准化组织会有不同的规定,有些甚至失于明文规定。

愿意以公平、合理、无歧视的条件许可任意第三方使用其标准必要专利。如果成员拒绝作出承诺,则依据《知识产权政策》第8条的规定,在有替代技术的时候,其没有负担FRAND许可义务的专利就不被选入标准;如果没有替代技术,则可以警告该专利权人取消其会员资格。由此可见,在ETSI中专利权人可以根据情况选择是否作出FRAND许可承诺,并不负担必须作出FRAND许可承诺的义务。[①]

在选择性FRAND许可承诺的情况下,标准化组织章程并不直接规定FRAND许可承诺为每个成员应尽的义务。因此,通常来说,如果选择FRAND许可承诺,则还需单独签署一份FRAND许可声明文件。以ETSI为例,如果权利人选择受FRAND许可承诺的约束,还须单独签署一份在知识产权政策的附录A中提供的FRAND许可声明格式表。[②] 在格式表中,权利人需要填写相关信息(如权利人姓名、权利人联系方式、相关标准、是否接受交叉许可等),并由权利人单方签字,表示其相关专利接受FRAND条件的约束。

(二)比较法的观照:德国学术界的第三人利益合同说

针对由于FRAND许可承诺所产生的介于标准化组织、必要专利权人以及标准实施者之间的三角法律关系,用第三人利益合同来解释,是一种比较常见的观点,德国马普所前所长施特劳斯教授即支持者之一。[③]

第三人利益合同规定于《德国民法典》第328条,涉及承诺人(der Versprechende)、受诺人(der Versprechensempfänger)和第三人(der Dritte)三方主体。与一般合同的不同之处在于,第三人利益合同在承诺人和受诺人意思表示达成一致之后,承诺人的给付不向受诺人作出,而向第三人作出;而且第三人直接获得向承诺人请求给付的权利。

在FRAND许可承诺的情况下(如图1所示),承诺人是标准必要专利权人,受诺人是标准化组织,而第三人则是潜在的标准实施者。标准化组织就缔结第三人利益合同发出要约,而必要专利权人作出FRAND许可承诺对该要约进行承诺,从而第三人利益合同成立。施特劳斯教授认为,标准化组织和必要专利权人之间的合意在于专利权人为第三方创立依FRAND条件获得标准必要专利的许可,以换取其专利纳入标准的机会,此即承诺人和受诺人之间的补偿关系(Deckungsverhältnis);由此,第三人获得了向必要专利权人要求在FRAND条件下使用专利的权利,而非仅获得了根据FRAND条件缔结许可合同的请求权,这就是执行关系(Vollzugsverhältnis)。[④]

---

① 对ETSI知识产权政策情况的介绍,具体见Michael Fröhlich, *Standards und Patente - Die ETSI IPR Policy*, GRUR 2008, 205, 208ff.

② ETSI知识产权政策附录A中包括两份FRAND许可承诺格式表。两者区别在于,其中一份需要附带受该FRAND许可声明限制的专利列表;而另一份则不需附带专利列表,FRAND许可声明效力及于其所有的全部专利。

③ Joseph Straus, Das Regime des European Telecommunications Standards Institute-ETSI: Grundsätze, anwendbares Recht und die Wirkung der ETSI gegenüber abgegebenen Erklärungen, *GRUR Int.*, 2011, p.469. 需要读者注意的是,Straus教授认为法国法是判断ETSI法律问题的准据法,并以此为出发点得出结论,认为基于ETSI《知识产权政策》第6.1条作出的FRAND许可声明属于《法国民法典》第1121条规定的第三人利益合同。但是,因为德国法和法国法在合同解释方法和第三人利益有关的规定上大同小异,因此整个分析和结论在德国法的语境下应无二致。

④ Joseph Straus, GRUR Int. 2011, 469, 478 ff.

这种以一个第三人利益合同的框架来统摄标准化组织、必要专利权人和标准实施者间的两两关系的理论构造具有相当影响力,[①]但是并不被德国的法院所接受。[②]

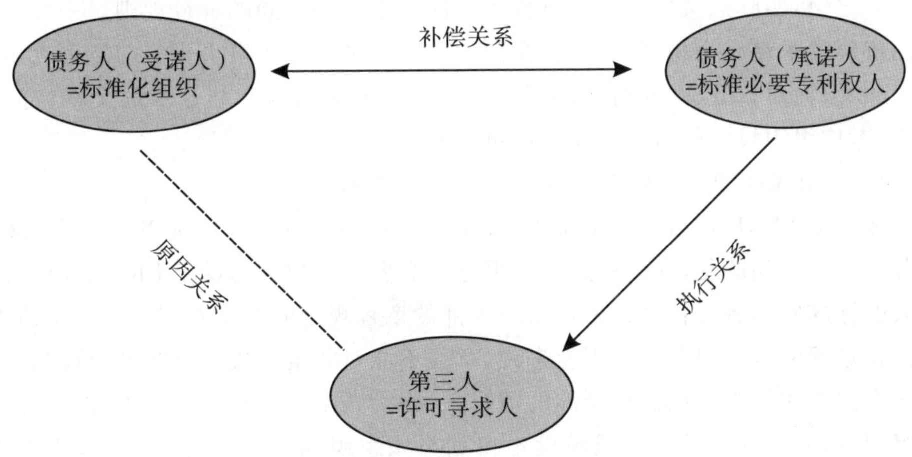

图 1　第三人利益合同理论下三方主体间的关系

(三)中国法的取舍:第三人利益合同说的检讨

1.义务型 FRAND 许可承诺下的理论再定位

(1)义务型 FRAND 许可承诺不适用(第三人利益)合同说

第三人利益合同说的立论基础在于当事人双方是平等的民事主体,合同的成立以双方意思表示一致为前提。但是,这种理论模型与现实中的 FRAND 许可承诺恐怕难以完全契合。比如本文在前面对标准化组织章程与 FRAND 许可承诺间关系的揭示,事实上存在两种类型的 FRAND 许可承诺,不同类型的 FRAND 许可承诺的义务来源不同。

在义务型 FRAND 许可承诺的情况下,FRAND 许可承诺是章程的一部分,专利权人一旦加入标准化组织,则必须受到 FRAND 许可承诺的约束。章程作为法律行为理论中共同行为(Gesamtakte)的典型,适用的是少数服从多数原则;以 Trusted Computing Group (TCG)这一标准化组织为例,其章程的成立、修改适用四分之三多数通过原则。易言之,作为标准化组织的成员,即使不同意章程中的 FRAND 许可承诺条款,但当决议通过后,也必须受 FRAND 许可承诺义务的拘束。这点就明显区别于双方法律行为作为基础的第三人利益合同说,因为根据此理论,只有在双方意思表示一致时才对当事人双方有拘束力。

在选择型 FRAND 许可承诺的情况下,标准化组织的章程并没有直接规定标准必要专利权人有 FRAND 许可承诺的义务,而只是规定了一套"选择规则"。在这种情况下,"选择规则"的制定属于章程(共同行为)的一部分,而必要专利权人根据此"选择规则"为换取自己专利入选标准的机会而作出 FRAND 许可承诺的行为,则不再是章程的一部分,而是对标准化组织作出的要约(以 FRAND 许可承诺换入选标准的可能性)之承诺。因此,两者间在此情况下创设的是平等法律关系主体之间的合同关系。

---

① *Microsoft Corp. v. Motorola, Inc.*, 845 F. Supp. 2d 993 (W.D.Wash.2012).

② E.g., LG Düsseldorf, Urteil vom 4.8.2011, Az: 4b 54/10; LG Düsseldorf, Urteil vom 07.06.2011, Az: 4b O 31/10.

由此可见,理论与现实存在一定的差距。第三人利益合同说只能适用于选择型FRAND许可承诺的情况,但不适用于义务型FRAND许可承诺的场景。对此进行区别并非只是概念之争,实际意义更在于对章程和合同文本适用不同的解释规则。一般来说,对合同文本的解释要求结合交易习惯,以诚实信用的方式来探究当事人真实的意思表示,不必过于拘泥于文义;而对章程(共同行为)中条款的解释,则必须紧密结合章程文本,将章程作为一个整体,考虑组织设立的目的以及各成员的利益诉求。

(2)第三人在义务型FRAND许可承诺情形下的请求权

在义务型FRAND许可承诺情况下,成员的FRAND许可承诺义务是章程(共同行为)的一部分。可以追问的是,在此情形下如果标准必要专利权人违反了FRAND许可承诺,作为第三人的标准实施者可否直接依据组织内部的章程规定向必要专利权人主张请求权。

这涉及章程的解释问题。原则上来说,章程不能对非组织成员直接设定权利,特别是当该权利的设定与该组织的利益有牵涉的情况下,因为成员大会作为一个内部机构并不能对外代表组织。[①] 但如果为非组织成员设定权利与该组织的成员利益有关联,且这种权利设定符合组织设立的目的时,就应当允许。

以TCG章程为例,该章程第16.4条规定了组织成员的(F)RAND许可义务。但该条的文本表述并没有明确,在成员违反该许可义务的情况下,作为标准实施者可否直接根据此章程中的条款向法院要求专利权人履行义务。这里就存在解释的空间。鉴于对章程条款之解释必须结合章程整体,考虑组织设立的目的及各成员的利益诉求,我们在解释第16.4条时,宜将该章程的第2.4条关于(组织)目的的条款纳入考量。根据第2.4条,该组织的设立旨在通过定义、发展和实施相关技术(标准)要求来增加计算机软硬件的跨平台可操作性,因此赋予标准实施者可以直接向必要专利权人主张请求权符合组织设立的目的。基于上述理由,可以从第16.4条的文本出发,在解释时赋予标准实施者对必要专利权人有请求权,承认作为成员的专利权人在违反该条规定的许可义务时,标准实施者可以向法院诉请专利权人相关的法律责任。

2.选择型FRAND许可承诺下对第三人利益合同说的修正

由上述论证可见,第三人利益合同说在解释义务型FRAND许可承诺时有明显漏洞。但是即使将该说限定要选择型FRAND许可承诺的情况下,将必要专利人作出的FRAND许可承诺看成是对标准化组织发出关于缔结第三人利益合同要约的承诺,亦有需要修正之处。

第三人利益合同所构建的法律关系涉及三方主体,但是并非所有涉及三方主体的法律关系都是第三人利益合同。区别一项法律关系属于第三人利益合同还是其他,其中关键一项就在于第三人可否直接向债务人主张给付。如果我们认为FRAND许可承诺构建了一个第三人利益合同,那么作为第三人的标准实施者在此理论框架下自然有向必要专利权人主张给付的权利。值得追问的是,标准实施者基于该第三人利益合同可向必要专利权人主张给付的标的为何?对此,只有两种理论可能:其一,第三人获得了向必要专利权人主张以

① MüKoBGB/Reuter BGB § 25 Rn. 33.

FRAND 条件缔结许可合同的请求权;[①]其二,第三人获得了向必要专利权人主张专利使用的请求权。[②]

(1)第三人利益预约

第一种情况下,第三人获得了向必要专利权人主张以 FRAND 条件缔结许可合同的请求权。值得注意的是,以缔结主合同为标的符合预约的特征,而通说又承认第三人利益预约的存在。[③] 因此,这种情况下标准化组织和必要专利权人之间实际存在的是一个第三人利益预约关系。

我国对违反预约义务的后果尚无具体规定,但是通说认为可以借鉴德国的做法,即如预约债务人违反订立本约的义务,权利人得诉请法院强制履行并要求信赖利益的损害赔偿。[④] 如果将此违约责任适用于所述的第三人利益预约的情形,那么当标准必要专利权人违反预约,即在必要专利权人拒绝许可或者违反 FRAND 条件高价许可的情况下,作为第三人的许可寻求方按理可以诉请法院要求强制履行,法院应命专利权人作出订立符合 FRAND 条件之许可合同的意思表示(作出要约),并承担可能产生的损害赔偿。

但是,值得推敲的是,我国《合同法》第 64 条对第三人利益合同的规定严守合同相对性之原则,在债务人违约的情况下,只允许债务人向债权人承担违约责任。如果严守文义解释,在必要专利权人违反预约的情况下,只有标准化组织可以向法院主张必要专利权人承担违约责任,标准实施者仍然无法向法院诉请强制履行及损害赔偿。[⑤] 然而,学界对第 64 条过于拘泥合同相对性多有批判;受此影响,司法审判在越来越多的个案中倾向承认第三人对债务人具有请求权。[⑥] 因此,《合同法》第 64 条不应成为第三人利益预约说可能成立的障碍。

(2)不被允许的第三人负担合同

第二种情况下,认为第三人直接获得了向必要专利权人主张专利使用的请求权。但是,第三人获得专利使用权的前提是许可合同成立,而许可合同成立则需要第三人作出同意支付符合 FRAND 条件的许可费之意思表示。可见在这种理论假设下,允许标准化组织和必要专利权人之间的合同跳过了第三人的意思表示而使第三人直接进入一个许可合同关系之中。这种越俎代庖的做法违反了合同意思自治的原则,明显不可能成立,在民法上被归为不被允许的第三人负担合同(unzulässiger Vertrag zu Lasten Dritter)。[⑦] 在华为诉 IDC 案中,

---

① Cui Guobin, Standard-Essential Patents and Injunctive Relief, in Patent Law in Greater China, edited by Stefan Luginbuehl & Pater Ganea, Edward Elgar Pub., 2014, p.352.

② Joseph Straus, Das Regime des European Telecommunications Standards Institute-ETSI: Grundsätze, anwendbares Recht und die Wirkung der ETSI gegenüber abgegebenen Erklärungen, *GRUR Int.*, 2011, p.478.

③ Zelimir Schmalzel, *Vorverträge zugunsten Dritter*, AcP 164 (1964), 446.

④ 韩世远:《合同法总论》,法律出版社 2011 年第 3 版,第 68 页。

⑤ 采严格文义解释观点的有:尹田:《论涉他契约》,载《法学研究》2001 年第 1 期。基于此种理由,有学者认为 FRAND 许可承诺不构成第三人利益说,对此的介绍见王杰:《FRAND 条款定性与适用之争》,载《中国知识产权蓝皮书 2014—2015》,知识产权出版社 2016 年版,第 244 页。

⑥ 例如,(2013)青民四初字第 15 号民事判决书,(2014)鲁民四终字第 60 号民事判决书。李元宏:《公司纠纷中目标公司基于第三人利益合同享有独立请求权》,载《人民司法》2014 年第 22 期。

⑦ Klaus-Peter Martens, *Rechtsgescäft und Drittinteressen*, AcP 177 (1977), 113, 140f.

法官明确否认了第三人利益合同理论的可适用性,亦是基于相同的理由。[①]

3.小结

从本部分的分析中可以得出如下结论:其一,义务型FRAND许可承诺的法律性质是共同行为,(第三人利益)合同说在此情况下不适用;其二,选择型FRAND许可承诺可能适用第三人利益合同说,但只存在第三人利益预约一种可能;其三,对义务型和选择型FRAND许可承诺依循不同的解释方法,但通过解释都应该肯定第三人可以向必要专利权人主张请求权;其四,虽然义务型与选择型FRAND许可承诺的法律性质不同,但依据解释规则,两者在三方法律关系下引发的法律效果一致,都使必要专利权人负担了与标准实施者缔结许可合同的义务。

三、法律性质之辨的维度二:标准必要专利权人与标准实施者间的两方关系

从法律性质的角度看,标准必要专利权人作出的FRAND许可承诺具有两个面向:一方面,FRAND许可承诺是标准必要专利权人向标准化组织作出的意思表示,构成第三人预约(或共同行为)的一部分,从而使标准实施者可以基于第三人利益预约(或共同行为)向必要专利权人主张根据FRAND条件缔结许可合同的请求权;另一方面,FRAND许可承诺的作出通常需要专利权人单独签署一纸声明,[②]就该纸声明而言,FRAND许可承诺也可理解为是标准必要专利权人直接向不特定的标准实施者作出的意思表示。根据对必要专利权人的拘束力大小不同,存在要约邀请、单方法律行为或要约说这三种理论可能。

区分FRAND许可承诺这一个行为在三方关系和两方关系下不同的法律性质面向,在理论上尚未有学者深入讨论,但这种区分对正确认识FRAND许可承诺的法律性质及其法律效力实有裨益。[③] 在此理论架构下,标准必要专利权人与标准实施者间的法律关系也相应地具有两个层次,除了基于第三人利益预约中的执行关系外,基于必要专利权人向不特定的标准实施者作出的意思表示,两者间亦可产生另一层法律关系,而这即本部分讨论的重点。

(一)比较法的观照:德国地方法院采信要约邀请说

1.德国地方法院的观点转向

在德国,虽然涉及标准必要专利的案件屡见不鲜,但是对于FRAND许可承诺法律性质的认定,无论德国联邦最高法院还是地方高等法院(Oberlandsgericht)在判决中都没有表态,[④]只有一些地方法院(Landsgericht)在若干一审判决中有所涉及。

---

① 该案主审法官认为第三人利益合同的特征之一在于合同中的第三人仅享有合同权利,不承担合同义务,而标准必要专利许可合同关系中,作为第三人的标准实施者负有支付许可费的义务,因此不适用第三人利益合同的模型。叶若思等:《关于标准必要专利中反垄断及FRAND原则司法适用的调研》,载黄武双主编:《知识产权法研究》,知识产权出版社2013年版。

② 在IEEE中,这纸单独签署的声明文件叫作保证信(Letter of Assurance)。

③ 一个行为具有双重法律性质其实并不鲜见,如顾客直接从货架上取下标价3块钱的一瓶矿泉水放入自己的包中,这个行为既是缔结买卖合同的债权行为,又是所有权转移的物权行为。

④ 卡尔斯鲁厄地方高等法院仅在UMTS-fähiges Mobiltelefon一案的二审判决中提到该案中被告对原告的抗辩可以基于FRAND许可承诺(源于ETSI标准化组织)也可以基于反垄断法。但是没有对FRAND许可声明的法律性质进行进一步分析,OLG Karlsruhe, 11. 05. 2009, Az. 6 U 38/09 — UMTS-fähiges Mobiltelefon。

在一些早期的判决中，以曼海姆地方法院为代表的一审法院多倾向于认定必要专利权人作出 FRAND 许可承诺是一种债法意义上对其停止侵害请求权的放弃。[①]支持此说的人认为，必要专利权人和第三方的关系是一种债权意义上的停止侵害请求权之放弃，即在有人未经许可而使用专利导致侵权的情况下，标准必要专利人只能向被控侵权人主张损害赔偿请求权，而不能向法院请求禁令。如果标准必要专利人申请禁令（主张停止侵害请求权），则被控侵权人可以根据 FRAND 许可声明提出抗辩。[②] 但是 Kühnen 法官[③]毫不赞同这种一度占据主流的声音。他认为这种理解会使权利人在被许可人恶意使用专利的情况下，变得毫无防御能力，因此将抵偿关系解释为停止侵害请求权之放弃是不恰当的。[④]

受 Kühnen 法官的影响，地方法院在这个问题上的看法自杜塞尔多夫地方法院的"MPEG2-Standard"案判决后开始转变，转而认为 FRAND 许可声明是一种不具有法律约束力的要约邀请（invitatio ad offerendum）。[⑤]在阐述为什么 FRAND 许可声明是一个要约邀请，而不是一个针对不特定第三人的要约（offerta ad incertas personas）时，判决认为，"在不能确保许可费请求权的情况下，授予大量的第三人使用权，并且此外还要承担诸如专利维持、专利保护等权利人的义务，这并非权利人所期望的"。[⑥] 因此判决认为 FRAND 许可声明是一个要约邀请更合适。

杜塞尔多夫地方法院的这则判决意味着德国地方法院在 FRAND 许可声明法律性质上的重要转折。在随后的案子中，杜塞尔多夫地方法院一直坚持将 FRAND 许可声明作为要

---

① LG Mannheim, Urteil vom 27.02.2009, Az. 7 O 94/08; LG Mannheim, 18.2.2011, Az. 7 O 100/10.

② Nägele/Jacobs, Zwangslizenzen im Patentrecht-unter besonderer Berücksichtigung des kartellrechtlichen Zwangslizenzeinwands im Patentverletzungsprozess, WRP 2009, 1062, 1074; Chappatte, ECJ 2009, 319, 330 ff.

③ Thomas Kühnen 是杜塞尔多夫高级法院（OLG Düsseldorf）第二审判庭的首席法官，是德国专利法的权威。其关于专利侵权的著作被德国业内奉为经典。

④ Thomas Kühnen, *Handbuch der Patentverletzung*, 7. Auflage, Carl Hermanns Verlag, 2014, Rn. 1708. 持同样观点的还有 Müller, *Der kartellrechtliche Zwangslizenzeinwand im Patentverletzungsverfahren*, GRUR 2012, 686, 688.

⑤ LG Düsseldorf, 4.8.2011, Az. 4b 54/10 — MPEG2-Standard XXIII. 在该案中，原告有一项关于视频压缩和解压缩的专利 A，该专利为实现 MPEG2 标准所必要。原告将该项专利放入专利池，由 B 公司进行管理。被告 C 是德国一大集团，其在德国境内使用 D 商标销售电视机、机顶盒、DVD 播放器、个人电脑等系列电子产品，这些电子产品均使用了由东亚某公司生产的芯片，该芯片中用到了本案的诉争专利 A。因此，原告诉被告侵犯专利权，主张损害赔偿、停止侵权等请求权。在庭外和解程序中，被告表示愿意与原告和解并就已经在德国销售的部分支付符合合理、无歧视条件的许可费，然而原告主张许可的地域范围不能局限于德国，许可应及于世界范围。双方因此和解不成，原告继续起诉。法院最后判决原告胜诉，其对被告提出的停止侵害、信息提供以及损害赔偿请求权全部获得支持。在判决的第四部分，即有关论述被告不能依据原告曾作出的 FRAND 许可声明或反垄断法提起抗辩时，杜塞尔多夫法院一改之前的观点，不认为 FRAND 许可声明的作出表示权利人放弃了停止侵害请求权，又不同意将其看作一个第三人利益合同，转而支持 FRAND 许可声明是一个不具有法律约束力的要约邀请。

⑥ LG Düsseldorf, Urteil vom 4.8.2011, Az. 4b 54/10 — MPEG2-Standard XXIII.

约邀请来理解的立场,[①]这种立场也逐渐为德国其他地方法院[②]和权威学者[③]所接受。

2.要约邀请说的理论解释

将必要专利权人向不特定人作出的FRAND许可承诺解释为要约邀请,对必要专利权人极为有利。依循这种理论,即使必要专利权人违反了FRAND许可承诺,其亦无须承担任何法律责任。

要约邀请概念的产生,本来是为了解决在以有体物为合同标的的情况下所可能产生的供不应求的矛盾。比如报纸上的产品广告、价目表、橱窗中展示的物品等,都只是要约邀请而非要约。因为一旦有人对要约作出承诺,则合同成立,要约人不能履行的话就会产生债务不履行责任。如果将上面提到的产品广告、价目表、橱窗展示等理解为要约,一旦有多个人作出承诺,而商品的数量又不足以满足所有承诺时,要约发出人就有可能要对履行不能的部分承担损害赔偿责任。为了避免这种情况,传统民法特设要约邀请的概念以区别要约,其实质就是让作出该种表示的人免于承担可能产生的违约责任。FRAND许可承诺以专利这种无形财产为标的,必要专利权人可以同时许可无限多个人使用专利,不存在上面提到的有体物履行不能的问题,所以从这个角度看并没有认可要约邀请说的必要。

杜塞尔多夫地方法院认为在不能确保许可费的情况下,将FRAND许可声明认定为要约对权利人不利,因为权利人可能还需要承担专利维护、专利保护等义务。但是这种论证并不让人信服:一方面即使认为FRAND许可声明是要约,也是一个以FRAND为条件的要约,标准实施者在承诺后,必须负担支付符合FRAND条件许可费的义务,如不支付则产生违约责任,所以并不存在不能确保许可费的问题;另一方面,对于专利权人来说,许可使用多多益善,要约说比要约邀请说更能实现权利人利益的最大化。

德国地方法院在FRAND许可承诺法律性质问题上倾向认定要约邀请,虚化FRAND许可承诺的实际作用,在比较法上来看也独树一帜。这种选择表面上的原因可能是因为顾忌公平、合理、无歧视的表述过于原则,不符合德国法下对要约要素的要求,或者也可能是一种照顾必要专利权人利益的让步。但是,这种选择有很大的原因其实在于德国应对"专利劫持"问题主要采取反垄断法路径,通过认定标准必要专利权人构成相关市场支配地位,已足以限制必要专利权人。在这种情况下,即使法院采要约邀请说,专利权人违反了FRAND许可义务,虽不能根据FRAND许可承诺对其主张责任,但仍可以通过反垄断法的路径进行追责。

一般认为,FRAND原则所标示的"公平、合理、无歧视"要求与反垄断法禁止"滥用"支配地位的要求在内容上完全重叠。[④] 此外,与FRAND许可声明相比,反垄断法路径在适用

---

① LG Düsseldorf, 24.4.2012, Az. 4b O 273/10; LG Düsseldorf, 24.4.2012, Az. 4b O 274/10.

② LG Mannheim, 2.5.2012, Az. 2 O 240/11, BeckRS 2012, 11804; LG Mannheim, 2.5.2012, Az. 2 O 376/11, BeckRS 2012, 11805.

③ 由Mes编撰的权威专利法评注即持这种态度,Mes, PatG/GebrMG, 3 Aufl. (2011), § 9 PatG Rn. 109a; Müller, Der kartellrechtliche Zwangslizenzeinwand im Patentverletzungsverfahren, *GRUR*, 2012, p.688.

④ Thomas Kühnen, *Handbuch der Patentverletzung*, 8. Auflage, Carl Hermanns Verlag, 2015, S. 530. 相反的观点,Heribert Burghartz, *Technische Standards*, *Patente und Wettbewerb*, Duncker & Humblot · Berlin, 2011, p.123 ff.

范围上无疑更加广泛：第一，FRAND 许可声明的适用只限于由标准化组织所设的法定标准，而反垄断法的路径还可以兼顾事实标准和国家法定标准的情形；第二，如果专利权人将标准必要专利转让给一个不是标准化组织成员的第三人，反垄断法路径对该受让人自然仍有拘束力，但这种情形下 FRAND 许可声明对受让人的拘束力则需要重新讨论。

可见，德国法院之所以在 FRAND 许可承诺法律性质上敢于大胆地采纳要约邀请说，有其体系上的原因，此点在比较法研究中需要特别关注。

（二）中国法的取舍

作为标准必要专利权人向不特定第三人作出的意思表示，FRAND 许可声明承诺在理论上可以是要约邀请，也可以是单方法律行为或者向不特定第三人作出的关于缔结许可合同的要约。需要重点指出的是，法律性质的分析并不仅仅是一项“概念嵌入式”的机械工作，更需要将产业的现实运作和利益需求纳入考量范围，否则很容易落入“概念法学”的窠臼。

1.不宜仿行要约邀请说

在如何防止标准必要专利权人滥用权利的问题上，我国法院采取双重路径，一方面承认违反 FRAND 许可承诺可诉请履行，[①]另一方面也通过反垄断路径对必要专利权人滥用市场支配地位进行规制。[②] 可见，我国法院原则上仍然肯认 FRAND 许可承诺的可诉请履行性(Klagbarkeit)。从《专利法司法解释二》第 24 条第 2 款来看，该款文义亦可佐证 FRAND 许可承诺具有可诉请履行性的观点。另外，我国司法实践尚未总结出一套比较成熟的通过反垄断法路径来规制必要专利权人权利行使的方法，如果效仿德国的做法虚化 FRAND 许可承诺的法律地位，有可能会导致对标准必要专利权人滥用排他权约束不足的问题。结合上述因素，我国当下不宜将两方关系下的 FRAND 许可承诺认定为要约邀请。

2.单方法律行为说之落空

与要约邀请说对必要专利权人的放任相比，单方法律行为说对必要专利权人的约束力相对较强。单方法律行为说是指必要专利权人通过 FRAND 许可承诺，为自己设定了与标准实施者在 FRAND 条件下缔结许可合同的义务，标准实施者因此对必要专利权人有缔结 FRAND 许可合同的请求权。从对必要专利权人课以的义务角度来看，两方法律关系下的单方法律行为说与三方法律关系下的第三人利益预约说异曲同工。从这两种学说中都可以推出，标准实施者对必要专利权人拥有在 FRAND 条件下缔结许可合同的请求权。易言之，对于双方仍然需要就许可合同进行谈判。如果标准实施者未与权利人进一步磋商许可合同，而是直接使用标准必要专利，则仍然构成专利侵权行为，被控侵权人需要承担相应的侵权责任。

然而，单方法律行为说在我国现行法的体系下难有立锥之地。一方面，虽然对单方法律行为说的一般理论学者间并不存在太大争议，但是我国司法实践中基本不遵循该种理论。[③]

---

① (2011)深中法知民初字第 857 号民事判决书，(2013)粤高法民三终字第 305 号民事判决书。祝建军、陈文全：《标准必要专利使用费率纠纷具有可诉性》，载《人民司法》2014 年第 4 期。

② (2011)深中法知民初字第 858 号民事判决书，(2013)粤高法民三终字第 306 号民事判决书。祝建军：《标准必要专利权人滥用市场支配地位构成垄断》，载《人民司法》2014 年第 4 期。

③ 许中缘：《论民法中单方法律行为的体系化调整》，载《法学》2014 年第 7 期。

另一方面,根据传统民法理论,在双方当事人之间设定权利义务原则上以合同为主要工具,只有在法律有明文规定的例外情形下,才允许通过单方意思表示设立和变更债权债务关系。[①] 然而,对FRAND许可承诺并没有相应的法律规定,所以在这样的情况下,采单方行为说过于牵强。

3.要约说之确立:从《最高人民法院关于适用〈中华人民共和国合同法〉若干问题的解释(二)》(以下简称《合同法司法解释二》)第1条出发

要约说认为FRAND许可承诺是必要专利权人向不特定第三人发出的以FRAND条件缔结许可合同为内容的要约,标准实施者对该专利的使用行为即承诺。

德国通说不认为FRAND许可承诺构成一个要约。按照民法基本原理,一个有效力的要约应当包括基本的要约要素(essentialia negotii),如在一个买卖合同中,要约必须包括买卖的标的物以及价格。要约的接受人只需要表达"接受"的意思,无须就其他细节进行进一步的协商,则合同即告成立。如果报价在要约中不能直接确定(inhaltlich bestimmt),但是该报价可以通过交易情境而推定(bestimmbar),那么在意思表示中缺少明确的报价也可以成立要约。[②] 以此标准来审视FRAND许可声明,则似乎有所欠缺。因为作出FRAND许可声明的权利人只是承诺在许可费符合"公平、合理、无歧视"标准的情况下,才愿意将专利的许可授予第三方,但多少数额的许可费符合"公平、合理、无歧视"不能从FRAND许可声明中直接得知,也不能从交易情境中推定。

但是,在我国现行法的框架内,要约说可以成立。根据《合同法司法解释二》第1条,只要当事人姓名、标的以及数量可以确定,一般应当认为合同成立;对合同欠缺前款规定以外的其他内容,当事人可以协议补充;若当事人协议不成,可以诉请法院根据《合同法》第61条、第62条和第125条进行确定。可见,只要合同中包含姓名、标的和数量这三个条款即为已足。尽管FRAND许可承诺中不包含标的的数量,但是这并不阻碍其构成一个合格的要约。因为确定数量对以有体物为标的的一般买卖合同来说非常重要,对此条款约定不明,可能会导致债务人陷入履行不能的不利处境;然而对于以无体物为标的的专利许可合同来说,就不存在这样的问题,因此数量条款并非不可或缺。[③] 本文认为根据《合同法司法解释二》第1条规定的"鼓励交易、增进社会财富"之精神,应认为标准必要专利权人作出的FRAND许可承诺构成要约。

在要约说下,标准实施者使用专利的行为即缔结FRAND许可合同的承诺。此后,标准实施者应与必要专利权人就具体的许可费率进行协议补充,在当事人协议不成的情况下可以诉请法院,由法院根据FRAND条件来确定适当的许可费率。可见,在要约说下标准实施者先使用后谈判不会构成专利侵权;如果标准实施者能够与必要专利权人积极地协商补充

① MüKoBGB/Emmerich BGB § 311 Rn. 21-23.

② Brox/Wlaker, Allgemeiner Teil des BGB, 34. Auflage, § 8 Rn. 167。Brox书中举例,如果A将一块坏了的表拿到修表铺U的地方去修理,虽然没有谈及价格,但是此处认为A已经向U作出了要约的意思表示,因为虽然A没有表示报价,但是根据情境可以推知修表铺的通常价格即报价。

③ 最高人民法院在制定《合同法司法解释二》的时候,关于是否应该将数量条款认定为必备条款曾有过争论。最高人民法院研究室:《最高人民法院关于合同法司法解释(二)理解与适用》,人民法院出版社2009年版,第15、16页。

具体许可费率,或遵守法院确定的许可费率,一般情况下也不会面临禁令之虞。

采行要约说比其他学说更贴合现实。以通信产业为例,一方面企业间就许可费率的谈判往往旷日持久,另一方面产品的更新换代又非常频繁。这就导致实践中在专利许可条件谈判完全尘埃落定之前,企业往往就已经将相关专利技术投入产品生产。若采要约邀请说和单方法律行为说,则先使用后谈判在法理上都构成侵权。只有要约说允许先使用后谈判,与产业在现实中的运作模式相契合。

要约说一方面可以避免与商业惯例不合,另一方面在理论上可以避免使用人最后需要承担高于 FRAND 条件的费用。因为在其他学说下,谈判未完全结束前的使用构成侵权,而在侵权成立的情况下,根据《专利法》第 65 条,损害赔偿数额可以按权利人实际损失、侵权人所得以及合理许可费的倍数三种计算方法之一计算,并且还要包括权利人为制止侵权行为所支付的合理开支,所以理论上存在这种可能,即对谈判完全确定之前先行使用的标准必要专利,标准实施者最后需要支付的金额高于按照 FRAND 条件所需要的许可费。但是在要约说下,使用行为一旦发生,许可合同即告成立,双方仅需在 FRAND 条件下就具体的许可费率达成协议,所以标准实施者对谈判完全确定之前先行使用的专利仅需按照合同义务进行许可费支付,不会发生高于 FRAND 条件进行支付的情况。

(三)小结

本文在这一部分逐项检讨了 FRAND 许可承诺在标准必要专利权人和标准实施者的两方关系下法律性质的几种可能。通过对现行规范的解读以及对各理论法效果的检验,本文认为我国对两方关系下的 FRAND 许可承诺应采要约说。在三方关系下,FRAND 许可承诺的法律性质可能是共同行为(义务型)也可能是对标准化组织发出的关于缔结第三人利益预约之要约的承诺(选择型),但是义务型 FRAND 许可承诺的法律效力可以准用选择型的情况。在承认 FRAND 许可承诺具有一体两面特征的情况下,标准实施者对必要专利权人具有的双重请求权发生竞合。因为与第三人利益预约说相比,要约说对标准实施者更有利,所以在请求权竞合的前提下,直接采要约说即为已足。

表 1 FRAND 许可承诺法律性质与法律效果

法律性质			三方关系下的法律性质	两方关系下的法律性质	许可寻求人对必要专利权人的请求权	必要专利权人违反FRAND许可义务的责任	许可寻求人直接使用专利的后果	许可寻求人的价金支持范围	
共同行为(法律效力:准用选择型FRAND许可承诺)	义务型FRAND许可承诺	选择型FRAND许可承诺		要约邀请 X	无请求权	无违约责任	构成侵权	权利人损失 侵权人所得 合理许可费	对专利权人的拘束力逐渐递增
			第三人利益预约(之承诺)√	单方法律行为 X	按FRAND条件缔结专利许可合同的请求权	强制履行+损害赔偿	构成侵权	权利人损失 侵权人所得 合理许可费	
				要约 √	许可寻求人使用即承诺;专利使用请求权	(诉请法院确定合理费率)	不构成侵权	合理许可费	
			不被允许的第三人负担合同(之承诺)X				不构成侵权	合理许可费	

四、法律性质之辨的维度三:标准实施者与标准必要专利受让人间的关系

关于FRAND许可承诺的法律性质,司法实践中可能遇到的另一个问题在于其是否有对世性。当作出FRAND许可承诺的标准必要专利权人将此专利转让给他人,而该受让人不是标准化组织的成员(通常情况下受让人可能是专利非实施主体),FRAND许可承诺对原标准必要专利人所具有的法律拘束力是否平行转移到受让人之处?

根据债的相对性原理,只有作出FRAND许可承诺的主体受到此许可承诺所创设之法律关系的约束,因此在第三人利益预约说或要约说的情况下标准必要专利的受让人从法理而言并不受FRAND许可承诺的拘束。在这个背景下,对"专利劫持"的隐忧就会伴随标准必要专利的转移而重现,如果FRAND许可承诺之效力不再及于该标准必要专利的受让人,那么这个新的权利人仍有可能行使排他权以阻碍相关竞争者使用标准。

为了防止这种情况的发生,有些标准化组织特意在章程(或知识产权政策)中设置特殊规定来弥补债的相对性可能带来的问题。例如ETSI知识产权政策特地为此增补第6.1条之二,要求许可承诺作出人必须保证在标准必要专利转让的情况下,转让合同中必须包含新权利人仍然受FRAND许可承诺约束的规定;又如TCG规章第16.4条规定,任何成员都必须同意,不以规避本条(FRAND许可承诺)为目的来转让相关专利。强化标准化组织内部规则,虽然在一定程度上能够使受让人在专利转让的情况下仍受制于FRAND许可承诺,但仍属于治标不治本。一方面,并非所有标准化组织都对转让设置了特殊规定;另一方面,如果转让合同中未纳入受让人必须受FRAND条件拘束的条款,根据法理只有作出FRAND许可承诺的原专利权人需要承担违反章程的责任,新权利人仍然得以豁免于FRAND条件之限制。

可见,通过外部的法律规定将FRAND许可承诺的拘束力扩及专利受让人实有必要。但是,这种努力在现行法律框架下是否可能?如果可能,从理论上有哪些实现的渠道?这就是本部分重点讨论的内容。

(一)比较法的观照:德国法下获得对世性的两种理论尝试

虽然德国司法界一般将FRAND许可承诺定性为要约邀请,并主要从反垄断角度来控制必要专利权人的权利滥用,但是学理上并不乏在FRAND许可承诺框架下对受让人拘束问题的讨论。一般认为,如希望赋予FRAND许可承诺以对世性,在法律性质角度有物权行为和债权物权化两条路径。

1.物权行为说

物权具有对世性,如果肯认FRAND许可承诺(或其作为部分的法律行为)是物权行为,那么受让人自然仍受其拘束。认为FRAND许可承诺是一种物权行为的观点,所依据的是《德国专利法》第23条关于许可意愿声明(Lizenzbereitschaftserklärung)的规定。该条第1款规定:"如果专利申请人或者在专利局登记的专利权人以书面方式向专利局声明,将允许第三人在支付合理补偿时使用其发明的,在专利局收到该声明后,应当减半收取应到期的年费。该声明的效力及于提交的主专利,也及于其该主专利的所有附加专利。该声明需登记并公告在专利公报中。"

因为该声明一旦作出，即需要登记并公报在专利公报中，所以在专利权上产生了一个物权限制。在没有撤回该声明的情况下，即使该专利通过转移为第三人所有，然因为登记公告产生了物权的对世性效力，所以该意愿许可的声明对新的专利权人也有约束力。

FRAND 许可承诺是专利权人在加入标准化组织时的承诺在公平、合理、无歧视的条件下愿意给任何第三人许可使用的声明。有观点认为 FRAND 许可声明与第 23 条所规定的许可意愿声明大同小异，因此可以直接类推适用第 23 条规定，将 FRAND 许可承诺的性质认定为是一个物权行为。依此逻辑，标准必要专利即使转让给不是标准化组织成员的，受让人因为物权的对世性也需要受到 FRAND 许可声明的约束。

然而，这种观点违背了基本的物权法定原则，因此不仅在司法实践中不被采纳，[①]在理论界也几乎听不到支持这种观点的声音。

2.债权物权化说

获得对世性的另一途径是债权物权化说。该说的规范基础来自《德国专利法》第 15 条第 3 款关于继受保护(Sukzessionsschutz)的规定。该款规定，一项权利转让或者一项许可的授予不得抵触一项在先的许可。申言之，类似于《德国民法典》第 566 条关于债法租赁合同中的"买卖不破租赁"(Kauf bricht nicht Miete)之规则，本款在承认许可合同是一个债权行为的前提下，赋予了其接近物权的效力。即使专利权转让，存在于原专利权人(许可人)和被许可人之间的许可合同，仍然对新专利权人有拘束力。在 FRAND 许可承诺的语境下，支持其具有债权物权化特征的人认为，FRAND 许可承诺所创设的法律关系与许可合同类似，都是对权利人的一种限制，因此得以类推适用关于继受保护的规定。

然而，上述观点在德国并不构成通说。[②]如前所述，在早期地方法院的相关判决中，一般认为 FRAND 许可承诺的实质是债法意义上的"禁令之放弃"，相当于给予第三人一个"消极许可"，[③]而第 15 条第 3 款的保护对象是一般许可。因此，许多法院并不认为可以将适用于一般许可的"继受保护"规则类推适用到消极许可的情形中。[④]兹后，当要约邀请说被越来越

---

① LG Mannheim，Urteil vom 27.02.2009-7 O 94/08，Rn. 100-UMTS-fähiges Mobiltelefon。曼海姆地方法院在该判决中指出：德国法有关对专利进行物权上的处分的规定不包括 FRAND 许可声明，因此根据物权法定原则这种声明不是一种物权行为；此外，从立法者在《德国专利法》第 20 条第 1 款第 1 项中的规定可以得出，出于法的安定性的需求，放弃物权的行为必须向行政机关作出并由其接受后始成立。同样的观点可见：LG Düsseldorf 4.8.2011，Az. 4b 54/10 Rn. 57 -MPEG2-Standard；LG Düsseldorf 24.4.2012，Az. 4b 273/10 und 274/10-UMTS-Mobilstation。

② Rudolf Busse：Patentgesetz-Kommentar，7 Auflage，De Gruyter 2013，S. 653.

③ 消极许可是一个与一般许可相对的概念，与一般许可通过授予第三人使用相关专利的权利来获得许可费受益的模式不同，消极许可是指权利人面对第三人放弃自己在相关专利上的请求权的情形。典型案例如下：假设 Y 公司侵犯了 X 公司的某项专利权，在专利侵权程序中 Y 公司提出 X 公司的该项专利因为缺乏新颖性所以主张该专利无效，为了息事宁人，两公司遂达成如下协议，即 Y 公司可以继续使用 X 公司的该项专利，X 公司针对 Y 公司的使用放弃基于该专利的请求权，但 Y 公司则要撤回无效之诉，承认该专利有效。在这种典型的"消极许可"下，如果 X 公司将该项诉争专利转让给 Z 公司，那么按照德国现行通说，该种消极许可并不受《德国专利法》第 15 条第 3 款的保护。易言之，在诉争专利转让的情况下，所述案例中 X 和 Y 公司之间的约定，并不约束新的权利人 Z 公司。

④ LG Mannheim，Urteil vom 27.02.2009 -7 O 94/08，Rn 101 — UMTS-fähiges Mobiltelefon；Ullmann in Benkard，PatG，10. Aufl. 2006，§ 15 Rz. 111.

多的地方法院所接受,“继受保护”规则的类推适用问题更加无人问津。

(二)中国法的取舍

1.物权行为说之落空

物权行为说在德国不被接受,在中国法的框架下也难以成立。虽然,我国专利法第四次修改尝试引入与德国意愿许可声明制度类似的当然许可的规则,①但是由于物权法定的原理,不在行政机关进行公告登记的FRAND许可承诺并不能类推适用当然许可规则,从而获得与当然许可一样的对世效力,因此物权行为说不能成立。

2.债权物权化说:一种解释的可能

如果FRAND许可承诺适用债权物权化说,需要满足两个前提:首先,专利转让适用继受保护规则,即专利转让不影响转让前已生效的专利使用许可合同的效力;其次,FRAND许可承诺所创设的法律关系可以类推适用专利许可合同。

我国现行专利法框架下,并没有如德国关于继受保护的规则,专利法第四次修订的草案亦没有将此点纳入修法范围。但是,《最高人民法院关于审理商标民事纠纷案件适用法律若干问题的解释》(以下简称《商标法司法解释》)对商标转让设置了继受保护规则,规定商标转让不影响转让前已生效的商标使用许可合同的效力。② 鉴于在权利转移的情况下,被许可人的利益实有被保护的必要,所以应当肯认在专利转让的情况下,我国现行法对被许可人利益保护方面存在法律漏洞。加之作为无形财产的专利与商标同属知识产权保护对象,出让人、受让人和被许可人三者间的利益格局在商标和专利转让这两种情况下基本相同,因此应当允许将适用商标转让的规则类推到专利转让的情况下,以填补法律漏洞。

德国通说拒绝采纳债权物权化说的原因在于,德国法院早期认为FRAND许可承诺构成一个债法意义上的“消极许可”,因此适用于一般许可的“继受保护”规则不能类推适用于FRAND许可承诺。与德国地方法院早期观点不同,本文主张FRAND许可承诺的作出相当于创设了一个第三人利益预约或者发出了一个缔结FRAND许可合同的要约,两者竞合的情况下可以直接采认要约说。根据要约说,FRAND许可承诺不可撤回,标准实施者一旦使用相关标准必要专利,许可合同即告成立。可见,在要约说下必要专利权人和标准实施者间的关系与许可合同下专利权人和被许可人间的关系已经十分接近,应当允许将适用于许可合同的继受保护规则类推适用于FRAND许可承诺的情况下。

综上所述,虽然我国现行法没有专利权继受保护的规定,更没有赋予FRAND许可承诺对世效力的规定,但是通过两步类推,本文认为FRAND许可承诺仍可适用继受保护规则。不可讳言,本文只是指出了这种解释论成立的可能,但是其能否被我国司法接受还有待观望。与迂回的解释论相比,通过立法(或司法解释)直接保证标准必要专利的受让人受FRAND许可承诺的拘束无疑更为可取。遗憾的是《专利法司法解释二》第24条在拘束受让人问题上保持了缄默,因此此点仍然有待将来进一步的完善。

---

① 《专利法修改草案(征求意见稿)》第79条(新增X6条),国家知识产权局2015年4月1日公布。

② 详见《最高人民法院关于审理商标民事纠纷案件适用法律若干问题的解释》第20条。

结语:兼对司法实践的展望

本文主张对FRAND许可承诺法律性质的分析应该在区分三方关系和两方关系的基础上进行。在三方关系下,FRAND许可承诺并不完全适用传统的第三人利益合同说:一方面,义务型FRAND许可承诺是共同行为而非合同的一部分;另一方面,选择型FRAND许可承诺从理论上而言亦只存在成立第三人利益预约这一种可能。在两方关系下,FRAND许可承诺不构成要约邀请,也不是单方法律行为,将其视为标准必要专利权人发出的关于缔结符合FRAND条件许可合同的要约符合我国现行法的要求,也符合产业"先使用,后谈判"的实际运作情况。在三方法律关系和双方法律关系竞合的情况下,因为要约说比第三人利益预约说对标准实施者更为有利,因此对FRAND许可承诺的定性可以直接采要约说。在相关标准必要专利被转让的情况下,本文主张在要约说的基础上,可以类推适用《商标法司法解释》中的继受保护规则,从而赋予FRAND许可承诺以对世性效力,以防止专利权人对FRAND条件限制的规避。

本文主张受债权物权化规则保障的要约说。如此,通过FRAND许可承诺制度使相关标准必要专利上负担了一个与强制许可极为接近的限制。虽然我国法院在华为诉IDC案的判决中并没有直接对FRAND许可承诺的法律性质进行定义,但本文的观点从法律效果上看完全契合法院所主张的"强制缔约论"。

本文的结论与《专利法司法解释二》第24条有关标准必要专利保护的规定可能存在一定冲突。但因为最高人民法院就该条适用范围作了最大限度的限缩,明确该条暂时不适用于实务中常见的强制性标准以及国际标准,将其留待司法实践解决。因此,本文的结论并不与现行司法解释相矛盾,从另一个侧面来看,反而能为将来的司法实践在处理相关问题上如何进一步完善提供指引。

首先,本文认为鉴于实施标准专利中广泛存在"先使用,后谈判"的情况,所以未获许可先使用的标准必要专利原则上不构成侵权,例外才构成。这也符合要约说下的法理逻辑。而现行司法解释认为被诉侵权人以实施标准必要专利无须专利权人许可为由抗辩一般构成专利侵权,不符合产业实际运作现实,而且理论上可能导致标准实施者最后支付高于FRAND条件的许可费。在这一点上,司法实践应该作出改变。

其次,在禁令限制问题上,《专利法司法解释二》第24条第2款并不遵循"有专利侵权就有禁令救济"的思路,[①]规定只有在专利权人没有故意违反FRAND许可义务,且被诉侵权人在协商中无明显过错,权利人请求停止侵害请求权方成立。这点与本文主张的理论一致,因为在要约说下标准实施者一旦使用必要专利,许可合同即成立,双方仅需就具体许可费率进行补充协议,因此一般来说专利权人不能主张禁令救济。但是如果标准实施者恶意地通过协议补充环节来拖延缴纳许可费,损害权利人的利益,在此情况下仍有给予禁令救济的可能。至于在什么情况下可以给予专利权人禁令救济,现行司法解释仍有语焉不详之处(比如如何判断被诉侵权人有无过错),此点也非通过FRAND许可承诺法律性质的确定可以解

---

① 这亦符合我国现行专利法在此问题上的主张,见《专利法司法解释二》第26条。

答,因此仍有待我国司法实践进一步提出明确标准。[①]

最后,在FRAND许可承诺拘束受让人方面,我国现行专利法缺少“继受保护”的规定,最高人民法院也没有通过司法解释直接认定FRAND许可承诺具有对世性效力。因而目前只能通过解释论予以勉强弥补,我国司法实践应尽快通过判例或司法解释承认FRAND许可承诺的对世性效力,以防止通过专利转让来规避FRAND许可承诺的行为。

① 在这点上,欧盟法院在“华为诉中兴”案中所采纳的标准值得借鉴。

我国职务发明制度运行的成本检视与优化探索

■兰　昊*

摘　要：本文以制度运行成本为分析框架，对职务发明制度运行效果进行检视，从实际情况来看，界定和归属上的“主要利用”标准存在判定困难会导致权属不明，奖励报酬细化的计算方式存在操作困难致使数额不清，会增加包括预防成本和纠正成本在内的额外的运行成本，我国职务发明制度涉及对复杂情况进行利益分配，并采取直接性的分配理念导致成本风险，经济社会发展使得运行成本问题加大。对此，要在主要的优化思路中选择变更原有方式为更低运行成本的做法，而非顺承原有规定对界定与计算进行细化解释或者仅仅只是允许法定和约定并存，同时要考虑方案在制度内部规定之间的协调性、与立法本意和追求的契合性以及与经济社会发展变化的衔接性。具体的优化路径为，将利用单位物质技术条件完成的发明视为职务发明，不再区分主要利用与否，同时单位对利用本单位物质技术条件完成的发明有权决定是否给予奖励报酬，以形成区别当前规定的新的分配方式与促进机制。

关键词：成本优化；专利法；职务发明；奖励报酬

Inspection and Optimization of the Operation Cost of Employee Invention System in China

Lan Hao

Abstract: This article uses the operating cost as the analysis framework to review the operating effect of the employee invention system. The fact is that it is difficult to determine the standard of “main utilization” in the definition and ownership, which will lead to the unclear ownership. And it is difficult to operate the calculation method of the detailed reward, which makes the amount unclear. They will increase the extra operating cost including the cost of prevention and the cost of correction. The employee invention system in our country involves the distribution of interests in complex situations and adopts a direct distribution concept leading to cost risks. The economic and social development will increase the problem. In this regard, it is necessary to choose the way to change the original regulation to a lower operating cost one among the main optimization ideas, instead of following the original provisions to explain the definition and calculation in detail or just allow the coexistence of law and agreement. At the same time, we should consider the co-

* 兰昊，浙江大学光华法学院博士研究生。

ordination between the internal provisions of the scheme, the accordance with the legislative purpose, and the connection with economic and social development. The way of optimization is to treat the invention completed by using the material and technical conditions of the unit as an employee invention, no longer distinguishing whether it is mainly used or not. At the same time, the unit has the right to decide whether to give remunerations and rewards to the employer who completed the invention by using the material and technical conditions of the unit, so as to form a new distribution mode and promotion mechanism that is different from the current regulation.

Key Words: Cost optimization; Patent Law; Employee Invention; Rewards and Compension

国家知识产权局的统计数据显示,从2015年到2017年的连续三年,职务发明占国内已授权发明专利的比重均超过了70%,并且呈现逐年上升的趋势。[①] 在整个发明创新事业中,职务发明扮演的角色越来越重要。然而长期以来,职务发明制度在区分和厘清雇主和雇员之间的权利义务上的效果并不理想,使得修法的呼声一直存在。实践中职务发明权属不明、奖励报酬计算不清等问题让职务发明制度产生了较高的运行成本,从而导致制度基本功能难以发挥。对此,《专利法》第四次修改尝试改善这一现状,然而最终全国人大公布的《专利法修正案(草案)》中并没有保留原先国务院法制办公布的《专利法修改草案(送审稿)》(以下简称《送审稿》)中界定与归属、奖励报酬、实施利用等调整内容[②],只增加了职务发明实施利用的一些规定[③],反映出职务发明制度虽运行欠佳但修订分歧较大的现实。作为雇主与雇员利益平衡,激励创新、保护投资的重要制度,职务发明制度不仅需要关注内在价值选择的科学性,还应当关注运行成本的合理性。本文希望以制度运行成本为主要视角,分析职务发明制度存在的问题和不足,结合《专利法》第四次修改以及相关制度完善的尝试,在我国职务发明制度的基本理念下,探索优化制度运行成本的举措,为《专利法》的进一步修改和完善提供一种可选择的思路。

① 国家知识产权局《专利统计年报》显示,2015年职务发明获得授权量占总授权量的比重为73.6%,2016年为75.7%,2017年为79.3%。

② 《送审稿》中有关职务发明的规定有三处改动:一是规定利用本单位的物质技术条件所完成的发明创造,没有约定的,申请专利的权利属于发明人或者设计人;二是发明创造专利实施后,单位应当根据其推广应用的范围和取得的经济效益,对发明人或者设计人给予合理的报酬,且适用于发明人或涉及人与单位约定发明创造申请专利的权利属于单位的情形;三是明确国家设立的研究开发机构、高等院校自职务发明创造获得专利权之后,在不变更专利权属的前提下,发明人或者设计人可以与单位协商自行实施或者许可他人实施该专利,并按照协议享有相应的权益。

③ 在现行《专利法》第6条第1款的基础上增加:该单位对职务发明创造申请专利的权利和专利权可以依法处置,实行产权激励,采取股权、期权、分红等方式,使发明人或者设计人合理分享创新收益,促进相关发明创造的实施和运用。

一、作为一种分析视角的制度运行成本优化问题

(一)制度运行成本的构成与评判标准

制度运行成本可以有两种理解:第一种是广义理解,指的是运行一种制度所耗费的社会资源投入,是相比于没有这种制度而言的,具体由三个部分构成:一是制度产生的成本,接近于立法过程产生的成本。二是制度实施产生的成本。制度一般通过权利义务的方式,规范、约束、指引特定对象的行为,从而达到一定的效果,如利益分配的效果或者秩序形成的效果。因此,制度实施的成本是指制度所指向的对象按照制度内容进行一定的行为的成本,接近于守法过程所产生的成本。三是制度保障的成本,制度经过设计和实施来产生一种效果或者局面,但是可能存在特定对象没有按照制度内容进行一定行为,导致这一效果或者局面不理想的情况,因此需要采取一定措施来进行纠正,保障制度目的的实现。因此制度保障的成本指向的是纠正不理想的制度实施的成本,接近于司法和执法过程产生的成本。广义理解的制度运行成本主要用于反映一项制度设立与否的比较,倾向于制度必要性的分析。

第二种是狭义理解,即一种制度在运行过程中产生的成本,是在已经存在某种特定制度的前提下来分析的,指的是实现该制度预期效果所需的成本。制度的预期效果是通过规范、约束、指引特定对象的行为来实现的,因此,当规范、约束、指引的内容清晰明确时,特定对象能够快速、精准获知自己需要进行的行为,不需要其他的成本投入;而规范、约束、指引的内容模糊不清或者难于操作时,特定对象的行为就有可能不到位,此时就需要额外的成本来预防或者纠正这些不到位,额外的预防成本一般体现为管理上的成本,额外的纠正成本一般体现为争议解决的成本,包括诉讼、仲裁、调解所产生的成本。狭义理解的制度运行成本主要用于反映在实现同一效果下,不同制度内容规定之间的比较,侧重于对制度合理性或者优越性的分析。

本文所探讨的制度运行的成本问题为狭义理解的成本。评判的标准是在制度运行过程中,是否会因为制度规定引发特定对象的行为不到位而需要额外的预防或者纠正成本来实现制度原本预期的效果,以及这种额外的预防或者纠正成本是否很大。从实际情况来看,制度过于简明或者过于细致都不一定是最佳成本效果,过于简明的制度可能会由于不够具体,存在众多模糊之处,在实施时难以明晰地划边界或指明方向而导致效果偏离;过于细致的制度则可能因为强调精准性,而不适应于复杂的社会分工和运作流程,在实施时难以步步到位而导致错误概率高,两者最终都不利于特定对象的行为调整到位,需要额外的成本来实现原来的预期效果。因此,评判制度运行的成本,不是一个单向性的选择,而是一个综合性的取舍。

(二)制度运行成本优化的必要性

对制度进行经济分析的目的在于评估其经济意义上是否有效率,以及如何变得有效率。[①] 制度运行成本优化作为经济分析的重要内容之一,具有以下三点必要性:首先,制度

① [美]威廉・M.兰德斯、理查德・A.波斯纳:《知识产权法的经济结构》,金海军译,北京大学出版社2016年版,第4页。

运行成本是制度本身合理性的标志之一,也是制度功能价值实现与否的重要视角。“几乎所有的法律活动,包括一切立法和司法活动,都会产生不同程度的隐含成本。好的法律,通过对权利、义务、责任、信息和程序的有效安排,可以减少这些额外成本,提高经济效率,给人们带来实际的利益。”[①]在现实生活中,如果一项法律制度存在运行成本过高的问题,将导致该法律制度得不到良好的实施,无论是司法、执法还是守法的环节,都会面临法律制度“不落地”的窘境。没有实施基础的法律是不会产生预期的实施效果,那么法律制度最开始所设定的功能价值也无法在现实生活中得以发挥。因此,制度运行成本的高低其实影响一项法律制度目标价值的实现可能性。因运行成本过高而降低可实施性的法律制度难谓科学合理。因此,资源约束成为法律运作必须考虑的对象,必须把法律运行成本引入法律设计中,唯有建立在“经济基础”(经济约束)之上的法律设计才是真正可以实施的法律。[②]

其次,制度运行成本会影响资源配置的效率,反作用于社会经济活动。社会经济活动不是单个人的活动,它是一种相互联系、相互依存的团体活动,而这种团体活动的资源配置在现代市场经济条件下更是在以法律制度体现的规则下进行的,人们需要寻找这样一套符合市场化资源配置的法律制度。法律制度作为经济发展的内在要素,对经济运行起着至关重要的作用。[③] 制度影响经济绩效,决定了构成总成本的交易费用和生产成本。[④] 当一项法律制度存在不清晰、难操作的情况时,不仅实施起来成本较大,增加了执法和司法机关认定的成本,而且会导致纠纷和争议的产生,影响经济资源配置和运行效率。[⑤] 因此,对制度运行成本进行优化能够保障和促进财产的有效利用和合理流转。[⑥] 就知识产权制度而言,制度运行成本优化能够促进以知识为核心的生产要素的优化配置。[⑦]

最后,制度需要顺应经济社会的发展变化进行调整,这是推进国家治理现代化的内在要求。国家治理现代化要求国家治理体系和治理能力体现现代社会的价值和特点,效率是观察和衡量国家治理体系和治理能力现代化的重要标准之一。[⑧] 现代化是高效化,现代化的目标之一,就是提高效率,实现高效化。国家治理有无能力,就表现为国家治理是否高效,国家治理没有效率,国家治理就没有能力。[⑨] 因此,国家治理现代化的过程中既要改革不适应时代要求的体制机制、法律法规,又要不断构建体现时代要求的新体制机制、法律法规。[⑩]作为国家治理体系和治理能力的重要依托,法律制度需要有所创新,符合我国的独特情况和时代要求,一种有效的国家制度安排就是不断降低治理费用,减少治理成本。[⑪]

---

① 冯玉军主编:《法经济学》,中国人民大学出版社2015年版,第112页。

② 汤启军:《法经济学基础理论研究》,西南交通大学出版社2017年版,第24页。

③ 周晓唯编著:《法经济学理论及其应用》,陕西师范大学出版社2012年版,第43页。

④ [美]道格拉斯·C.诺思:《制度、制度变迁与经济绩效》,杭行译,格致出版社、上海三联书店、上海人民出版社2014年版,第6页。

⑤ 黄文艺:《新时代政法改革论纲》,载《中国法学》2019年第4期。

⑥ 周华:《知识产权制度的经济分析》,载《山东社会科学》2003年第3期。

⑦ 单晓光等:《知识产权制度与经济增长:机制·实证·优化》,经济科学出版社2009年版。

⑧ 刘恒:《论国家治理法治化的体系建构与路径选择》,载《吉林大学社会科学学报》2019年第3期。

⑨ 刘春山、江之源:《论经济法与国家经济治理》,载《社会科学战线》2019年第6期。

⑩ 赖早兴:《国家治理体系和治理能力现代化的法治内涵》,载《光明日报》2014年5月14日第013版。

⑪ 胡鞍钢等:《中国国家治理现代化》,中国人民大学出版社2014年版,第89页。

制度本身不是停滞的，它在不断地演化且对不同的环境作出反应。[①] 我国职务发明制度诞生的经济形势、创新环境、社会样态都已经发生明显变化，如果依然沿用过去职务发明制度的理念和思路，会给职务发明的归属界定与奖酬分配的实施增加现实难度，从而造成运行成本。因此，在新的时代背景下对知识产权制度进行优化，具有一定的时代必然性。

二、我国职务发明制度运行的成本问题

（一）职务发明界定归属规则存在的运行成本问题

按照2008年《专利法》第6条的规定，判断是否属于职务发明有两个依据：一是该发明创造是否属于执行本单位任务而完成的成果。《专利法实施细则》对"执行本单位任务"进行了更细致的说明，提高了可操作性。[②] 二是该发明人是否主要利用本单位物质技术条件完成了发明创造。《专利法实施细则》也对"本单位"和"物质技术条件"进行了说明。[③] 但是很可惜的是，《专利法实施细则》没有对"主要"进行解释，这样会导致"主要利用"的判断难以进行。虽然《最高人民法院关于审理技术合同纠纷案件适用法律若干问题的解释》第4条对"主要利用法人或者其他组织的物质技术条件"进行了界定[④]，并得到了一些法院的采纳，[⑤]

---

① ［美］蒂莫西·耶格尔：《制度、转型与经济发展》，陈宇峰、曲亮译，华夏出版社2010年版，第69页。

② 《专利法实施细则》第12条规定："……执行本单位的任务所完成的职务发明创造，是指：（一）在本职工作中作出的发明创造；（二）履行本单位交付的本职工作之外的任务所作出的发明创造；（三）退休、调离原单位后或者劳动、人事关系终止后1年内作出的，与其在原单位承担的本职工作或者原单位分配的任务有关的发明创造。"

③ 《专利法实施细则》第12条规定：专利法第六条所称本单位，包括临时工作单位；专利法第六条所称本单位的物质技术条件，是指本单位的资金、设备、零部件、原材料或者不对外公开的技术资料等。

④ 《最高人民法院关于审理技术合同纠纷案件适用法律若干问题的解释》第4条规定："主要利用法人或者其他组织的物质技术条件"，包括职工在技术成果的研究开发过程中，全部或者大部分利用了法人或者其他组织的资金、设备、器材或者原材料等物质条件，并且这些物质条件对形成该技术成果具有实质性的影响；还包括该技术成果实质性内容是在法人或者其他组织尚未公开的技术成果、阶段性技术成果基础上完成的情形。但下列情况除外：(1)对利用法人或者其他组织提供的物质技术条件，约定返还资金或者交纳使用费的；(2)在技术成果完成后利用法人或者其他组织的物质技术条件对技术方案进行验证、测试的。

⑤ 如在"武汉船用机械有限责任公司与王汉国专利权权属纠纷案"中，法院认为，此处的"主要利用"应主要指以下两种情形：其一，职工在发明创造的研究开发过程中，全部或者大部分利用了单位的资金、设备、器材或者原材料等物质条件，并且这些物质条件对形成该发明创造具有实质性的影响；其二，职工作出的发明创造其实质性内容是在单位尚未公开的技术成果、阶段性技术成果基础上完成的。但对利用单位提供的物质技术条件，已约定返还资金或者交纳使用费的，以及仅是在发明创造完成后利用单位物质技术条件对技术方案进行验证、测试的，不属于前述的主要利用单位的物质技术条件的情形。(2016)鄂民再12号民事判决书，(2009)黔高民三终字第3号判决书。

但是该司法解释提供的指引作用有限。实践中,法院有从"质"上进行判断[①],也有既从"量"也从"质"上进行判断的[②]。由于"主要利用"的表述本身就带有不确定性,需要依靠发明人的身份、单位所具有的物质技术条件,以及专利具体情况和单位之外的物质技术条件的贡献等进行综合判定,[③]这样的规定具有较大的操作困难。除此之外,《专利法》第 6 条第 3 款还赋予了单位和发明人对于利用本单位物质技术条件所完成的发明创造进行约定的权利,但没有区分对物质技术条件利用方式和利用程度,如果结合第 1 款的规定,第 3 款的内容会造成理解上的困扰:到底是只要利用了本单位物质技术条件所完成的发明都可以进行约定,还是只有不属于主要利用本单位物质技术条件所完成的发明,才可以进行约定呢? 赞同第一种理解的学者认为这是提高职务发明制度灵活性,有效处理单位与雇员关系的做法;[④]赞同第二种理解的学者认为要考虑第 1 款的作用,否则第 1 款对于职务发明的界定将失去意义。[⑤] 这一没有自相协调的情形难免会增加模糊性。

由此可见,《专利法》第 6 条关于职务发明界定的方式会因为实践中难以准确、有效地判断是否属于"主要利用"而导致制度运行成本的增加,即需要额外的预防和纠正成本来保证对职务发明界定和分配效果的实现。尤其是涉及复杂技术开发且需要的物质技术条件较多的情形时,区分"主要利用"和"次要利用"的过程容易出现判断不清的后果,那么界定和分配职务发明所希望实现的效果将难以落实。为此,发明人和单位之间需要采取一定措施预防判断不清的问题,这一预防就体现在管理成本上,出于识别"主要利用本单位物质技术条件"的需要,单位对员工的利用行为就需要进行全面而细致的管理和监控,划出一条区分"主要利用"和"次要利用"的界限:哪些条件能用、哪些条件不能用,哪些条件一旦用了就属于"主要利用"。另外,由于对"主要利用"的界定不够清晰以及对《专利法》第 6 条第 1 款和第 3 款的理解不到位,都会增加职务发明权属不到位的概率,从而增加纠纷发生的可能。那么就需要额外的纠正成本来维护该制度的实施效果,这一纠正成本即因诉讼、谈判、协商产生的一系列纠纷解决成本。需要注意的是,这一额外的纠正成本本身也不小。因为法院判断是否属于"主要利用"并非易事。法院的裁判需要搜集或审核足够多的信息和证据,且需要比较创造者的创造行为与单位提供的物质技术条件二者对于发明的价值贡献力度。如此会极大

---

① 在"上海锦农机械设备有限公司与上海鑫百勤专用车辆有限公司专利权权属纠纷案"中,法院认为专利意义上的"主要利用本单位的物质技术条件",是指本单位的资金、设备、零部件、原材料或者不对外公开的技术资料对完成发明创造技术方案的设计发挥了主要的或实质性的贡献,在技术方案完成后,仅仅为技术方案、技术成果提供验证和测试,并不属于专利法意义上主要利用本单位物质技术条件的情况。(2014)沪高民三(知)终字第 112 号民事判决书。

② 在"马荷菱与王良专利权权属纠纷案"中,法院认为本法所称"主要利用本单位的物质技术条件"是指职工在完成技术成果的研究开发过程中,全部或者大部分利用了法人或其他组织的资金、设备、器材或者原材料,并且这些物质条件对形成该技术成果具有实质性影响,或者该技术成果的实质性内容是在法人或者其他组织尚未公开的技术成果、阶段性技术成果或者关键技术的基础上完成的。(2016)冀民终 273 号民事判决书。

③ (2015)湘民三终字第 215 号民事判决书。

④ 尹新天:《中国专利法详解》,知识产权出版社 2012 年版,第 59 页。

⑤ 汤宗舜:《专利法解说》,知识产权出版社 2007 年版,第 50 页。

地增加的法院的确权和认定成本。[①] 因此,我国职务发明的界定与归属规则存在的成本问题需要引起重视。

(二)职务发明奖励报酬规则存在的运行成本问题

我国《专利法》第 6 条将执行本单位的任务或者主要是利用本单位的物质技术条件所完成的发明创造定义为职务发明,意味着员工只有在非执行任务前提下,且非主要利用本单位物质技术条件所实现的发明才能不被认为属于职务发明。因此,对于发明作出实质性贡献的员工们可能会因为上述制度设计而缺乏足够的激励去实现创新,《专利法》第 16 条让发明人参与到利益分配之中,能够有效缓解上述尴尬的局面。[②] 通过奖励和报酬制度,让发明人能够在得不到该发明申请专利的权利的情况下,依然能够一定程度获得收益,以此作为一种激励创新的方式。同时,奖励和报酬也是对职务发明归属的一种二次分配。因此,奖励和报酬在职务发明体系中需要扮演重要角色。但是《专利法》中对于奖励报酬的规定显然太过于原则性,不利于制度意图的落实。也许是考虑到了这一点,《专利法实施细则》中对于奖励报酬的支付方式进行细致性的规定:允许单位和发明人之间可以就奖励报酬进行约定,确定在没有约定时奖励的给予方式和最低数额,以及报酬的给予方式和提取方式。[③] 奖金上要求一项发明专利的奖金最低不少于 3000 元;一项实用新型专利或者外观设计专利的奖金最低不少于 1000 元;报酬上要求每年从实施该项发明或者实用新型专利的营业利润中提取不低于 2%或者从实施该项外观设计专利的营业利润中提取不低于 0.2%,或者在许可情形下一次性从收取的使用费中提取不低于 10%作为报酬。上述规定客观上让职务发明的奖励报酬更具体,但是原本旨在规定最低奖励报酬标准,最后却有可能成为单位和发明人之间的平衡点和妥协点。虽然允许单位和发明人之间进行约定,但是双方最终的选择可能会接近奖励报酬制度中规定的计算方式。[④]

从实施层面上来看,上述规定追求精准的结果反而会增加操作困难,在难以保证计算到位的情况下会导致制度效果偏离。从而造成运行成本的增加上比较典型的事营业利润的计算问题,现实情况是一项专利往往需要和其他专利或者产品组合起来实施,同时利润的获得也还有其他方面的贡献,比如说营销或者企业影响力等,确定特定专利的营业利润是否需要扣去其他的贡献并不清楚,如果需要又该如何实施不甚明确。另外,利润要求收益减去成本,对于一项含有专利的产品而言,成本可能包括材料成本、研发成本、营销成本甚至是单位企业的运营成本。因此,计算营业利润看似十分轻松,但严格实施起来困难不小。所以,要实现该制度原本预设的效果,必须增加额外的成本来保证这一计算的顺利、准确。这其中包

---

① 向波:《职务发明的判定及其权利归属问题研究——兼论〈专利法修改草案〉第 6 条的修改和完善》,载《知识产权》2016 年第 9 期。

② 《专利法》第 16 条规定:被授予专利权的单位应当对职务发明创造的发明人或者设计人给予奖励;发明创造专利实施后,根据其推广应用的范围和取得的经济效益,对发明人或者设计人给予合理的报酬。

③ 《专利法实施细则》第 76 条至第 78 条。

④ 单位和发明人或设计人会在理性经济人的假设下追求自身利益的最大化,因此在确定奖励报酬的过程中,如果高于法律规定的标准,则单位的利益无法达到法律框架内的最大化;如果低于法律规定的标准,则发明人或者设计人的利益无法达到法律框架内的最大化。因此,法律规定的标准多数情况下属于双方利益博弈的平衡点。

括预防成本,由于上述计算方式存在信息难获取、结果不准确的情况,有观点指出应设置信息披露制度,赋予发明人知情权,确保奖酬权益得到落实。[①] 但是这种事前公示披露会导致实施成本的进一步增加。由于将发明人、设计人的利益与发明创造所能实现的价值进行绑定,使得该发明有无实施、以何种方式实施,都是发明人所关心的,发明人会因为担心单位的行为无法让发明人利益最大化而要求详尽的披露,由此产生的监督成本不容忽视。另外,不当的计算结果会导致纠正成本的增加。单位不一定能根据真实情况准确地计算出奖励报酬,双方可能会因此发生争议并产生纠纷,由此产生的协商、诉讼、调解成本也要予以考虑。

(三)《职务发明条例草案(送审稿)》中的潜在运行成本评析

2015年,国务院发布了《职务发明条例草案(送审稿)》。其中第二章对发明的权利归属进行了具体的规定。第7条第(四)款在原来《专利法实施细则》的基础上进一步确定了主要利用的理解和认定,即"主要利用本单位的资金、设备、零部件、原材料、繁殖材料或者不对外公开的技术资料等物质技术条件完成的发明,但是约定返还资金或者支付使用费,或者仅在完成后利用单位的物质技术条件验证或者测试的除外"。同时,第9条确定了单位可以在依法制定的规章制度中规定或者与发明人约定利用单位物质技术条件完成的发明的权利归属;未与发明人约定也未在规章制度中规定的,适用本章的规定。

第四章对于奖励和报酬进行了更加全面细致的规定,值得注意的是,该草案明确了单位转让、许可他人实施或者自行实施获得知识产权的职务发明的,应当根据该发明取得的经济效益、发明人的贡献程度等及时给予发明人合理的报酬。[②] 并且单位在确定报酬数额时,应当考虑每项职务发明对整个产品或者工艺经济效益的贡献,以及每位职务发明人对每项职务发明的贡献等因素。[③] 这样的规定无疑使得职务发明的奖励报酬的确定方式更为细致,也更有区分度,有利于进一步合理平衡单位与发明人之间、发明人与发明人之间的利益。另外,其明确了约定优先,而且对约定进行保障。任何取消发明人依据本条例享有的权利或者对前述权利的享有或者行使附加不合理条件的约定或者规定无效。[④]

但是,《职务发明条例草案(送审稿)》依然是在2008年《专利法》和2010年《专利法实施细则》的思路之下构建的规则,其中依然以"主要利用"为界定归属的标准,以"营业利润""销售收入""转让或者许可所得收入"作为确定奖励报酬的依据,[⑤]使得前述的制度运行成本问题依然突出,并没有得到实质性的改善。因此,尽管《职务发明条例草案(送审稿)》总体上看是更具体更细致了,但是是对于职务发明制度本身的运行成本而言,问题并没有变小。

三、我国职务发明制度运行成本问题的形成原因

(一)我国职务发明制度涉及对复杂情形的利益分配

我国职务发明制度涉及对利用单位物质技术条件这种情况的利益分配,和完成单位本

① 李石勇:《协同创新背景下职务发明奖励报酬制度的完善》,载《广东社会科学》2018年第2期。

② 《职务发明条例草案(送审稿)》第17条。

③ 《职务发明条例草案(送审稿)》第22条。

④ 《职务发明条例草案(送审稿)》第18条。

⑤ 《职务发明条例草案(送审稿)》第21条。

职工作所完成的发明创造相比，对利用本单位物质技术条件所完成的发明创造进行分配具有较大的难度和更复杂的要求，因此分配的过程也会相应复杂，也更容易出现分配效果不到位的情况，导致额外成本的投入。完成单位本职工作所完成的发明创造是在员工完成单位的工作任务和工作内容中实现的，雇员已经就其工作成果获得了酬劳和薪水，也就意味着单位和员工双方已经对完成工作之上产生的成果归属达成了一致意见。单位用酬劳和薪水“购买”了员工的发明创造成果。但是主要利用本单位物质技术条件所完成的发明创造则不一样，除了在履行工作任务情况下对单位物质技术条件的利用之外，员工在工作任务之外进行的发明创造并没有获得单位的报酬和薪水，从公平的角度来看，员工的付出需要得到尊重和回报，或者获得该发明创造之上的专有权利，或者获得与此发明创造相匹配的金钱。但是与此同时，单位的物质技术条件贡献也需要得到考虑。单纯地界定申请专利的权利的归属，并不等于完成了分配的全部，因为一份职务发明中融合了单位的条件和员工的智慧。无论是单位还是员工取得了这项发明创造上的申请专利的权利，都需要对对方的贡献给予补偿。另外，职务发明制度之所以设置奖励报酬制度，目的是搭建起一个利益分配的综合体系，让单位和员工之间不会因为界定是否属于职务发明之后以及该发明创造上申请专利的权利归属之后，双方就陷入利益失衡的境地。在双方没有合同约定的时候，法律的规定能够给予双方一定的保障和指引。然而，如何实现利益平衡，并不是一件轻而易举的事情，尤其是在利用了单位物质技术条件完成发明创造的情况下，一方贡献了智慧，一方贡献了条件。

因此，当职务发明制度尝试在单位和员工之间利用单位物质技术条件这种情况进行利益分配，必然需要设计出一个综合的体系，以有效平衡二者利益，而不能简单得如完成单位本职工作所完成的发明创造的那样，一步到位地确定归属，而需要结合后续的经济补偿，甚至要从一开始的归属上就充分考虑双方的贡献、实施能力、经济能力、雇佣关系等因素，以实现综合性的利益平衡的分配效果，既能够保证员工的付出得到合理回报，又能够保证单位的利益不受损失，同时还能在推动积极创新和充分利用资源方面发挥作用。因此，当职务发明制度涉及对利用单位物质技术条件这种情况进行利益分配，其通过制度设计形成的分配过程，更为复杂，也更需要多方考量。这使得这一部分的规则相比于完成单位本职工作所完成的发明创造的规则具有更高的成本风险。

（二）直接性的分配理念本身存在一定的成本风险

我国职务发明制度采取了一种直接性的分配理念，即参考贡献度，将主要利用本单位物质技术条件完成的发明认定为职务发明，而非主要利用的情形下的发明不认定为职务发明；同时，单位对于这种情况下获得的职务发明需要给予奖励和报酬，员工个人的贡献、技术在生产经营中的贡献，以及每年的营业利润和实施收益的变化都要考虑进去，由此，在单位与员工之间，法律希望划出一条两者利益的准确且又平衡的界限，最大限度地体现公平性和合理性，形成我们现在看到的职务发明制度的基本内容。

然而，这种直接性的判定且追求准确、平衡的分配效果的思路本身存在一定的问题。如前所述，利用本单位物质技术条件完成的发明是复杂的，其必然涉及众多的考虑因素，而这些因素本身又可能存在模糊性或者难以把握，比如通过单位或员工在这其中的贡献度来确定双方对于该发明创造是否应得以及应得多少。贡献度本身就是一个难以把握的标准，尤其是在技术领域，它难以被实际量化，所以采取直接性的分配思维，实现准确而又公平的分配效果绝非轻易就能实现，造成的结果反而是指向不明、界分不清。在运行过程中越发需要额外的成本来保证分配效果的到位——比如进一步确定物质技术条件对发明创造的贡献度、发明创造对产品的贡献度以及每个参与发明创造的员工各自贡献度可能产生管理、监督成本，由于本身标准的不确定性，导致的结果不满意产生争议解决成本。另外，随着发明创造的价值不断增加，单位和员工之间就发明创造的归属之争也会逐渐激烈，这会进一步激发争议和纠纷发生的概率，让制度运行的额外成本加大。

我国职务发明制度采取这一思路一定程度上与我国的国情有关。新中国成立之后，我国从事创新创造事业的主体主要是国有单位和国有企业，社会创新创造的基础薄弱。因此，能够提供物质技术条件供人们从事发明的往往是国有单位和国有企业。在这样的情况下，发明所需要的物质技术条件较为稀缺，一般只有单位能够提供，单位的贡献被着重考虑。这样的发明创造在改革开放之前长期是我国技术成果中的重要组成部分，而个人主体或者私营主体通过自己的物质技术条件完成的发明则数量较少。另外，20 世纪 50 年代我国虽然表面上同时推出了专利制度与科技奖励制度，但实际上基本没有采用专利制度而着重厉行科技奖励制度。① 在这样的情况下发展而来的职务发明制度，一方面对单位的物质技术条件有特别的考量——考虑到单位的国有属性以及物质技术条件的重要性，作为发明人的员工依靠自身实现发明创造的价值较为困难，主要利用物质技术条件完成的发明不宜由私人控制而需要归属单位，所以要求根据是否“主要利用”来识别单位物质技术条件的贡献以判断特定发明创造是否为职务发明。另一方面延续科技奖励制度的思路——在发明创造归属单位后按照贡献度给予发明人一定奖励，不仅符合当时的社会环境和认识理念，而且有助于维持员工对国有属性的单位具有高度的信赖和长期的依附的特定时期的雇佣关系，所以要求根据发明人的贡献程度来确定其能够获得与之匹配的金额。由此我们看到，从 1985 年第一部《专利法》开始，历经 2001 年、2008 年两次修改之后，我国职务发明制度界定的二元体系一直保持，奖励报酬部分也一直伴随职务发明的界定，只不过从 1985 年的“奖励”变成了 2001 年的区分“奖励”和“报酬”。② 但是职务发明制度的大体框架和理念没有明显变动，基本上以第一部《专利法》中确定的思路为主。

(三)经济社会发展使得运行成本问题更为突出

《专利法》前两次的修法中对上述实施难度和成本风险已经有所关注，允许双方对归属

① 陶鑫良、张冬梅：《我国职务发明奖酬法制沿革及其合理改革讨论》，载《中国发明与专利》2018 年第 8 期。

② 1985 年正式施行的我国第一部《专利法》就规定了职务发明制度，包括第 6 条和第 16 条。第 6 条基本奠定了我国职务发明制度的二元界定的基本框架：执行本单位的任务或者主要是利用本单位的物质条件所完成的职务发明创造，申请专利的权利属于该单位。第 16 条虽然没有采用“奖励报酬”的称呼而统一采用“奖励”，但也基本确定了奖酬的基本模式，即专利权归单位后的奖励和实施发明产生经济价值后的报酬。2001 年我国《专利法》第二次修改，职务发明制度有所调整。其中归属制度部分最主要的变化在于用“单位”统一了所有企业类型，并将“物质条件”细化为“物质技术条件”，同时允许双方进行合同约定。而奖励报酬部分的变化在于区分了奖励和报酬。与之配套的《专利法实施细则》则变动明显，在提高最低标准的同时，采用“下有保底，上不封顶”的模式。2008 年我国《专利法》第三次修改时并没有对职务发明制度进行改动，但是《专利法实施细则》中引入了“约定优先原则”，并且提高了职务发明专利授权后的一次性奖励标准。

和奖酬进行约定，不仅有利于提高效率，还顺应了创新创造社会化的大趋势。但是，自2001年《专利法》职务发明制度改动以来，社会经济状况再一次发生深刻变化，职务发明在这样的新时期下继续按照原有的理念思路运行，不可避免地会产生问题。

首先，在以雇佣关系为基础的带有职务工作色彩的发明创造活动中，单位、员工是处于一个紧密合作的状态，这种紧密合作体现在员工在发明创造过程中对于单位提供的物质技术条件的利用上。这就使得在这样一个发明创造环境之中，准确界定员工对物质技术条件的利用程度，并以此为基础判断是否属于“主要利用”变得十分困难。其次，社会化生产使得一项产品的生产制造并不只是一两项技术的简单叠加，往往需要多方主体参与，并整合多种技术，这在智能仪器的制造上体现得特别明显。多种发明创造的集合使得区分出每一项发明创造的价值并非易事。而且，在一项产品成功推向市场之后，其所取得的经济效益更是受多种因素影响，既包括产品自身的技术条件，也包括品牌影响力以及宣传推广的效果。因而这些因素往往是更加复杂地融合在一起。因此，要从经济收益中剥离出技术贡献价值，并且在复杂的技术构成中剥离单个职务发明创造的贡献价值，不仅需要大量的信息搜寻成本，而且在计算过程中也难以保证计算的准确性。最后，创新过程具有复杂性与协作性，在多位参与人共同参与的情况下，确定每位职务发明人对每项职务发明的贡献程度将绝非易事。比如说一项职务发明之中，一位发明人提供了构思并设计了方案，另一位发明人负责进行操作和实验，在没有明显证据的情况下，很难区分构思和实操孰轻孰重，即使有，也很难实现区分的准确到位。比如一些发明需要每位参与的发明人在一套流程中进行分工，这种情况虽然能够对每个参与的人的工作量进行比较，但是量的多少不一定反映贡献程度，因此比较出来的结果不一定能够真正公平合理。最终可能降低每个参与者的合作效率，因为他们都希望自己的利益能够最大化。①

因此，形成特定社会经济创新条件下的创新成果分配的职务发明制度，如果不能与新的社会分工和社会运转情况很好地适应，将会产生新的困难，不仅会降低实施的效率，而且会增加额外的制度运行成本来实现预设的制度效果。

四、职务发明制度运行成本优化的思路选择与考量因素

（一）职务发明制度运行成本优化的思路选择

要对职务发明制度的运行成本进行优化，首先要明确优化的基本方向，找准成本问题出处。如前文所述，职务发明制度是对员工利用单位物质技术条件所完成的发明进行的一种分配，然而，在一个发明创造完成的过程当中，员工的智力付出和单位的物质技术贡献不是简单的相加。要准确而又公平地确定这类发明创造的归属，并非易事。“主要利用”作为一种标准和方法，有其合理性，但是如何判断以及如何确保判断的准确性显然是无法回避的困难，而这正是导致制度运行成本较高的主要原因。另外，当员工的付出变成归属单位的成果后，必然需要有一套补偿制度来平衡双方利益，奖励和报酬制度的作用正在于此，但是如何

---

① Richard C. Witte; Eric W. Guttag, Employee Inventions, *J. Pat. & Trademark Off. Soc'y*, Vol. 71, 1989, p.474.

公平合理地确定数额又是一个无法回避的困难,当创新创造过程越发复杂,团队化参与越发主流,技术的叠加和组合越发成为产品核心竞争力之后,上述困难将进一步放大。当无法更加准确,更加公平,更加匹配每个发明人的实际贡献度,就需要额外的管理成本和纠正成本。因此,具体细致化的计算方式是成本问题的源头。因此,要优化职务发明制度的运行成本,必须从“主要利用”的判定标准和细致化的计算方式这两个问题症结出发。如何改良利用单位物质技术条件完成的发明创造归属,或者能否通过其他方式减少判断的操作困难,是对职务发明界定归属规则的运行成本进行优化的出发点和落脚点。然后,奖励和报酬的数额确定与员工利用本单位物质技术条件完成的发明归属密切相关,只要加入了员工创造性智力付出的发明创造一旦归属单位,就需要有一定的补偿来平衡单位和员工,需要进行具体的计算。因此,如何通过改良这样的计算方式,能否减少这种计算方式的实施困难,是职务发明奖励报酬制度运行成本优化的出发点和落脚点。

目前来看,有三种针对上述问题的优化思路:

思路一是在顺承原有规定基础上提高该界定与计算方式的可操作性,降低实施困难。这种思路直观表现为通过对“主要利用”的解释以及增加计算方式的指引性内容,以提高制度内容的明确性和指向性,让制度更清晰可行,便于操作。多年来,我国一直在按这个思路进行努力和尝试。在“主要利用”的界定上,无论是司法解释还是法院的裁判规则,都是希望尽可能地丰富“主要利用”的内涵,从而使人们能够尽量通过利用的内容、利用的方式、利用的程度、利用的效果等方面直接判断出是否属于主要利用。虽然一定程度上提升了职务发明判断的效率,但是司法实践中裁判思路的不统一,以及无法满足复杂的现实情况,都使得这样进行解释的尝试事倍功半,达不到理想效果。而在计算方式的设计上,从《专利法》和《专利法实施细则》的几次修改以及《职务发明条例》的起草历程来看,职务发明制度对于职务发明的奖励报酬计算方式的细化是越来越深入,结果导致计算方式也越来越繁杂。[①] 虽然有观点对此表示支持,认为虽然给予职务发明报酬具体量化规范的国家较少,但鉴于我国职务发明报酬实施的历史和现状,仍然需要坚持在我国职务发明报酬法律制度中继续保留和合理明确相应量化规范。定性又定量的方案应当是我国职务发明奖酬的最佳量化规范。[②] 但是也有观点指出,奖酬比例和数额的具体规定貌似科学合理具体,但实际上并不能反映不同地区、行业技术领域、企业主体以及发明的特定情况。在不同的行业、技术领域中、专利的作用价值存在巨大差异。现实中不可能有一个放之四海而皆准的标准,可以用来计算和衡量每一个商业成功中每一项发明创造及其他各因素所占的贡献比例。[③] 更重要的是,通过细化内容提高计算方式可操作性的思路,反而因为经济社会发展和创新环境变化导致了相反的效果。复杂的创新分工、运转、实施流程,让即使已经很细化的计算方式无法保证结果的准确到位,又进一步需要额外的预防成本和纠正成本,结果运行成本不降反增。

---

① 不仅定性,而且定比例,甚至还要求考虑专利的贡献度和每个人的贡献度。这种方式旨在更全面地保护发明人的利益,让发明人不仅获得最低限度的保障,还能获得在发明创造实现经济价值后额外的与其贡献相匹配的奖励。

② 张冬梅:《我国职务发明奖酬法律制度的改革与优化分析》,载《科技与法律》2017年第5期。

③ 安迪言:《我国职务发明奖酬制度缺乏科学性和可操作性》,载《电子知识产权》2009年第11期。

思路二是允许多种界定和计算方式存在，让不同的职务发明情境匹配不同的界定和计算方式，激发运行成本最优的组合。这种思路的直观表现为允许单位和员工对职务发明的归属、奖酬数额的确定进行约定。我国在2001年《专利法》中允许单位和员工就利用单位物质技术条件完成的发明创造进行约定，2008年《专利法》实施细则引入了奖酬"约定优先原则"，朝着这一思路不断前进。我国职务发明制度赋予单位和员工更大的自主空间，让单位和员工可以选择更具有操作性且更便捷的界定和计算方式，当双方之间通过自主约定的方式来确定发明创造归属和奖励报酬数额，"主要利用"的判定标准和具体细化的计算方式将可能被舍弃，双方无须进行大量的信息搜集，监督成本也会下降。双方可以根据单位的实际情况或者雇佣关系的特点约定哪种情况下利用单位物质技术条件完成的发明创造属于职务发明，是采取一次性的奖励报酬还是获得一定股权作为奖励报酬。相比于政府，公司对其所处的行业，所利用的技术以及每个发明人的情况都更为了解；相比于由法律统一规定的模式，由公司自主探索和运用奖酬计划，能产生更好的激励，使员工受益更多。[①] 而且约定不一定要求与贡献相匹配且不容易引发争议，适应地区、行业和发展阶段的特点，从而保证分配效果的可接受度，对制度运行成本的减少有一定的帮助。但是，职务发明制度之所以一直存在，是因为其仍然需要在双方没有进行约定的情况下提供一套规则实现单位和员工的利益平衡。在我国进行创新的主体，除了企业之外，还有相当数量的依靠财政拨款的科研机构和大专院校。这类主体中单位和员工的雇佣关系一般具有长期性、稳定性的特点，它们不像企业那样不仅自由选择空间大，而且追求效益和利润，对灵活性有更高的要求。对于一些院所而言，专利并不是科研工作的首要目标，它们对专利授权和实施产生的收益并不刻意追求，因而不一定会像企业那样愿意探索一种利益分配方式来激励创新和激发利润。因此，对于这部分单位和员工来说，虽然允许自由约定能够为双方提供多一种选择，但是法律的规定在双方利益平衡过程中依然具有重要作用。职务发明制度在我国现阶段发展中，依然具有独立存在的必要，虽然思路二能在一定程度上起到运行成本优化的积极作用，但是职务发明制度真正发挥作用的时候，其实是双方没有约定或者约定不明或者约定不受保护的场合，因此，只运用双方约定的替代思路来优化制度运行成本，并没有直面制度问题本身，起到的作用也很有限。

思路三是变更原有方式为更低运行成本的方式，即采取区别于当前制度规定内容的利益分配选择。这种思路直观表现为在规范层面作出调整，而不是寻求细化和解释，或者允许替代方式的并存。相比于第一种和第二种思路，第三种思路会更为冒险，但是对于成本问题的改进会更为根本，也更为全面，既不像第一种思路那样具有难以克服的先天障碍且容易在复杂社会分工运转中遇到瓶颈，也不像第二种思路那样没有直面问题而发挥作用有限。基于前述分析可知，利用单位物质技术条件完成的发明中，员工的智力贡献与物质技术条件的贡献紧密融合，因而区分主要利用和次要利用的方式会导致操作困难、判定不准，需要必要的预防和纠正措施，因而以此来界定发明创造的归属会引发制度运行成本的增加。而降低这一运行成本的直接方式在于，从制度上取消主要利用和次要利用的区分，从而直接减去区

---

① Robert P. Merges, The Law and Economics of Employee Inventions, *Harv. J. L. & Tech.*, Vol. 13, 1999, p.45.

分的实施困难,降低不确定性。同样,在奖励报酬计算的问题上,按照法律规定的方式计算导致了运行成本问题的产生,需要充足的信息作为制度运行的支撑,增加了管理成本,而且复杂的过程不利于准确的保障,会造成更多的争议解决成本。因此,降低这一运行成本的直接方式是减少按照法律规定的方式进行计算。

(二)职务发明制度运行成本优化的考量因素

除了主要思路之外,职务发明制度运行成本优化还涉及其他的因素需要予以重视和考量:

一是制度内部规定之间的协调。职务发明制度虽然包含职务发明的界定和奖励报酬的计算两部分,但是这两个部分不是割裂的,二者是在一个分配体系下具有承接、补充关系的。职务发明的界定会对奖励报酬的计算产生一定的影响:当发明人利用了单位物质技术条件进行发明创造,所完成的发明就包含单位的贡献和员工的贡献,若该发明创造被视为职务发明,则单位通过奖励报酬补偿员工;若该发明创造不视为职务发明,则员工获得申请专利的权利。因此,在进行优化探索时,应当考虑二者之间的关系,考虑如何界定对后续奖励报酬计算适用的影响。

二是与立法本意和立法追求相契合。制度运行成本的优化尽管是法律的重要追求之一,但是效率本身的实现不得牺牲法律制度的立法本意。否则,该法律制度可能会因此"变味",导致立法的价值偏离或者丧失,而这显然不是制度运行成本优化所希望看到的。因此,优化探索需要在职务发明制度的基本框架下进行。如前所述,我国职务发明制度对单位的角色有特别的考量,数次修法的历程以及《职务发明条例》的起草都充分体现了这样的立法本意和立法追求。因此,无论是确定利用本单位物质技术条件完成的发明的归属,还是确定就特定发明创造单位需要向员工支付的奖励报酬,都需要在遵循原有价值选择的思路基础上进行。与此同时,职务发明制度的目标定位依然是合理地确定归属和分配利益,因此在改进该规则时,依然需要把握好发明人一方在实现发明创造过程中的贡献和单位一方在此过程中投入的物质技术内容以及为此而承担的风险之间的平衡,尽可能地减少争议和纠纷发生的概率,并通过制度反激励的视角,分析单位或者员工的可接受度。

三是与经济社会发展的形势与变化相衔接。职务发明制度的运行成本问题不仅和制度本身的内容设计有关,也和经济社会发展带来的变化有关。因此在成本优化的思路上不能只局限于制度本身,还应当着眼于当前经济形势与社会环境的变化以及由此形成的各种条件。事实上,经济社会的发展为制度运行成本优化提供了更多的选择,也创造了更多的可能,让制度内容本身的改进不再过于受到限制。就当前而言,更多的私营主体在扮演组织创新创造的角色,物质技术条件也不再像过去那样紧缺,创新环境更加的多元化,使得创新模式也变得更加的多样化。另外,员工和单位之间的关系也不再像过去那样单一和固定,灵活、多样的雇佣选择是当前的主流样态。因此,成本优化的思路应当是综合的、全局的,是能够有效利用和发挥经济社会发展带来的优势。

五、职务发明制度运行成本优化的具体路径

(一)利用本单位物质技术条件完成的发明创造为职务发明

制度运行成本优化探索的第一步是不再以“主要利用”为标准进行职务发明界定,即将利用本单位物质技术条件所完成的发明创造归属于单位或者发明人一方,只要通过证明发明创造的实现过程中曾经用到了单位的物质技术条件,即可确定该发明创造上申请专利的权利归属。相比于“主要利用”,这种“是否利用”的归属判定减少了一系列的信息成本和管理成本,也减少了后期争议发生导致的诉讼、调解、协商成本。也许会有质疑认为这样的安排不尽公平合理,没有顾及单位和员工各自的投入,但是制度的设计会给人一种指引,清晰的权属界定带来的后果不是纷争,而是双方尽可能地避免纷争。无论是归属单位还是员工,另一方都会尽可能地减少在此种发明创造上的投入,避免不必要的付出。另外,单位和员工并非只有法律设定一种分配模式,他们依然可以在自主协商的基础上达成新的一致,以实现二者的利益平衡。在《专利法》第四次修改的过程中就曾经进行过类似的尝试。[①] 内容是只有执行本单位的任务所完成的发明创造才属于职务发明,主要利用本单位物质技术条件所完成的发明创造,将不再被认为原始上属于职务发明。而且通过清晰界定利用单位物质技术条件所完成的发明的原始归属以及通过约定方式予以变更的可能性,降低争议发生的概率,减少因争议解决所产生的各种成本。然而最终在修订草案中,这些修改都被删除了。因此,如果按照不再通过“主要利用”进行归属确定的思路,那么对于利用单位物质技术条件的发明创造的归属,有两种方案可以进行选择,一种是归属单位,另一种是归属员工。两者都能在一定程度上起到优化运行成本的效果,那么该如何选择呢?

将利用单位物质技术条件所完成的发明归属于单位,与立法本意更为贴合,是对单位在现代化创新创造过程中的作用的肯定。虽然有可能会表现出对发明人贡献不够重视,但是这一方面可以通过单位与发明人之间的奖酬和补偿机制进行弥补,另一方面如果是发明人自主的创新创造行为,发明人可以通过利用其他的物质技术条件来实现发明创造,而非本单位的物质技术条件,从而避免与单位产生利益纷争。另外,当利用物质技术条件所完成的发明创造归属于单位时,单位会毫无保留地提供物质技术条件,以供发明创造之需,职务发明的优势才得以发挥,具有更大风险承受能力的单位通过更多的物质技术投入,获得更优质的发明创造成果,单位作为社会创新推动者的角色正在于此。发明创造的价值实现有赖于一定的经济技术基础,单位相比于个人,有更好的条件将发明创造投入生产使用之中,也能比个人获得更多的收益。[②] 从防止资源浪费、保障创新创造有效进行,以及激励发明人开发高质量成果并积极实施利用的目的来看,将利用物质技术条件所完成的发明创造归属单位效

---

① 在国务院法制办公布的《送审稿》中,第 6 条删除了现行第 1 款“主要利用本单位物质技术条件所完成的发明创造为职务发明创造”的规定,保留“执行本单位的任务所完成的发明创造为职务发明创造”的内容,并将其单列为第 1 款。同时《送审稿》第 6 条还在原《专利法》第 6 条第 3 款的基础上增加“没有约定的,申请专利的权利属于发明人或者设计人”的内容,增加后的原第 3 款成为《送审稿》第 6 条规定的第 4 款。

② 孙春燕:《职务发明制度的合理性——以经济学为视角》,载《知识产权》2012 年第 4 期。

果更佳。

相反,《送审稿》的思路虽然有成本优化功效,但是这些变化对于职务发明的制度理念而言是转向性的。[①] 从生产、发明的组织形式来看,雇佣关系这种形式的出现意味着创造者通过领取工资获得生活保障,获得发明活动所需要的物质技术条件,并消除了发明失败的后顾之忧;[②]单位作为一种组织形式,在现代化的创新创造过程中发挥更加重要的作用,它们是机会的创造者、条件的提供者、风险的承担者,通过他们的组织、运营模式,更多的发明力量可以被聚集,更复杂更棘手的发明工作才可以展开。因此,如果忽视了这一点,将利用单位物质技术条件所完成的发明创造归属于发明人,会导致与我国职务发明制度价值取向的背离。另外,将利用物质技术条件所完成的发明创造归属于发明人会导致发明人为了争取自身利益,不加限制地使用单位的物质技术条件。单位的物质与技术资料在客观上表现为单位合法所用的动产、不动产和智力财产。上述做法为发明人侵犯单位合法财产权与不当得利的行为完成发明创造带来了事实上的可能,具有造成企业财产损失、引发国有资产流失等一系列潜在危害。[③] 另外,发明人利用单位物质技术条件所实现的发明创造,因为前期投入少或并未直接与自身利益挂钩,可能是质量不高的成果,同时也不积极寻求实施利用,那么结果很可能是造成了资源浪费。单位为了防止损失,会减少对物质技术条件的投资,或者对物质技术条件进行严格的管制。这种缩减和管控甚至可能影响工作必需的发明创造的进行,这些限制不利于有实质性进步的创新的实现。

将利用单位物质技术条件完成的发明创造视为职务发明,是否会减少对员工们进行创新的激励呢?缺少了一定的物质技术条件,私人创新活动是否会受到很大影响呢?从当前经济社会发展的特点来看,这样的担忧并不存在,法律本质上是一套能够影响人们行为的规范和指引,也就是说,人们在决定选择自己的行为时,会顾及法律条文对自身的约束或者激励。[④] 发明人如果想要进行自己的发明创造,会选择不用单位的物质技术条件,又或者与单位进行约定以有偿使用单位的物质技术条件,从而由发明人自己去承担发明创造的风险和对比预期收益和所需成本。相比于二三十年前,当前社会的创新基础更好,社会上出现了越来越多的创客空间。与过去那种物质技术条件紧缺发明人进行发明创造只能依赖于特定单位的情况相比,现在具有发明创造想法的"创客"们可以同各种创客空间和创客实验室来完成自己的发明创造。[⑤] 而且,很多高校和科研机构,也在寻求提高实验室利用率的举措,其

---

① 陶鑫良:《职务发明性质之约定和职务发明报酬及奖励——我国专利法第四次修订中有关职务发明若干问题的讨论》,载《知识产权》2016年第3期。

② 和育东:《美、德职务发明制度中的"厚雇主主义"趋势及其借鉴》,载《知识产权》2015年第11期。

③ 谢地:《试析我国职务发明构成要件的再修改思路》,载《电子知识产权》2018年第2期。

④ 史晋川:《法律经济学趣谈》,江苏人民出版社2014年版,第62页。

⑤ 以柴火空间为例,柴火创客空间成立于2011年,寓意"众人拾柴火焰高",2015年李克强总理到访并成为柴火荣誉会员。柴火提供原型开发的专业设备和开放的协作环境,组织多元活动,聚集国际化创新人才,鼓励跨界交流,支持创意落地产品化,积极与本地的供应链协作,帮助创客快速实现"产品原型—样品—小批量制造—大批量制造"的全过程,推动创新技术与传统产业的对接,助力产业升级。柴火空间介绍,http://www.chaihuo.org/space/list,下载日期:2019年11月25日。

中之一就是以一定对价提供给具有发明创造需要的人。[①] 这种情况能够有效缓解将利用单位物质技术条件所完成的发明创造归属于单位之后发明人“无处进行发明”的局面。因此，利用单位物质技术条件所完成的发明创造归属于单位的做法更符合当前经济社会发展的特点。当然，将利用本单位物质技术条件所完成的发明创造认定为职务发明，并不意味着单位和发明人无法就此种发明进行约定。职务发明制度仍然应该遵循双方约定的优先原则，将选择权和决定权赋予单位和发明人。

（二）单位对利用本单位物质技术条件完成的发明有权决定是否给予奖励报酬

奖励报酬一定程度上是对职务发明归属后的一种二次分配，因此，减少需要二次分配的发明创造有助于减少对细致化的奖酬计算方式的适用，从而优化奖励报酬规则存在运行成本问题。利用单位物质技术条件完成的发明创造为职务发明的做法，让判断是否属于职务发明，不再需要区分是否“主要利用”，这样的积极效果是能够避开在员工利用了单位物质技术条件的情况下，判断是否属于职务发明以及属于职务发明之后对补偿员工贡献的计算问题。当然这一做法对职务发明界定的运行成本问题的优化是直接的，而对奖励报酬计算的运行成本问题优化则较为微妙。事实上，对于员工而言，它让这种补偿员工利益的奖励报酬从被动适用变为主动适用。

在原有的制度规定下，员工利用单位物质技术条件完成的发明创造是有可能不被视为职务发明，从而申请专利的权利归属于自己，也不需要进入奖酬计算的环节。但是，一旦员工的利用被视为“主要利用”，那么因为该发明创造为职务发明，而员工将被动接受奖酬的补偿。所以，在利用单位物质技术条件的创新过程中，进行奖酬计算的概率很高，因为员工难以预知是否属于“主要利用”而控制自己的行为。换言之，当存在员工利用单位物质技术条件进行发明创造时，就有可能要按照奖酬内容进行计算，也就有可能会增加制度运行成本。然而员工又愿意去利用单位物质技术条件进行发明创造，因为只要不是“主要利用”，发明创造之上的申请专利的权利就能归属自己。这样的侥幸心理会在一定程度上让适用奖酬计算补偿员工的情形增多，也加大了制度运行成本增加的概率。然而，不再区分主要次要而利用单位物质技术条件将统一视为职务发明之后，员工对其行为的后果就有了更准确的认知——使用就只能获得奖酬，不使用才能获得申请专利的权利。此时，是否会适用奖酬的计算，以及是否会因此增加制度运行的成本，是可以由员工来预判的，从而在一定程度上形成一种对制度运行成本增加与否的控制。

然而，员工是否会愿意选择不利用单位物质技术条件，从而导致不需要进行奖酬补偿的情形发生呢？此时就是需要在规范层面采取进一步的做法，即明确单位对利用本单位物质技术条件完成的发明创造有权决定是否给予奖励报酬。这一做法的功能在于，当单位决定不对利用本单位物质技术条件完成的发明创造给予奖励报酬时，员工将无法从该发明创造中获得利益，在理性经济人的假设下也就不会有动力去利用本单位的物质技术条件来进行发明创造。由此，适用奖励报酬的规定内容进行计算的需要就大大降低了，至少只在利用单

---

① 各大高校的场所、设备等资源丰富并且开放，为创客空间的建设提供了很多便利的条件。在我国很多高校已经建设了创客空间，不仅具有很多制作的传统设备，还具有很多数字化的新设备，如激光切割机、打印机等。

位物质技术条件完成发明创造这种类别当中,从而在一定程度上降低因按照制度的方式进行计算所产生的一系列制度运行成本。

也许有人会认为这样的做法会导致单位与员工之间利益的失衡,让职务发明制度丧失公平合理性。事实上,这一做法并非僵硬,单位是有选择权的,而这种选择权最大的作用在于促使单位和员工在进行发明创造之前,就对各种情形进行清晰的约定,相当于推动单位和员工之间建立适宜于特定行业、地区、雇佣关系特点的利益分配方式,而这样的方式相比于法律的直接规定往往具有更佳的运行成本效果。职务发明制度采取这一做法,其实是在指引员工,让员工尽可能地清楚自己在从事发明创造工作时的利益分配状况,而不是像原来那样,为员工提供一种心理保障:反正利用单位物质条件完成发明都不吃亏,要么申请专利权利归自己,要么获得奖酬补偿。从这一角度来看,职务发明制度不应该只是行为后果的处理,而可以扮演行为指引的角色。实践中虽然会有可能因此出现员工利益得不到保障的情形,但是职务发明制度要想在治理现代化的进程中发挥积极作用,则必须适当地调整效果追求;否则,法律的规定会成为双方利益博弈的隐性限制。约束双方的约定依然作为主要的奖励报酬参考形式,那么现代化的灵活、科学、高效的分配方式将难以被探索出来,更难以对创新发展发挥积极的反作用。因此,制度变更或许会调整原有效果,但是在保证积极作用的同时,应尽可能地将原有效果的偏离控制到最低,也是可以接受的做法。

然而,法律不设置为员工在利用单位物质技术条件下完成发明创造的最低保障,是否会导致单位和员工在谈判中的地位不平等,反过来使员工的利益得不到保障呢?其实,社会经济的发展变化,让单位和员工之间的地位不像以前那样倾斜。在过去由于信息堵塞现象严重,市场欠缺规范,单位和雇员的法律风险意识和知识产权保护意识有所欠缺,所以职务发明奖励报酬得不到保障的情况时常发生。而且员工之所以处于较为弱势的地位,原因在于具有一定的物质技术条件并能够提供发明创造工作岗位的单位较为稀少,大多数是国有企业和公立科研院所,因此,发明人可选择的余地其实不大。但是随着经济社会的发展,从事技术创新的主体逐渐增多,越来越多的外资和民营企业需要技术人员从事发明创造的工作,因此,单位与发明人之间的关系逐渐还原为双向选择关系,这使得发明人在和单位就职务发明奖励报酬进行谈判和博弈时不至于处于绝对下风。在知识经济和全球化的时代,创新能力成了决定企业竞争力的关键要素,而影响创新能力的则是技术开发人员的能力和水平。为了吸引优质的技术开发人员,很多企业不仅提高了工资待遇水平,而且通过形形色色的奖励制度回报作出突出贡献的员工。因此,让单位和员工达成灵活的、多样化的分配方式更符合现行经济发展的需要。

结　论

职务发明制度作为专利法中的一个重要的制度内容,一直努力在发明人和单位之间寻求合适的利益平衡点,但无论是通过区分主要利用和次要利用的方式判定职务发明的归属,还是通过具体化奖励报酬数额计算体系使之保障发明人、设计人的利益,都存在较高的制度运行成本。从更好地优化制度运行成本的角度来看,应当将利用本单位物质技术条件完成的发明确定为职务发明,不再区分主要利用和次要利用,避免了因界定和归属困难导致的较

大的制度实施成本和维护制度实施的成本。这一方面有利于防止单位的合法利益受损，保障单位在组织创新和承担风险上的贡献；另一方面也不阻碍发明人或者设计人的创新，因为创客空间的设立和一些科研院所的实验室开放能够为发明人或者设计人有偿提供条件。另外，单位对利用本单位物质技术条件完成的发明有权决定是否给予奖励报酬，通过促进员工和单位之间形成利益分配方式的约定，减少对原有的奖酬计算方式的应用，不仅更符合探索现代化的灵活、科学、高效的分配方式的需求，也能因单位和员工的双向选择空间的加大而具有更好的运行活力。

域外视角

非美国企业启动337调查的国内产业要件研究

徐弘光*

摘　要:337调查不仅是美国公司能够使用的诉讼途径,非美国企业也能够启动并利用337调查,成为在国际间寻求专利救济的途径。汇整美国国际贸易委员会过往裁定,337调查要启动且立案,首先必须符合国内产业要件。在美国若没有设备与厂房的公司,可以主张337调查中的"许可活动"来满足国内产业要件最为有利。若能启动337调查,其产生的压力与许可谈判额筹码,将大幅地超越传统上在美国联邦地方法院的专利侵权诉讼。全球化经济结构体下,高科技企业,除了技术创新、模式创新外,更应透过适当与专业的专利许可活动,主动采取作为,在国际间寻求专利权的救济与专利应有的价值。

关键词:《美国关税法》第337条;国际贸易委员会;专利许可;国内产业;非营运实体

Licensing Activity to Meet the Domestic Industry Requirements of 337 Investigation for Non-US Companies

Xu Hongguang

Abstract: The 337 investigation is not only a litigation path that can be used by US companies with equipment in the United States, but non-US companies can also initiate and use the 337 investigation to seek patent relief in the international dispute with competitors. From the past ruling of the US International Trade Commission, 337 investigations must be initiated, first of all, only if it meets domestic industrial requirements. Companies in the United States that do not have equipment and plants can claim the "licensing activities" in Section 337(a)(3)(C) to meet domestic industrial requirements. If the 337 investi-

---

* 徐弘光,厦门大学知识产权研究院博士研究生,铵田智权有限公司总经理。

gation can be initiated, the pressure and the bargaining chip will significantly exceed the patent infringement lawsuit in the Federal District Court. Under the global economic structure, high-tech enterprises, in addition to create technological innovation and to innovate the business model, should take the initiative to seek the remedy of patent rights and the value of patents in the international competition.

Key Words: U.S. Section 337 of Tariff Act; International Trade Commission; Patent Licensing; Domestic Industry; Non-Practicing Party

在国际专利侵权的案例中,如美欧等反垄断诉讼、知识产权诉讼,被告在诉讼中所需支付的律师费、损害赔偿或许可费用,往往会影响公司的经营、获利甚至是存亡。然而,非美企业在美国提出反制诉讼或原告诉讼案件的数量,占比仍然非常低。尤其在美国337调查中,成为原告者为少数。

在全球化经济结构体下,许多厂商在美国境内设有子公司、分公司、分支机构或工厂,事实上这些厂商是有机会开启并使用337调查程序的。对于在美国境内并没有实际生产活动的公司,要如何开启并使用337调查程序,本文期望能对此议题进行探讨。

一、何为进行337调查

《美国关税法》第337条(以下简称"337条款"),自始带有强烈的贸易色彩,以保护美国国内产业(domestic industry)对抗外国企业,以防止外国以"不公平的竞争方法或行为"损害美国国内产业的竞争力为其重要使命。美国国际贸易委员会(International Trade Commission, ITC),其职权系基于337条款而来,其赋予美国国际贸易委员会可就美国知识产权人提出之被告,其所进口或贩卖侵权物品至美国之行为进行调查,提供美国知识产权人在联邦法院以外的法院寻求救济的方式。[①] 传统上,美国知识产权诉讼,专利与版权的侵权诉讼由联邦法院专属管辖,而商标与营业秘密诉讼则可以选择到州法院或联邦法院提起诉讼。不过,当"进口美国货物"有涉及专利侵权、商标侵权、版权及营业秘密侵害时,知识产权人均可以声请美国国际贸易委员会进行调查。相较于到联邦法院或是州法院寻求救济,向美国国际贸易委员会提起诉讼,相对于州法院更具有经济性与时效性之优点,使得许多知识产权人选择于美国国际贸易委员会提起诉讼。

美国最高法院于2006年在eBay,Inc. v. MercExchange案(以下简称eBay案)中作出判决。[②] 它重新修改了在美国地方法院提起的专利案件中获得永久禁令的标准。在本案之前,一旦确认专利侵权,会假设对原告会造成无法弥补的损害,这使得授予永久性禁令成为理所当然的判决。在eBay案之后,非营运实体(NPE)在美国地方法院获得禁令变得相当困难。因为非营运实体通常没有制造产品,因此不再认为专利侵权对专利权人造成了不可

① 叶云卿:《专利诉讼的管理基础系列I——浅谈ITC专利诉讼》,http://www.naipo.com/portals/1/web_tw/Knowledge_Center/Expert_Column/Expert-5.htm,下载日期:2019年11月15日。

② eBay, Inc. v. MercExchange, L.L.C., 547 U.S. 388 (2006).

弥补的损害。为了能够寻求禁令,国际贸易委员会的337诉讼,将是一个有效的争议解决体系。在337案件中,不判给金钱损害赔偿,因此排除令与禁令,是对专利权人的唯一救济措施。禁止进口侵权产品进入美国的排除令,无须证明造成无法弥补的损害就可以签发。

根据美国的《行政程序法》,各个从美国国际贸易委员会展开的337调查,从证据听证会,以及听证会后的简报,都是由行政法法官(administrative law judges)来主持的。在美国国际贸易委员会决定开启337调查时,被指派的行政法法官将根据卷证记录、双方论点作出包含事实认定及法律结论的初审裁定(Initial Determination, ID),如果委员会不予覆审,则初审裁定即成为委员会的终局(审)裁定(Final Determination, FD)。

选择透过337调查来寻求救济最主要的原因是,美国国际贸易委员会,就排除令的颁布与否具有独立决定权,能直接透过美国海关及边境保卫局(U.S. Customs and Border Protection,CBP)立即停止侵权行为。美国国际贸易委员会能对指定的公司,以及其他从事违反337条款的行为人作出停止及禁止销售令(cease and desist order),对于先前已进口的侵权产品,发布停止/禁止在美国国内流通、贩售的效力。

二、发动337调查的优点

(一)更强而有力的禁制令

透过美国国际贸易委员会进行诉讼,虽然无法给予控诉方金钱赔偿之判决,但美国国际贸易委员会可以颁布排除令(exclusion order),其效力能够禁止被告的产品输入美国。亦可以颁布制止令,禁止被告对已经输入美国的侵权产品贩卖、使用、散布。在州法院进行侵权诉讼,需要对案件进行"四要素检验法"。只有满足四要素检测法,州法院才认为发出禁制令是适当的决定。[①] 反观美国国际贸易委员会在颁布排除令与禁制令时,并不需要满足四要素检测法。[②]

(二)快速的诉讼程序

337调查极为迅速,在州法院提出诉讼之后,9~12个月才会举行类似听证会的程序,更别说整个诉讼时程以年为单位计算,现行的美国专利诉讼,平均要30个月才会进入审判程序。反观美国国际贸易委员会,一般而言,终局(审)裁定必须在15~16个月内完成。[③] 由于这是法规制定的审查时间表,因此,以往被诉方在州法院,常用各种手段,来推迟或展延庭期在调查案中是不可能的。

(三)即时且严重的威胁

美国国际贸易委员会的诉讼时程是非常紧凑的,在诉状上的准备一般而言要求也比联邦法院的起诉标准更高,而控诉方有机会在提出控诉前去充分准备,对控诉方而言绝对是有利的。反观被诉方,必须被迫在紧凑的时间内对搜证程序作出回应,同时还要面对被下达排除令的威胁,所背负的压力是非常难以负荷的。

---

① eBay Inc. v. Merc Exchange, L.L.C., 547 U.S. 388 (2006).

② Spansion v. Int'l Trade Comm'n, 629 F.3d 1331 (Fed. Cir. 2010).

③ Box, Typical Timelines: Section 337 Investigation Versus District Court Litigation.

（四）不局限于美国企业

能够开启并使用337调查的公司，控诉方不局限于美国企业，如不在美国当地的企业，无生产且无实施专利产品的公司。例如，非营运实体的商业模式着重在于“购买专利”、“许可专利”及“主张专利”知识产权运营公司。

三、337调查与联邦地方法院诉讼的差异

通过对比337调查与联邦地方法院的诉讼，主要差异汇整如表1，其中差异最大的莫过于337调查必须审查控诉方是否具有“国内产业”。

表1　337调查与联邦地方法院诉讼的差异

诉讼要件	337调查	联邦地方法院
诉讼主体	控诉方 & 被诉方对于公共利益的影响	原告 & 被告
法官	6位行政法法官之一	有管辖权之法院法官
司法管辖权	对进口美国货品的物之管辖权	法院须对双方都有司法管辖权
国内产业要件	所有原告必须证明在美国的产业与系争专利有关(专利权人才能为原告)	无要求
程序依据	美国国际贸易委员会 程序法规	联邦民事诉讼程序
反诉	不可以，但可以同在337调查中另提新案	可以
对搜证证据作出回应	10天	30天
对动议提出回应	10天	2～4周
解释专利范围	通常不会单独举行，而是在听证会时一并解释	专家报告、简易判决之前
证据审判或听证会	由ALJ主持	法官和陪审团面前
审查时程	15～18个月	2～3年
救济程序	排除令/禁制令	损害赔偿，禁制令(不易取得)
审判决定	初审裁定(ID)如果委员会不予覆审，则ID即成为终审裁定(FD)	陪审团判决或书面判决以及法官的事实调查结果
上诉	联邦巡回上诉法院	联邦巡回上诉法院

四、国内产业要件

根据前面段落的介绍,依据 337 条款之规定,美国国际贸易委员会之 337 调查的主要目的是,当发生违反知识产权之方式或其他不公平竞争行为时,将对美国国内产业造成损害,此时会立即禁止或排除这些进口商品。判定侵权成立,可以让权利人获得排除令、[①]停止与禁制令[②]等救济手段,故,是否符合“国内产业要件”[③]相当重要,而常成为双方攻防的重点。否则即使判定侵权,若不具国内产业要件,也无法发布排除令。

美国国际贸易委员会决定是否启动调查,控诉方须建立下列事实:(1)是否具有侵害有效专利或其他财产权之不正当行为;(2)进口被诉产品到美国,或是贩卖进口被诉产品,又或是进口后贩卖被控产品之行为;(3)所争执的权利,必须是在美国境内有产业存在或正在建立产业。[④] 在实际案例上发现,337 调查是否启动,关键要件往往在于能否证明国内产业存在。

为了便于认定产业是否存在,或是否具有实体经济活动,需要满足三项检测要件,来验证相关美国国内产业是否存在:(1)在美国境内,与受专利保护之产品相关而存在设施/设备的显著投资;(2)具有显著的劳动雇佣与资本使用;(3)就权利之利用存在实质投资,包括从事工程、研发、许可等活动。

美国国际贸易委员会将之区分为“经济要件”(economic prong)和“技术要件”(technical prong)两个面向。以上三项检测属于经济要件,实务上只需满足其中任一要件即可。从判例上若原告主张国内产业,则可免去技术要件的检测,以及免于机密商业资讯流露。对于不在美生产、雇用大量劳工的厂商,也能有机会满足国内产业的要件,以下即以讨论本“经济要件”为重点。

在 1988 年对 337 条的修正案,允许非制造活动(如许可活动)而进行的投资,只要说明这些活动具有实质性,且为满足美国国内行业需求。但是,该修正案的立法历史清楚地表明仅在美国进行“营销和销售”还是“仅拥有专利”是不够的。In the Matter of Certain Digital Satellite Systems (DSS) Receivers and Components (2001)案说明了非专利营运实体之所以能够适用 1988 年修正案,来证明其符合国内产业要件,是因为它雇用了五名员工负责与被许可人进行谈判的业务,并且该公司“发生了大量与专利权诉讼有关支出”。在本案例后,非营运实体可以在联邦贸易委员会,通过证明他们进行了“大量投资”并雇用了人员来进行许可活动,进而获得美国国内产业的支持。

---

① 19 U.S.C. § 1337(d)(1).

② 19 U.S.C. § 1337(f)(1).

③ 19 U.S.C. § 1337(a)(2).

④ Barry L. Grossman and Gary M. Hoffman Ed., Patent Litigation Strategies Handbook, 2005.

表 2 提起 337 调查的主体类型统计

年度	337 案件总数	一般公司	非营运实体（1）	非营运实体(2)
2006	15	14	1	0
2007	35	30	4	1
2008	41	34	6	1
2009	31	23	4	4
2010	56	46	6	4
2011	69	56	4	9
2012	40	27	6	7
2013	42	33	3	6
2014	39	36	0	3
2015	36	34	0	2
2016	54	49	4	1
2017	59	49	7	3
2018	50	43	6	1
2019 前三季度	34	28	3	3

非营运实体，并不生产产品，因此其在满足国内产业的要求上，或有外国公司可参考之处，根据国际贸易委员会所公布的资料，近年来，非营运实体自 2006 年 eBay 案件后，有上升的趋势。没有公认的非营运实体定义。为了进行分析，委员会使用以下类别收集了数据。第一类非营运实体：不生产具有所主张专利的产品的实体，包括可能进行了研发或制造原型，但未制造所主张专利的产品并因此依靠许可来满足国内行业要求的发明人；诸如大学和实验室之类的研究机构不生产专利所涵盖的产品，因此依靠许可来满足国内行业的要求；具有知识产权但尚未生产出具有专利权的产品的初创企业；以及其自己的产品未实践所主张专利的制造商。第二类非营运实体：不生产实施主张专利的产品，且其业务模型主要侧重于购买和主张专利的实体。

从美国国际贸易委员会在 2014 年之前的裁定中可以看出，若权利人是借由通过“经济要件”中的许可活动来主张国内产业要件，则将受到较为简单的检测。[①] 换言之，控诉方不需要证明自身或其被许可人有实施系争专利发明，只要证明其所举证存在的许可活动与系争专利之间存在“连结”即可。[②] 然而，2014 年的 Certain Computers and Computer Peripheral Devices，

① 19 U. S. C. § 1337 (a) (3). 19 *Interdigital Communications L. L. C. v. International Trade Commission*, 690 F.3d 1318, 1329-30 (Fed. Cir. 2012), reh'g denied, 707 F.3d 1295 (Fed. Cir. 2013).

② Certain Digital Processors and Digital Processing Systems, Components Thereof, and Products Containing Same, Inv. No. 337-TA-559, Initial Determination, 2007 WL 7597610, at *51 (May 11, 2007).

and Components案中,上述的见解被推翻,美国国际贸易委员会在本案中明确阐明,控诉方若要以系争专利存在许可活动来主张国内产业要件,则必须证明有受系争专利保护的产品存在。① 其后,美国联邦上诉巡回法院在Inter Digital案中也进一步阐明,若仅以许可活动来主张国内产业要件,337条款规定里却没有要求该受专利保护的产品必须在美国境内被制造生产。② 简单来说,2014年之后,当以许可活动来主张国内产业要件时,必须要能够证明确有受保护的产品存在,但该专利产品是否在国内生产则非必要。

综上所述,通过研发、工程设计、许可来满足国内产业要件,相较于厂房、设备、劳力及资金投入,前者要求相对宽松。外国厂商只要符合条件,即使未在美国境内设置厂房及设备,雇用劳工或投入资金,也有机会在美国国际贸易委员会提出337调查。正因如此,连在美国当地生产制造的美国公司,也都常以许可活动来作为符合国内产业的主张。

五、在美国没有生产活动/非美国企业,如何满足国内产业的要件

首先,虽然337条款并没有要求投诉方需为美籍企业,但所需满足的经济要件,对于非美籍企业往往难以达成。因为既然并非美国企业,往往在美国的投资活动,不容易达成要求:美国境内,与受专利保护之产品相关而存在设施/设备的显著投资;具有显著的劳动雇佣与资本使用;就权利之利用存在实质投资,包括从事实用化工程、研发、许可等活动。在这部分最具参考价值的当属非营运实体的权利主张实例,因为非营运主体,以专利的运营为主,有些会从事科研技术的开发、运用、许可,如大学与科研机构;有些非营运实体,甚至以购买专利,径行权利主张或收取权利金。通过案例分析,可以归纳两种最典型的方式,在美国没有生产活动/非美国企业,可以容易满足国内产业经济要件的方式。

首先,通过在美国进行的许可活动,因具有实质的投资,因此满足国内产业要求:大多数的非美国企业,在专利产品的研发、工程等活动,一般都在美国以外完成,因此若采用的是许可活动,是最有机会达成的。并且,当技术开发、专利申请、产品设计制造后,无法再回溯这一过程,但许可活动不同,许可活动能够在专利申请后,并在进行权利主张前进行补强。需要注意三点:第一,许可活动必须与专利相关或存在连结;第二,许可活动必须是实质的投资;第三,光有许可费的收入,却无法证明实质的许可活动投资仍是不足够的。

其次,通过被许可人,以满足国内产业要求,如被许可人在制造和研发方面进行了大量投资,则可帮助权利人满足国内产业要求。

先来看美国国际贸易委员会的过往判例。

(一)337-TA-640:Gertrude Rothschild

2008年2月19日,哥伦比亚大学教授罗斯柴尔德(Rothschild)向国际贸易委员会递交了337条的投诉,要求调查某些发光二极管芯片、激光二极管芯片和包含该芯片的产品,包

① Certain Computers and Computer Peripheral Devices, and Components Thereof, and Products Containing the Same, Inv. No. 337-TA-841, Commission Opinion, at 40 (Jan. 9, 2014).

② *Inter Digital Communications*, LLC v. International Trade Commission, 707 F.3d 1295, 1303-04 (Fed. Cir. 2013).

括蓝光DVD播放器、移动电话和其他电子设备，侵犯了她的美国专利(499专利)。罗斯柴尔德在诉状中声称她满足了该部门的国内产业要求，因为她在499专利的研发、许可和执施方面投入了大量资金。具体来说，罗斯柴尔德指称(1)她在美国地方法院的诉讼活动是为其专利取得许可“在执行她的专利和促进她的许可计划上成为一笔大额投资”，以及(2)她的被许可人在制造和研发方面进行了大量投资，足以满足国内行业要求。罗斯柴尔德请求就国内产业的议题作出简易裁定。被告认为，支付给进行许可谈判外部律师等的费用，不足以证明国内产业的法律要件，罗斯柴尔德并没有雇用员工，并不满足国内产业的要求。行政法律法官支持罗斯柴尔德并批准了她的动议，裁定中认定许可活动足以满足国内行业要求。行政法法官还发现，罗斯柴尔德在其专利许可计划中显示出大量投资的证据。通过支付与诉讼有关的法律费用和有关专利的许可。

由于其中一名被告提交申诉，要求美国国际贸易委员会重新审查行政法法官的裁定。美国国际贸易委员会同意对其申诉重新审查，并要求当事人双方说明四个问题，其中包括：(1)是否付款给外部律师，而进行的有关专利的开发和许可的行为被视为“投资”；(2)由内部员工或外部律师所进行“投资”是否有差别。不公平进口调查办公室(OUII)认为，如果付款给外部顾问的事实，能够具有国内产业法律要件，它将在法律上消除或改变国内产业的法律要件。

本案在继续开庭审理前，双方就进行了和解。美国国际贸易委员会终止了调查，但没有提供有关此问题的进一步裁定。

(二)337-TA-667,-673 Saxon Innovations LLC

萨克森(Saxon)是一家非营运实体，拥有五名员工，就其拥有的专利进行许可和诉讼，其专利涵盖以手持无线通信设备为主的产品。萨克森于2008年12月19日递状投诉。萨克森在美国国际贸易委员会提出了337条款投诉，主张被告涉及与手持无线设备侵犯三项不同的专利。萨克森主张它满足国内产业的要求，并依赖于被许可方摩托罗拉的活动，行政法法官支持萨克森的初步裁定，确定它已经建立了国内产业的要求，国际贸易委员会的随后裁定不予复审，批准投诉人的申诉已获得经济认可国内行业要求。说明了诉讼专利的被许可人摩托罗拉已经在实施该专利的产品上进行了大量投资，该专利使得萨克森能够符合国内产业要件。

被告曾抗辩，在美国国际贸易委员会提起诉讼之前，仅存在一个许可，且该专利再起诉时并未产生收入，因此原告依赖被许可人当前的“大量投资”，并不满足国内行业需求，且该许可协议已是十年前所签订，该协议赋予了摩托罗拉使用该专利的权利，但可能是交叉许可或用于一次性支付诉讼费用的许可。行政法官认为，若需要根据专利权人的许可活动来建立国内产业，则需要当时的收入来源，当申诉人依靠其被许可人的投资来维持其地位时，不需要当前收入。因此，由于萨克森许可并依靠摩托罗拉的投资来获得国内产业的要求，因此萨克森不需要自身的收入来源即可满足国内行业需求。

被告也抗辩，萨克森未能证明摩托罗拉投资和专利技术之间存在必要的联系。他们认为萨克森必须证明摩托罗拉的“大量投资”是特别与专利技术有关，而不仅仅是与声称实施所主张专利的产品有关。行政法官不同意此抗辩，因为其被许可方已对产品进行了大量投资以实施该专利后，行政法法官认定该专利具有足够的联系，使萨克森具备国内产业的要求。美国国际贸易委员会随后确认了行政法法官的简易裁定,即萨克森符合国内产业的要求。

(三)337-TA-694:Pioneer v Garmin[①]

2009年11月,日本先锋(Pioneer)公司及其美国子公司于美国国际贸易委员会要求展开337调查。被控对象是GPS导航大厂佳明(Garmin)公司及霍尼韦尔(Honeywell)公司之多媒体显示器、导航设备及系统与其零件,指称涉嫌侵犯了先锋所拥有的三项美国专利。且系争产品具有非法于美国进口、出售,并销售等侵权行为。先锋公司同时要求委员会发出永久排除令和永久停止命令。

2011年6月,委员会确认行政法法官针对先锋公司控告佳明公司案作出最终裁定,裁决佳明公司侵权不成立,并终止美国国际贸易委员会调查。在控诉方是否符合国内产业要件的认定上,裁定控诉人的投资证据,无法证明其许可活动与本案系争专利之间建立"连结",也无法证明其相关的投资证据是实质性的。

本案的核心问题在于:系争专利与其许可活动中的专利组合,该如何二者考量之间的"连结"强度。本案行政法法官明确了检测要件,以确定控诉方在其许可活动的投资与本案系争专利之间所建立"连结"的要件是否存在。[②] 此案例的检测要件也常被后续的337调查所引用,相关检测要件有以下衡量要素:系争专利与其专利组合的件数,系争专利与专利组合的权利项范围之比较,系争专利在许可专利组合中的重要性,系争专利是否为许可专利组合中的重要角色,系争专利是否曾成功胜诉过,系争专利是否与产业技术标准有关,系争专利是否为基础专利或在先专利,系争专利是否在美国境内有侵权或生产之行为,系争专利市场是否有其他公认其价值的方式,符合国内产业要件的被许可人是否要实施系争专利。

(四)337-TA-753:Certain Semiconductor Chips and Products Containing the Same[③]

控诉方兰巴斯(Rambus)公司以6件巴斯(Barth)或达利(Dally)为第一发明人的专利,控诉包含华硕、微星科技、联发科、技嘉科技等33家厂商。兰巴斯公司要求美国国际贸易委员会颁布禁止令,禁止上述公司上千种产品进口至美国。2012年3月,美国国际贸易委员会行政法法官作出初步裁定,裁决被诉方侵权不成立,且裁定6件专利全部无效。

本案控诉方也是以许可活动,来作为符合国内产业要件之主张,其中兰巴斯公司提供了三项证据:(1)整体许可计划投资金额数据;(2)包含达利及巴斯专利的组合,其许可金的收入数据;以及(3)就达利及巴斯专利家族许可契约签订的数目。用这三项证据来证明其在许可活动上的投资确实属于"实质性"的投资。然而,美国国际贸易委员会推翻以往的裁决,本

---

① Certain Multimedia Display and Navigation Devices and Systems, Components Thereof, and Products Containing the Same, ITC Inv. No. 337-TA-694, Comm'n Op. (Jul. 22, 2011), EDIS Doc. No. 456236.

② Litigation at the International Trade Commission_ Considerations if the Complainant Relies on a Licensing Domestic Industry_ Finnegan (2012).

③ Certain Semiconductor Chips and Products Containing the Same, ITC Inv. No. 337-TA-753, Comm'n Op.44-51 (Aug. 17, 2012), EDIS Doc. No. 488825.

案中不认同这样的证据。[①] 其认为，许可费收入可以是过去曾有许可投资的间接证据，但许可费本身并不代表许可的实质投资；[②]即便委员会几乎可以确定控诉方在系争专利上有许可投资，但就“未知数量的许可投资”，委员会无法判断该投资是否为实质。[③]

由本案可以归纳出，以许可活动来主张国内产业要件存在时，许可活动的证据必须要成立下面三点要件：(1)能够证明是在投资此许可活动；(2)此投资活动必须与系争专利有关；(3)在系争专利上的投资活动必须为“实质”投资。这件案例的出现，各界开始讨论，什么样的投资证据会被视为“实质性”投资。

接下来，将以美国国际贸易委员会 2017 年开始裁定案件来说明，若在美国没有生产活动/非美国企业的厂商，如何满足国内产业的要求。针对厂商以许可活动为主张，但使用“被许可人之投资证据”作为证据连结。

(五)337-TA-1025：Certain Silicon-on-Insulator for Wafers

在 2017 年，控诉方硅创公司(SciGen)是一间专门进行许可的非专利实施实体公司，主要是以制造 SOI 晶圆的专利为许可标的；硅创公司的许可对象包括太阳爱迪生(SunEdison)公司。控诉方硅创公司对普拉耶克公司(Soitec)提起 337 调查，指称普拉耶克公司进口侵权的 SOI 晶圆产品到美国。

本案当时加入了美国国际贸易委员会的 100 天速审计划，[④]委员会指示行政法法官优先审理本案是否符合美国国内产业要件的议题，检视非专利实施实体之控诉方硅创公司，其被许可人 SunEdison 在美国境内投资及开发应用系争专利活动的证据，是否满足国内产业要件。由被许可人在美国实施系争专利的投资行为，成为本案讨论的重点。

本案行政法法官初步审查的结果是肯认的。其初审报告中说明：(1)行政法法官认为专利权人用以证明符合国内产业要件的许可活动，不局限于自身的投资，即便仅有被许可人使用系争专利的投资证据也满足国内产业之认定。本案被许可人太阳爱迪生公司在土地、设备、雇员以及研究开发上确实有显著的投资，充分连结了与系争专利之间的关系。(2)行政法法官也说明，虽然相关连结之投资证据均源自被许可人，但没有必要将被许可人列为共同控诉人。(3)即便被许可人太阳爱迪生公司在起诉后被其他公司并购，但因为发生在起诉之后，并不影响其为被许可人之事实。[⑤]

---

① Certain Semiconductor Chips and Products Containing the Same, ITC Inv. No. 337-TA-753, Comm'n Op.46-50 (Aug. 17, 2012), EDIS Doc. No. 488825.

② Certain Semiconductor Chips and Products Containing the Same, ITC Inv. No. 337-TA-753, Comm'n Op.48 (Aug. 17, 2012), EDIS Doc. No. 488825.

③ Certain Semiconductor Chips and Products Containing the Same, ITC Inv. No. 337-TA-753, Comm'n Op.50 (Aug. 17, 2012), EDIS Doc. No. 488825.

④ ITC Institutes First 100-Day Pilot Program on Patent Validity May 2016, http://www.jonesday.com/itc-institutes-first-100-day-pilot-program-on-patent-validity-05-13-2016/，下载日期：2019 年 10 月 17 日。

⑤ ITC: Licensee Investments May Satisfy Domestic Industry Requirement, March 2017, https://www.ipwatchdog.com/2017/03/12/itc-licensee-investments-domestic-industry-requirement/id=79193/，下载日期：2019 年 10 月 17 日。

(六)337-TA-1097:Certain Solid State Storage Drives, Stacked Electronics Components, and Products Containing Same

在2018年,控诉方BiTMICRO利用被许可人BiTMICRO Networks对于系争专利的投资活动来满足国内产业的要件,被许可人的投资活动包括研究和工程开发的投资、特殊订单的零件成本与人工费用等,BiTMICRO以设备与设施以及劳动雇佣与资本使用为主张。

而本案在行政法法官的初审裁定中却裁定不满足国内产业的要件,但是在终审裁定中被委员会推翻,认定确实满足国内产业要件,说明当设备与设施或劳动雇佣与资本使用为主张国内产业要件时,不须像主张许可活动那样,必须证明投资与系争专利之间的连结。

通过以上的讨论,可知在美国没有生产活动/非美国企业的案例虽然较少,但法律上与实质上是充分可行的。如果投诉方本身在美国已有生产活动,则投诉方能够依赖自身在美国的实质投资,此部分并非本文讨论的范围。当投诉方本身在美国并没有自身生产方面的投资时,则可依赖在美国的被许可实质投资来加以达成,案例中的337-TA-667、337-TA-1097与337-TA-1025,都是以此获得美国联邦贸易委员会的支持的。

如果投诉方本身的许可活动,能够举证说明是在美国实质的投资,如举证说明在美国雇用员工进行许可项目的管理所进行的投资,并且这项投资具有实质性,则许可活动本身即能满足国内产业经济要件,表3整理出以上六个案件分别以自身条件,或被许可方的条件,来分别满足国内产业的经济要件的基本情况。

表3　案例分析总整

	投诉方满足国内产业	依赖被许可方的投资活动
337(a)(3)(A)		337-TA-667 337-TA-1097 337-TA-1025
337(a)(3)(B)		337-TA-667 337-TA-1097 337-TA-1025
337(a)(3)(C)	337-TA-640 337-TA-694(需说明专利与许可的连结) 337-TA-753(需说明许可活动为时实质的投资,许可费收入仅能为间接证据)	

六、结论与建议

337调查不仅是美国设有厂房设备的美国公司能够使用的诉讼策略,非美企业也能够启动并利用337调查,成为在国际间寻求专利救济的途径。汇整美国国际贸易委员会过往裁定,337调查要启动且立案,首先必须符合国内产业要件。在美国若没有设备与厂房的公司,可以主张"许可活动"来满足国内产业要件最为有利。进一步在举证许可活动的投资(费用)时,目前有两个方向可以准备:(1)提供自身在美国的"实质性"投资活动与系争专利之间的连结性证据;(2)利用在美国的专利被许可人的投资证据来主张,被许可公司实际在美国利用系争专利的投资活动来间接满足国内产业要件。尤其,即便要求与系争专利相关的许可活动(实质性投资)必须在美国境内发生,但并没有要求在美国境内实际生产制造,这样的条件更符合非美企业在全球经济体的经营模式。

专利被许可人,在337的调查案中,常常牵扯诉讼案件,成为利害关系人,被许可人在进行337调查的证据协助提供时会是一个重点环节。反观提供自身实质性投资的许可活动证据,这些许可活动是企业在经营与策略规划时就可以同步进行的。

除了在判例337-TA-694中提到过,美国国际贸易委员会对于检测"许可活动的投资与系争专利之间的连结"的项目之外,还需要注意,这些关于许可活动的投资金额是否会被美国国际贸易委员会视为"实质性"投资。这个部分,过往判例的争执点不尽相同,但在策略上可以先抓住几个重点:(1)控诉方已有既定的许可计划;(2)提起337调查前,控诉方已完成至少有一件许可项目;(3)许可活动在持续进行中;(4)许可活动是以"促进许可以期增加生产为导向",而非以"禁止生产收取权利金的收益为导向";(5)控诉方已针对许可活动进行实质的投资,如雇用许可项目经理、聘雇律师等。而非只是许可金,因为许可金仅为间接证据。

本文总结的两条路径,其一为通过被许可方的实质投资活动,其二为专利许可活动本身即为一实质的投资。两条路径都有赖在许可上进行缜密、完整且长期的规划,全球化经济结构体下,通过适切的专利许可活动,主动采取作为,在国际间寻求专利权的救济与应有的价值。

上市公司知识产权信息披露制度比较研究

■邹宗萱[*]

摘　要:近年来随着网络的发达,人们信息取得实时、管道多元,对企业信息透明的要求日益增高,公司能获取利害关系人之信任,彼此能进行深度的对话和信息交流,才是公司永续经营的正道,因此信息公开披露将是未来健全公司治理最重要的趋势与环节之一。唯目前多数公开发行公司定期披露之信息仍以财务报告为主,较少有非财务性信息的披露,如知识产权信息;然非财务性信息的披露亦为公司信息透明度的一项指针,亦为国际组织强调应优先推动之重点。在全球化趋势下,企业拥有的资产态样也早在近十年间产生变化,转以无形资产为多数,即知识产权。在无形资产比重明显高于有形资产的情况下,企业应如何赢得利害关系人与社会信赖以达到永续经营目标,健全知识产权信息的管理与披露制度,已为不可忽视的重要议题。

关键词:公开发行公司;上市公司;公司治理;知识产权;非财务信息披露

A Comparative Study on the Intellectual Property Information Disclosure System of Listed Companies

Zou Zongxuan

Abstract: In recent years, with the development of the Internet, people's information is available in real time and is diversified. The requirements for transparency of corporate information are increasing. Companies can gain the trust of stakeholders, and they can have in-depth dialogue and information exchange with each other. Therefore, the disclosure of information will be one of the most important trends and links in the future to improve corporate governance. However, at present, the information regularly disclosed by most publicly issued companies is still mainly financial reports, and there is less disclosure of non-financial disclosure such as intellectual property information and the same is true in Taiwan; however, the disclosure of non-financial information is also a transparent one of company information. This indicator is also an emphasis that international organizations should prioritize.

Key Words: Public Offering; Publicly Traded Company; Corporate Governance; Intellectual Property Rights; Non-financial Disclosure

---

* 邹宗萱,厦门大学知识产权研究院博士研究生。

前　言

近年来随着网际网络的发达,人们的信息取得越来越实时,管道也日益多元,因此对企业信息透明的要求日益增高。而公司透明化程度若与利害关系人的行动程度适度地平衡,公司也能获取信任,也就是当企业的利害关系人可以针对影响他们利益的事项取得相关的信息,对公司的信任感也就相对提升,这意味着一个强调永续发展的公司,须与广泛的利害关系人进行深度的对话和信息交流,表面化的假透明,以及一味追求信息透明程度却不符利害关系人需求者,皆无法借由透明化来提升公司诚信与价值。①

信息公开披露是健全公司治理最重要的环节之一,除可降低信息不对称风险,亦能使公开发行公司受到市场有效监督,以保障股东权益。目前公司定期披露之信息仍以财务报告为主,而财务报告的内容主要是数字和数字的辅助信息,较少有非财务性信息的披露。然非财务性信息披露的数量和质量为信息透明的一项指针,也为国际组织强调应优先推动之重点。我国台湾地区上市公司虽均依公开发行公司年报应记载事项处理准则编制年报,但披露之非财务性信息多有不足或流于形式之情形,更多的非财务信息散见于企业网站,或公司治理、企业社会责任报告、永续经营报告等。

而身处知识经济时代,公司的价值来源已由传统的土地、资金、原料等有形资产,转变为以"知识"与"知识产权"为主体的无形资产,知识能量的蓄积与流通将成为知识型产业发展之基础。如何在既有公司治理构面下,应对产业竞争知识产权化的趋势,从无形资产的研发创造与保护机制、信息的完整透明度,乃至于公司形象商誉的价值呈现,都是一个杰出企业以知识产权达成策略目标,依情报、资源与计划进行综合缜密分析后的执行过程。

非财务信息既多且杂,如何有系统且完整的表达?哪些非财务信息是股东及利害关系人关心,而需课予企业披露之义务?凡此皆为主管机关应投注心力,借由法令积极引导协助上市公司强化非财务性信息之披露。

一、知识产权信息披露的必要性

因应全球化的趋势,为使企业整体竞争力有所提升,单纯将知识产权作为保护企业免受竞争者以侵权阻挠竞争的武器,已非企业经营者看待对知识产权管理所应有的态度。企业适时的披露知识产权项目不仅可以增强企业竞争力,也有助于提升整个国际市场的竞争力。

(一)企业的价值无形资产比重已逐渐超过有形资产

在经济全球化之发展趋势下,市场自由化及科技之变动带来了持续而激烈之竞争压力,使得有形资产的多寡已不再是决定企业维持竞争优势的关键因素,据 Ocean Tomo 2015 年

① 莫冬立:《企业非财务绩效信息揭露:为何做?如何做?》,载《应用伦理研究通讯》2006 年第 40 期。

3 月份对市场价值组成的无形资产最新的报道,①2015 年开始标准普尔的市值数据的组成部分揭示了标准普尔 500 市场指数的无形资产价值相对于 2014 年已增长了 4 个百分点,平均达 84%(参见图 1)。另外也表明有形资产(结构及设备)在 2012 年到 2014 年期间的投资增长以 13.1%的速率增加,而在知识产权的投资(R&D 支出包括软件),也以 9.6%的速度增长。

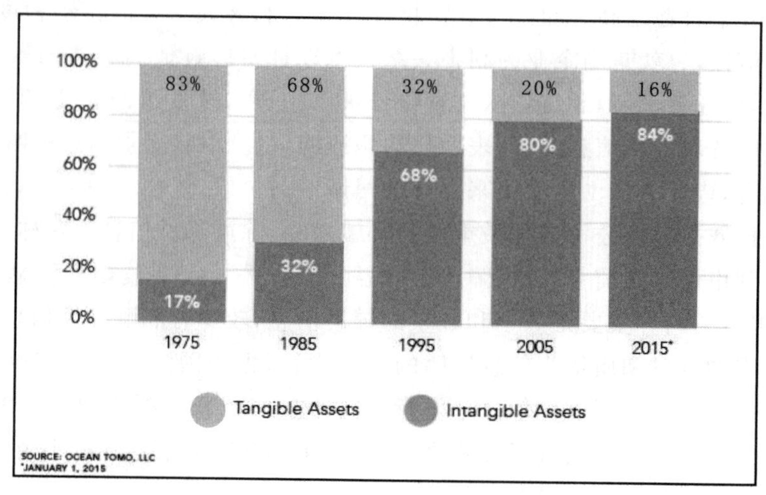

图 1 S&P 500 市场价值组成

数据源:Ocean Tomo LLC, March 5, 2015 News Releases

多数公司之无形资产占总资产之比重有逐年增加趋势,其中对于无形资产之管理,尤其对无形资产中的知识产权法令遵循之落实或未落实之后续诉讼,直接影响公司营运效率效果或股东之权益。② 现今企业价值已从重视资金、设备等有形资产外,更加注重技术、品牌、商誉、经营管理方式等无形资产的竞争力,其中无形资产又以知识产权为主要。但由于这些无形资产难以客观地评价,无法反应在传统的财务报表上,使得公司内外部的利害相关人,常不自觉地忽视公司的无形资产。

然既为公司资产,无论是有形资产或无形资产都对彰显公司价值具有一定的角色,公司利害关系人(包括股东)要求知悉无形资产为其权利,因此企业信息披露机制需增加对非财务报导机制才能完整呈现企业价值与竞争力。

(二)可提高投资人信心、减少信息不对称之问题

企业信息披露目的在于保障资本市场中之投资人获得充分、正确、及时决策信息,减少不同市场参与者间之信息落差,使投资人得以做成适当投资决策,同时免除信息不对称产生

① Annual Study of Intangible Asset Market Value, Ocean Tomo LLC, http://www.oceantomo.com/2015/03/04/2015-intangible-asset-market-value-study/,下载日期:2017 年 5 月 23 日。

② "发布修正公开发行公司建立内部控制制度处理准则条文及证券暨期货市场各服务事业建立内部控制制度处理准则部分条文",http://www.fsc.gov.tw/ch/home.jsp? id = 96&parentpath = 0,2&mcustomize=news_view.jsp&dataserno=201409020002&toolsflag=Y&dtable=News,下载日期:2019 年 10 月 1 日。

操纵、诈欺及内线交易等情形，以求建立一个有效之资本市场。

以往投资人要取得各企业相关信息非常的不便利，即便企业自行披露内部信息，许多企业信息常散见于各报章媒体，信息来源不清楚，披露内容可能不正确、不完整或不具时效性，甚至有不肖业者混淆市场散布不实信息，由于欠缺获得正确及完整信息的管道，在信息不对称的情形下，欲了解企业或组织所拥有之无形资产信息，实非易事，也因而造成许多不必要的交易成本。

企业如能完整地披露内部无形资产信息，投资人可经由信息完整披露以有效地评估厂商所拥有之无形资产价值，了解其管理绩效、研发能量、投资潜力等信息，并减少不必要的交易成本，有助于获取投资人的信赖，始能展现企业应有的价值。政府主管单位亦有义务确保企业能将知识产权项目等之重大信息，公平、公开、实时且透明传递至市场中。

（三）促使企业重视知识产权

企业披露重要的知识产权信息，有助于使投资人更了解公司的竞争优势及发展潜力，亦即企业的知识产权信息适时披露，将能争取到更多外部资金投入，降低募资之成本。而企业为募集资金，彰显公司价值，对披露的信息当务求使其看来尽善尽美，也因此会投注成本心力在知识产权的取得、保护、维护上，使其于外部呈现上更臻完善。

以我国台湾地区为例，台湾地区资本市场特色之一系中小企业及家族企业多，经营决策易有不透明或不利于小股东之情况；部分中小企业初期主要心力投注在业绩的冲刺上，对知识产权的重视程度相对较低，然当公司累积一定资本且达足以上市的规模时，课予其对知识产权的重视即为理所必然。因此借由要求上市公司披露知识产权的方式，将能有效促使企业重视智财。

根据台湾地区 2016—2017 年世界经济论坛（WEF）全球竞争力报告[①]，台湾地区在全球竞争力位居全球第 14 名（参见图 2），在亚太地区排名第 4 名，创新能力排名第 11 名。

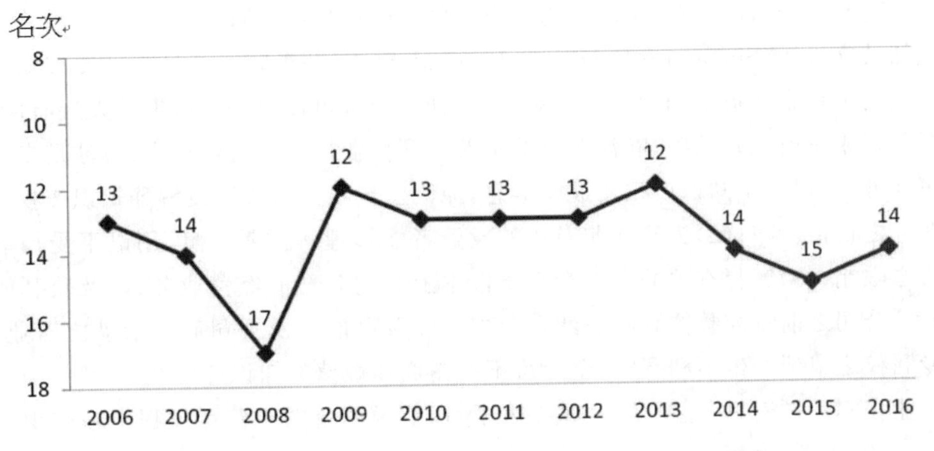

图 2　2006—2016 年 WEF 全球竞争力台湾地区历年排名

① 《2016 年 WEF 全球竞争力台湾排名全球第 14 位》，http://www.ndc.gov.tw/News_Content.aspx?n=114AAE178CD95D4C&s=64E3A5C7FB422E67，下载日期：2019 年 10 月 1 日。

台湾地区在研发能量方面受到了全球的肯定,相对的知识产权议题也越来越重要,过去产业多以“降低成本”的代工经营模式为主,对知识产权的重视程度不高,如今,随着企业纷纷转向“提升价值”的价值创造营运模式,知识产权的运筹帷幄,变得至关重要,并且深度影响企业在全球市场的竞争,也因此企业若能在研发的同时,将知识产权的取得、保护、维护、运用一并考虑进去,不仅有助于企业竞争力的提升,也有助于产业升级。

二、知识产权披露制度的比较考察

国际潮流之所趋也是推动政策成形的原因之一。近年来各国及地区之资本市场要求披露非财务性绩效信息的规范显著增加,新加坡、欧盟、中国香港等已意识到适当的智财披露,将有助于企业降低募资的成本;同时,亦已针对知识产权披露发布各项指导文件,财务与非财务信息披露并重已是未来不变的全球趋势。下列将阐述前述各个国家和地区之现行政策及实施现况,作为强化企业知识产权经营能力之参考。

(一)新加坡

新加坡政府认为全球知识产权授权收益成长以及知识产权驱动经济成长已是明显国际趋势,故运用新加坡本身的优势,如全球商业汇流中心、60%跨国企业营运总部设在新加坡、新加坡知识产权局统计专利、商标申请逐年增加等优势,来面对新加坡因为国内市场小而无法开拓的知识产权市场。新加坡政府于2013年4月完成10年期的“知识产权枢纽总体规划”(IP Hub Master Plan),[①]希望通过IP Hub Master Plan这个十年期计划的改造,提升对法律及知识产权服务的需求(整体产业发展),提供知识产权工作机会(相关从业者)以及协助保护,管理或价值最大化智财资产(企业)。新加坡IP市场交易中心之主计划,主要有三个主题目标,包括:(1)发展新加坡成为亚洲地区知识产权申请之重镇;(2)使新加坡成为亚洲地区IP交易中心;(3)使新加坡成为亚洲地区IP争议解决的地点之首选。

新加坡交易所(Singapore Exchange Limited,SGX)并于同年4月1日发布知识产权披露指引鼓励上市企业披露知识产权权利信息,使投资人可以对公司长期的发展有所了解,以及分析公司未来前景。其中,除涉及可能损及公司商业活动之营业秘密,或涉及专利权之申请等事项外,公司对于知识产权之披露信息,原则应包括:(1)说明或解释知识产权对于公司经营业务之价值所在;(2)为确保非专业的投资者能够理解披露信息,用语不受行话以及技术语言之限制;(3)解释有关的知识产权于根本上影响公司的经营业务,以及获利能力和公司及其子公司之前景与整体影响。然企业如有涉及可能损及公司商业活动之营业秘密,或涉及专利权之申请产生不利影响,企业可不披露商业敏感的知识产权细节。

企业在实际披露时,主要是在“风险因素”章节说明公司于营运过程中在知识产权方面

① SGX, Intellectual Property(IP) Hub Master Plan (Apr. 2013), https://www.mlaw.gov.sg/content/dam/minlaw/corp/News/IP%20Hub%20Master%20Plan%20Report.pdf, 下载日期:2019年10月1日; SGX, Intellectual Property(IP) Hub Master Plan (May. 2017), https://www.ipos.gov.sg/docs/default-source/about-ipos-doc/full-report_update-to-ip-hub-master-plan_final.pdf, 下载日期:2019年10月1日。

可能遭遇的风险和该风险对公司的影响，并提出公司预计的因应做法；同时于“一般信息”章节列表说明公司已取得之商标、专利、网域等清单。

（二）欧盟

欧盟政府于 2013 年 4 月时提出了一项《大型企业及集团非财务性与多样性信息披露修正指令》，[①]正式采强制性方式，要求各会员国境内较具商业规模之大型企业及集团，应依法制作并提供外界一份包含法定非财务性披露信息之策略报告，以使投资人利于作成其投资决定。此项新指令已自 2014 年 4 月中旬起生效施行。

而在更早之前，欧盟委员会于 2013 年 1 月 18 日发布智财披露相关的知识产权评价报告，[②]希望各会员国境内较具商业规模之大型企业及集团能自愿性披露其非财务性信息项目，以鼓励上市企业披露其相关的知识产权信息的建议。该份评价报告也提供了欧盟目前使用知识产权筹措资金的现行做法是如何评估知识产权资产，以利于后续欧盟大型企业及集团的融资使用。在该份评价报告中，系对知识产权的评估标准与执行知识产权的估值的具体作业进行规范，并提到目前许多标准化组织所建立不同面向的知识产权值评估标准。

该评估标准之内容包括：披露商标名称/专利申请及信息细节；披露所拥有专利家族，特别是欧盟以外的外国专利申请及信息细节；制订企业知识产权保护政策；产品/技术研发各阶段的知识产权发展规划；对产品/技术之知识产权商品化过程进行成本估算；分析与评估企业产品/技术之知识产权竞争情形；估算产品/技术知识产权于市场潜在价值估算；估算产品/技术知识产权的潜在市占率；估算知识产权之经济性量化价值；以知识产权作为授权目标与成本估算，以设计许可协议。上述评估项目在上市申请人认为有关知识产权对其业务或盈利能力属重要时，会于“业务”一节中以叙述形式描述有关知识产权。

然而，英国政府于 2013 年 8 月公布新修正公司法案，[③]要求境内中型规模以上企业（Medium-Sized Company，即平均员工人数为 250 人或更少之公司企业），[④]应依法制作并提供外界一份，包含法定非财务性信息之“策略报告”；境内中型规模以上企业，应依法制作并提供外界一份，包含法定非财务性披露信息之“董事报告”；应在“整体性”观点下，将前述法定报告与其年度报告加以“整合”（前述各项法定报告皆将被视为是企业年度报告之一部）等。

为落实英国政府于上述新修正公司法中所提出之相关措施及避免让境内受规范企业于

---

① EUROPEAN COMMISSION，amending Council Directives 78/660/EEC and 83/349/EEC as regards disclosure of nonfinancial and diversity information by certain large companies and groups（2013 年 3 月），http://eur-lex.europa.eu/legal-content/EN/TXT/PDF/? uri=CELEX:52013PC0207&from=EN，下载日期：2017 年 5 月 25 日。

② EUROPEAN COMMISSION，Final Report from the Expert Group on Intellectual Property Valuation（2013 年 11 月），https://ec.europa.eu/research/innovation-union/pdf/Expert_Group_Report_on_Intellectual_Property_Valuation_IP_web_2.pdf，下载日期：2017 年 5 月 25 日。

③ The Companies Act 2006 (Strategic Report and Directors' Report) Regulations 2013，http://www.legislation.gov.uk/ukdsi/2013/9780111540169/contents，下载日期：2019 年 10 月 13 日。

④ Companies Act 2006-Companies qualifying as medium-sized，https://www.legislation.gov.uk/ukpga/2006/46/part/15/chapter/12/crossheading/companies-qualifying-as-mediumsized，下载日期：2019 年 10 月 13 日。

新法规遵循上产生不必要之困扰,英国金融汇报局于2014年6月研拟并公布非强制性指引文件《策略报告指引》,[①]以供境内企业参考。该指引第7.42条规定,[②]策略报告应包括财务报表未显示的项目。根据业务的性质,可能包括品牌实力、智力资本、专利、著作权、商标等。

因此英国"促进境内企业智财信息披露"所采之方式,并非采取直接立法或者于公司法中直接加以明文规定之模式,而是将其放在作为指导企业如何制作应提出之法定策略报告书之指引文件中来"间接"加以要求。

(三)中国香港

香港交易所(Hong Kong Exchanges and Clearing Limited,HKEx)于2012年2月发布指引信,[③]指出上市申请人应至少考虑在短期内经营所涉及的技术、市场、经济、法律或营运等环境曾否出现或预期会出现任何不利转变,并明确指出几点披露要求作为参考,包括:

第一,发行人于上市文件内载列就有关集团的业务而言为重要的任何商标、专利权或其他知识或工业产权(以下简称"知识产权")的有关详情,以及如该等因素对有关集团的业务或盈利能力属十分重要者,则说明有关集团倚赖该等因素的程度。

第二,发行人应在业务描述中一并讨论对其业务而言属重要的知识产权,而非以独立列表方式披露。

第三,发行人应集中披露对投资者具有意义的知识产权,使招股章程的披露内容更切题。

第四,在牵涉众多知识产权时发行人应判断哪些知识产权重要。在决定哪些知识产权对于上市文件披露内容而言重要时,发行人应考虑下列各项:(1)从投资者角度分析重要性——投资者要决定投资与否,什么是相关资料;(2)按发行人整体业务、盈利能力及前景判断重要性;(3)从发行人的业务活动及营运、财务状况及前景有多依赖有关知识产权判断重要性;(4)从合理的投资者角度而言,欠缺有关知识产权或有关产权不完整,会严重影响发行人及其附属公司整体业务、盈利能力或前景。

经检视于香港上市公司所发行之公开说明书,主要是在"风险"章节披露经营发展过程可能面临智财风险,并提出公司预计的因应做法;在"业务"章节披露智财对公司业务发展之帮助及运用方式;同时于"附录"列表说明公司已取得之商标、专利、网域等清单。

(四)大陆

大陆主板市场[④]于《公开发行证券的公司信息披露内容与格式准则第1号——招股说

---

① "Guidance on the Strategic Report", https://www.frc.org.uk/getattachment/2168919d-398a-41f1-b493-0749cf6f63e8/Guidance-on-the-Strategic-Report.pdf,下载日期:2019年10月13日。

② Guidance on the Strategic Report 7.42 "The strategic report should include information on the entity's key strengths and tangible and intangible resources. This should include those items that are not reflected in the financial statements. Depending on the nature of the business, these may include: corporate reputation and brand strength; customer base; natural resources; employees; research and development; intellectual capital; licences, patents, copyrights and trademarks; and market position."

③ HKEx,香港交易所指引信 HKEx-GL30-12 (Feb. 2012), http://cn-rules.hkex.com.hk/tr/chi/tr_8539_10652.pdf,下载日期:2017年5月25日。

④ 证券发行、上市及交易的主要市场,也称一板市场,分为上海证券交易所(上交所)和深圳证券交易所(深交所)。

明书》(2015年修订)第45条中要求发行人应披露与其业务相关的主要无形资产情况,主要包括商标、专利、非专利技术的数量、取得方式和时间、使用情况、使用期限或保护期、最近一期末账面价值,以及上述资产对发行人生产经营的重要程度;而于公司上市后,要求发行人须定期披露报告期内核心竞争力(包括专利、非专利技术等)的重要变化、对公司所产生的影响及拟采取的相应措施。[①]

而创业板主要是协助高成长的新兴公司(特别是高科技公司)筹资及资本运作的市场,注重公司的发展前景与增长潜力,故上市标准较主板市场低,也因为创业板是一个高风险的市场,因此更注重公司的信息披露。[②] 创业板要求发行人须按创业板公司招股说明书[③]要求,按对业务经营的重要性程度列表披露与其业务相关的商标、专利、非专利技术等情况,此规定和主板相同。于2014年修订该准则时,除维持原条文[④]要求披露对业务经营主要的无形资产情况外,另于第46条第1项要求发行人应披露其主要产品或服务的核心技术及技术来源,核心技术与已取得的专利及非专利技术的对应关系,以及在主营业务及产品或服务中的应用,并披露核心技术产品收入占营业收入的比例;[⑤]针对在用的商标、专利、专有技术等重要资产或者技术的取得或者使用存在重大不利变化的风险,对发行人无论在报告期内实际发生或未来可能发生对持续盈利能力构成重大不利影响的因素应予披露,[⑥]较主板规定更为全面。

于创业板上市之公司,按《公开发行证券的公司信息披露内容与格式准则第31号——创业板上市公司半年度报告的内容与格式》(2013年修订)第23条和《公开发行证券的公司信息披露内容与格式准则第30号——创业板上市公司年度报告的内容与格式》(2012年修订)第24条规定,负有定期披露因无形资产之变化可能对公司核心竞争能力造成重大影响情况及拟采取措施之义务,此点亦与主板之规定一致。

而为进一步加强企业知识产权管理,规范企业知识产权相关会计信息披露,大陆于2018年发布《知识产权相关会计信息披露规定》,[⑦]要求企业在会计报表附注中对知识产权相关会计信息进行披露。如此将能通过知识产权信息披露让市场获得企业真实有效的信

① 《公开发行证券的公司信息披露内容与格式准则第2号——年度报告的内容与格式》(2016年修订)第25条、《公开发行证券的公司信息披露内容与格式准则第3号——半年度报告的内容与格式》(2016年修订)第24条。

② 刑精平:《中国创业板:打造特色鲜明的高成长市场》,载《证券柜台》2010年第146期。

③ 2009年《公开发行证券的公司信息披露内容与格式准则第28号——创业板公司招股说明书》第45条(已失效)。

④ 《公开发行证券的公司信息披露内容与格式准则第28号——创业板公司招股说明书》(2014年修订)(已失效)改为第44条。2015年修订版亦同。

⑤ 《公开发行证券的公司信息披露内容与格式准则第2号——年度报告的内容与格式》第47条,仅规定发行人应披露其主要产品或服务的核心技术,披露技术来源、技术水准、成熟程度,而未要求说明核心技术与已取得的专利及非专利技术的对应关系,以及在主营业务及产品或服务中的应用。

⑥ 《公开发行证券的公司信息披露内容与格式准则第28号——创业板公司招股说明书》(2015年修订版)第79条。

⑦ 《知识产权相关会计信息披露规定》,http://www.gov.cn/xinwen/2018-11/14/5340232/files/95753dabd18847679017c6c53d01d3fa.pdf,下载日期:2019年10月13日。

息,投资者能借此从中分析出企业的技术潜力,同时也能够辨别并防范可能存在的风险,大幅度促进投资市场的正向循环。

(五)中国台湾地区

台湾地区自1968年4月30日正式公布施行"证券交易法",首次确立了台湾地区财务公开及信息披露制度,其中规范公开发行公司每年度及每半年度均应向主管机关申报并公告年度及半年度财务报告等,并于1988年1月29日主管机关首次大幅修订"证券交易法",新增许多信息披露之规范,包括年报之编制、重大信息之披露及公开收购之相关规定等,使台湾地区信息披露规范更加完善。

唯台湾地区针对知识产权信息披露并未有所规范,虽然台湾地区"经济部工业局"委托台湾地区"信息工业策进会"科技法律研究所自2007年执行辅导企业导入TIPS台湾地区知识产权管理制度以来,但在推动知识产权管理上仍侧重在知识产权管理制度之建立,即便于2009年起开始推动知识产权报告书,期望鼓励企业披露知识产权信息之相关政策以增进市场信息透明度进而有助于提高企业整体价值,但TIPS知识产权管理制度导入与智财报告书推动未具强制力,因此,企业也因之缺乏披露的动力。

近年来因地区性的经济在迈入地球村经济后将逐渐受到影响,台湾地区自1996年引进COSO报告来做内控自评的基础,同时将其法规化。并于2013年COSO年更新报告时修正内控中财务报导目标扩大为报导目标,除可靠性,尚须具及时性、透明性及符合相关规范明定报导目标范围为公司内部、外部财务报导及非财务报导,企业对于非财务面的信息披露,特别是知识产权信息的披露已被国际趋势所规范。因此推动企业披露智财项目实为重大且顺应国际趋势之政策,而应将知识产权披露要求入证券法令使之被法所规范。

台湾地区于"台湾证券交易所股份有限公司初次申请有价证券上市公开说明书应行记载事项准则"及"证券柜台买卖中心申请有价证券于证券商营业处所买卖之公开说明书应记载事项准则"虽皆要求发行人须披露产品生产开发技术之专利权及所受法律保护状况,[①]然在解释上有其狭隘而难以适用,主要为:首先,适用对象方面,仅局限科技事业或文化创意事业,而非通体适用,未兼及非以技术而系以品牌发展为主之公司。其次,披露范围方面,限于目前产品生产开发技术,而未论及未来发展规划,未说明该知识产权对公司营运的使用情况、重要程度、若发生变化对公司营收可能产生重大不利变化的风险及其因应措施,知识产权之种类在用语上易使人有限于专利权之惑,可能导致企业误认为专利权以外即无须披露。于"公开发行公司年报应行记载事项准则"对知识产权披露之规定更是付之阙如。

后于台湾地区"经济部工业局"建议促成下,"经济部"与金融监督管理委员会联手将知识产权管理纳入公开发行公司内控制度,[②]使金融法规纳入知识产权管理要求,正式将知识产权管理与公司内控制度连结,要求公开发行公司之内控架构落实研发循环之知识产权治

① 台湾地区证券交易所"股份有限公司初次申请有价证券上市公开说明书应行记载事项准则"第9条、财团法人中华民国证券柜台买卖中心"申请有价证券于证券商营业处所买卖之公开说明书应记载事项准则"第3条。

② 台湾地区"金融监督管理委员会"证券期货局于2014年9月22日发布修正"公开发行公司建立内部控制制度处理准则"。

理，跨出知识产权披露之第一步。

“公开发行公司内部控制制度处理准则”第7条第1项要求公开发行公司建立内部控制制度（含内部稽核实施细则），系由经理人设计，董事会通过，并由董事会、经理人及其他员工执行，其中要求在研发循环纳入知识产权之取得、维护及运用等政策及程序。该准则第6条阐释内部控制应包含之组成要素，并附有“公开发行公司内部控制制度有效性判断项目”以供公开发行公司及各服务事业于设计及执行，或自行评估，或会计师受托项目审查公司内部控制制度时，评估判断。

“上市上柜公司诚信经营守则”第7条第2项第5款为配合台湾地区“经济部”2013年1月30日修正之“营业秘密法”增订刑事处罚而设。[①] 该规定建议上市公司针对侵害营业秘密、商标权、专利权、著作权及其他知识产权订定防范方案，包含作业程序、指南、教育训练等。该守则第14条建议上市公司及其董事、监察人、经理人、受雇人、受任人与实质控制者不侵害他人知识产权。[②]

上述规定皆仅为风险的管控或避免侵害他人权利，而非系统性地从最上位的政策至末端执行的制度规范。

结　论

国际间就企业智财披露制度概况，亚洲先以新加坡为例，新加坡政府于2013年4月完成十年期的“知识产权枢纽总体规划”，希望通过政府阶段性政策推动来践行；新加坡交易所并于同年4月1日发布智财披露指引，通过指引使上市企业了解企业就知识产权事项应披露项目为何，使企业能预先准备。另，香港交易所于2012年2月发布指引信提供上市申请人在短期内经营所涉及的技术、市场、经济、法律或营运等层面，应考虑的重要信息以资参考。大陆则以立法方式于要求发行人应披露与其业务相关的主要无形资产情况，主要包括商标、专利、非专利技术的数量、取得方式和时间、使用情况、使用期限或保护期以及上述资产对发行人生产经营的重要程度；公司上市后，也要求发行人须定期披露报告期内核心竞争力的重要变化、对公司所产生的影响及拟采取的相应措施。另尚有，协助高科技公司的创业板制度，也以立法明文要求发行人说明就业务经营与其业务相关的重要商标、专利、非专利技术等情况披露。

而欧盟，其委员会于2013年1月18日发布智财披露相关的知识产权评价报告，希望各会员国境内较具商业规模之大型企业及集团能自愿性披露其非财务性信息项目，以鼓励上市企业披露知识产权信息。同年4月提出了一项《大型企业及集团非财务性与多样性信息披露修正指令》，采强制性方式要求各会员国境内较具商业规模之大型企业及集团，应依法

① 上市上柜公司宜参酌国内外通用之标准或指引订定防范方案，至少应涵盖下列行为之防范措施：“……五、侵害营业秘密、商标权、专利权、著作权及其他知识产权……”

② 上市上柜公司及其董事、监察人、经理人、受雇人、受任人与实质控制者，应遵守智慧财产相关法规、公司内部作业程序及契约规定；未经知识产权所有人同意，不得使用、泄漏、处分、毁损或有其他侵害知识产权之行为。

制作并提供外界一份包含法定非财务性披露信息之策略报告，在此亦包含智财信息。

我国台湾地区则并未针对企业智财披露信息如同中国大陆及欧盟有直接明文法令规范，亦无如同新加坡、中国香港提出制度指引，仅于证券交易法中确立企业财务公开及信息披露制度。虽后有"证券交易所股份有限公司初次申请有价证券上市公开说明书应行记载事项准则"及"证券柜台买卖中心申请有价证券于证券商营业处所买卖之公开说明书应记载事项准则"皆要求发行人须披露产品生产开发技术之专利权及所受法律保护状况，但适用对象与披露范围均有适用上之限制略显窒碍难行。

综观上述，各个国家和地区皆肯认非财务信息披露的必要性，也积极鼓励或要求企业披露知识产权，其中披露范围从单纯说明知识产权对公司经营业务之价值及影响、影响的程度，甚或细致到知识产权发展规划、竞争情形及其经济性量化价值。另，国际间智财服务体系政策与规定已要求初上市公司披露非财务项目，欧盟等地区/国家已意识到适当的非财务项目的披露有助于企业降低募资的成本，并已陆续发布各项披露指导文件。欧盟更进一步要求各会员国境内较具商业规模之大型企业及集团，应依法披露其非财务性及其他多项重要信息，并提供外界一份包含法定非财务性披露信息之策略报告，以使投资人作成其投资决定，无形资产披露不仅符合会计处理准则之国际潮流，也符合全球公司治理机制扩大披露非财务信息的时代趋势。

督促企业披露非财务信息已成为国际趋势，若能鼓励企业披露重要的知识产权信息，将有助于使投资人更了解公司的竞争优势及发展潜力，亦即企业的知识产权信息适时披露，将能争取到更多外部资金投人，降低募资之成本。且为将知识产权从事务处理提升至公司经营策略之层次，强化知识产权治理，以健全公司治理，建议将知识产权项目披露纳入证券金融法令要求，以法令规范企业将知识产权项目之披露列为公司之重大事项，使企业得以在证券金融法令要求下，强化企业对于知识产权管理制度之重视。

信息的公开披露是健全公司治理最重要的环节之一，除可降低信息不对称风险、建立互信，还能使公开发行公司受到市场有效监督以保障股东权益。而证券市场之管理系以保护投资人、确保透明化市场及降低风险为目标。台湾金融监督管理委员会于2013年规划之强化公司治理蓝图五大计划项目中，即强调应披露重要公司治理信息，其中具体措施之一为"提升非财务性信息之披露质量"，未来将持续推动提升企业非财务性信息披露的透明度。而伴随着市场竞争的知识化与全球化，专利、商标、著作与营业秘密等知识产权已是构成商业竞争策略的重要元素，为公司价值评判的指针，因此后续在推动非财务信息披露时应纳入知识产权信息，以确保投资人得到智财管理及运用之经营信息，使上市公司之信息披露规范更加完整充分。

企业知识产权披露要有效落实或发挥具体成效，主要在于以下几个方面：第一是企业本身能够体会建立制度的重要性，而且愿意推动。第二是主管机关应建立导引推动机制。第三是市场力量，如投资人、法人投资机构及其他利害关系人等共同监督制度运作。内外部绩效成果可由以下几个方面来展现：首先，提高外部资金的投人，企业的知识产权管理是否完善，知识产权披露是否确实，为外部资金投人之关键；其次，提高企业最高管理阶层的诚信与支持，顺应民间企业，制订或修订政府部门及企业机构相关证券金融法规或实务守则；再次，建构知识产权披露为具有国际水平并符合国情的法令要求项目；最后，作为投资决策之参

考，达到证券主管机关保护投资人权益。

因应全球化的趋势，为使企业整体竞争力有所提升，如仅以专利申请、商标登记量化数字的满足，用以作为保护企业免受侵权阻挠竞争的武器，已非企业经营者对知识产权管理所应有的态度。企业适时地披露知识产权项目不但可以增强企业竞争力，且有助于提升整个国际竞争力，唯其是否能有效落实或发挥具体成效，仍有待于各相关单位及所有企业界的热诚参与配合。尤其重要的是进行相关配套修法，进一步使企业落实知识产权治理法令，能有所依循地适当披露知识产权信息，以强化企业知识产权经营能力，并借此使投资人取得更充分、更实时且正确之信息，以作为投资决策之参考，达到证券主管机关保护投资人权益，健全资本市场之目标，进而达到健全公司治理原则之效。

史海钩沉

英国商业秘密法的起源:1600—1851

[法]肖恩·博顿利　陈俊凯译*

摘　要:本文探讨了从17世纪初至1851年的Morison v. Moat案这段时期的商业秘密法起源。Morison v. Moat案被《牛津英国法律史》称为“基础性案件”。本文揭示了一些难题。第一部分表明了尽管行会条例的盛行使得人们熟悉“合法秘密”的概念,但到了17世纪末,这些条款即不再被行会法庭所执行,也不再纳入伦敦城法院更宽泛的司法权之中。相反,正如本文后半部分所呈现的,正是法院为那些具有可行性的商业秘密提供了救助,这将约束雇员为了个人利益使用秘密或者将其出售给其他人。尽管这是一个步履蹒跚的过程,但该过程无疑在Morison案之前就已经开始了。

关键词:商业秘密法起源;英国商业秘密法;行会法庭;手工业行会

The Origins of Trade Secrecy Law in England, 1600-1851

Sean Bottomley

Abstract: This paper examines the origins of trade secrecy law from the beginning of the seventeenth century until Morison v. Moat (1851), described by the Oxford History of the Laws of England as “foundational”. The paper reveals something of a conundrum. The first part shows that although the prevalence of guild ordinances would have familiarized many with the concept of “lawful secrets”, these provisions could no longer be enforced in the guild courts by the late seventeenth century, or within the wider jurisdiction of the courts of the City of London. Instead, as the second half of the paper shows, it was the

* 肖恩·博顿利,法国图卢兹大学图卢兹高级研究所研究员。陈俊凯,厦门大学知识产权研究院硕士研究生。本文的翻译与发表已经获得肖恩·博顿利研究员的授权,在此感谢肖恩·博顿利研究员的支持。

law courts proper that came to provide succour to those working trade secrets, allowing them to both restrain employees from using secrets for their own benefit and/or to sell secrets to other parties. This was a halting process, but one that had certainly begun prior to Morison.

Key Words: the Origins of Trade Secrecy Law; Trade Secrecy Law in England; the Guild Courts; the Craft Guilds

引　言

直到最近,商业秘密法的起源仍是含糊不清。[①] 这在一定程度上是由于在19世纪下半叶之前,几乎没有关于该主题的论述(1821年有一篇关于禁令的论文第一次简要讨论了该话题),但也因商业秘密法的发展似乎相当随意,既从版权和专利等类似领域演变而来,但也从合同和继承以及行会的长期实践发展而来。[②] 1851年的Morison v. Moat案[③]是最常被引用的关于商业秘密保护的例案[《牛津英国法律史》(*the Oxford History of the Laws of England*)称之为"基础性案件"]。[④] 该案的争议焦点是关于"莫里森万能药"(Morison's Universal Medicine)秘方的权利,该秘方最初是由原告父亲与被告父亲合作研制的。根据原合伙协议的条款,詹姆斯·莫里森(James Morison)作为该药的"发明人和唯一所有权人",有权获得合伙企业利润的三分之二,而托马斯·莫特(Thomas Moat)则同意"全身心投入药品的生产及销售",并享有三分之一的利润。[⑤] 同时双方还商定,詹姆斯·莫里森将药物秘密告知托马斯·莫特,此外与合伙协议同时生效的还有两笔保证金,每个合伙人各执行一笔。这两笔保证金规定,双方都不会"使任何人知悉,或向任何人泄露或交流上述秘密",违者处以5000英镑罚金,但在J.Morison案中,有一个关于莫里森能够将该秘密告知被接纳加入该合伙的任何其他人的例外规定。后来詹姆斯·莫里森去世时,其将生意份额留给两个儿子(原告),托马斯·莫特也是如此,将其份额留给了儿子,即被告霍雷肖·莫特

---

① 马克·莱姆利(Mark Lemley)评论道:"似乎无人就商业秘密法的起源或者其如何融入更为宽泛的法律原则之中达成合意。"M. A. Lemley, The Surprising Virtues of Treating Trade Secrets as IP Rights, *Stanford Law Review*, Vol.61, 2008, p.312. 莱昂内尔·本特利(Lionel Bently)在对商业秘密的历史展开讨论前也提到"一般而言秘密信息的保护,尤其是泄露商业秘密之诉的发展历史是含糊不清的"。Lionel Bently, Historical Development of the Law of Confidentiality, in *Gurry on Confidence: The Protection of Confidential Information*, 2nd ed., Tanya Aplin, Lionel Bently, Philip Johnson, and Simon Malynicz (ed.), Oxford, 2012, p.12.

② Robert Henley Eden, *A Treatise on the Law of Injunctions*, London, 1821, p.312. 进一步的分析,Charles Drewry, *A Treatise on the Law and Practice of Injunctions*, London, 1841, pp.228-236.

③ 39 Hare 241; 68 E.R. 492.

④ William Cornish, Personality Rights and Intellectual Property, in *The Oxford History of the Laws of England*, Vol.XIII, Fields of Development, 1820-1914, William Cornish, Stuart Anderson, Ray Cocks, Michael Lobban, Patrick Polden, and Keith Smith (ed.), Oxford, 2010, p.985.

⑤ 9 Hare 242; 68 E.R. 493.

(Horatio Moat)。在本次合伙继承中,大家一致同意应由莫里森兄弟接手企业经营。

该合伙于1851年3月到期,并且双方分割了份额。但不久之后,被告开始制造和销售此药,原告随即向法院起诉,请求禁止该行为。特别是他们声称,托马斯·莫特将秘密告诉他儿子有违诚信和最初的合伙协议,因此,霍雷肖·莫特"非法掌握该秘密"。[①] 霍雷肖·莫特答辩称,此药的秘密属于合伙企业,并且原告也已把该秘密告诉了他。正如特纳副大法官(Vice Chancellor Turner)所指出的,"本案真正的问题是,在这种情况下,法院是否应以违背信任或违约为由,通过禁令方式介入"。

特纳认为,法院就此种类型的案件行使司法管辖权不存在任何问题。行使司法管辖权有不同的理由。在一些案件中,涉及财产,或是合同,或是基于信托或者保密……但无论基于何种理由管辖,法院行使该管辖权的权利均是毫无疑问的。

在发布禁令制止被告"以任何方式利用合成该药的秘密"之前,特纳较为详细地讨论了先例(authorities)。[②] 该命令随后得到普通法上的确认并且颁布了永久禁令。[③] 正如我们所看到的,Morison案是一个重要的判例,但特纳谨慎地说明,其判决是基于先例作出的。所讨论的一些先例直接涉及商业秘密以及限制当事人泄露秘密的协议(特别是1820年的Yovatt v. Winyard案),[④]而其余判例则是违背信任或违约(最著名的是1849年的Prince Albert v. Strange案)。[⑤]

莱昂内尔·本特利最近指出,Albert案为秘密法增加了"仅有的一个维度",而本文将以类似脉络继续阐述,并尤为侧重追溯商业秘密法从17世纪初到Morison案时代的起源。[⑥]

本文分为三个部分,尽管有一定重叠,但大致按时间顺序排列。第一部分考察了手工业行会、行会法庭和伦敦城法院中的商业秘密保护。第二部分研究了在Morison案之前与商业秘密相关的判例。这些判例构成了英国与美国商业秘密法的核心,并且在美国被频繁引用。[⑦]最后一部分更详细地讨论了两个案件,即1823年的Green v. Folgham案[⑧]和1832年的Green v. Brock案,[⑨]以及两起案件中关于所争议秘密的不寻常故事"约翰逊医生的眼药膏"(Dr. Johnson's Ointment for the Eyes)。

---

① 9 Hare 250; 68 E.R. 496.

② 9 Hare 255, 267; 68 E.R. 498, 503.

③ 9 Hare 267; 68 E.R. 503.

④ 9 Hare 267; 68 E.R. 503.

⑤ 9 Hare 258; 68 E.R. 499.

⑥ Lionel Bently, Historical Development of the Law of Confidentiality, in *Gurry on Confidence: The Protection of Confidential Information*, 2nd ed., Tanya Aplin, Lionel Bently, Philip Johnson, and Simon Malynicz (ed.), Oxford, 2012, p.27.

⑦ Vickery v. Welch, 19 Pick. 523, 36 Mass. 523 (Mass. 1837); Peabody v. Norfolk, 98 Mass. 452 (Mass. 1868).

⑧ 1 Sim. & BT 398; 57 E.R. 159.

⑨ Green v. Brock (1832), C 13/1001/51, The National Archives (TNA).

一、手工业行会中的商业秘密

在近代制造业和科学中,秘密工序的运用十分普遍。1660 年成立英国皇家学会的主要原因之一是贯彻弗朗西斯·培根宣言(Francis Bacon's manifesto),即由学者撰写特定工业和行业的描述,公开其"历史"。如此一来,学会希望"能够像哥白尼和开普勒改变天文学一样彻底改变工业"。[①] 然而,如此强烈的抱负很快被工匠们拒绝分享秘密所打击,并放弃该计划。[②]

这些秘密可能在法律上可认知的概念也被广泛传播,很大程度上是因为行会条例(guild ordinances)和学徒宣誓(the oaths administered to apprentices)。许多伦敦行会(在一定程度上是国家的制造业中心)都有章程(bye-laws)和条例(ordinances)限制其成员对外透露或教授手艺。1632 年颁布的《钟表商名家公会(The Worshipful Company of Clock-makers)章程》规定,会员不得"揭示或者披露涉及行业、技术或有关钟表制造奥秘的任何合法秘密……未经公开,应以理性与良知秘密保守"[③]。1700 年《金银线匠公会(The Worshipful Company of Gold and Silver Wyre Drawers)章程》更进一步规定,不仅禁止成员向"……除了其学徒外的任何人教授金银线拔丝与打磨手艺",而且无论如何,他们也不能"与任何人一起从事本行业……因为这可能直接或间接地向任何人传授本行业或其中任何部分的知识或秘密"。[④]

制定这些条例的目的不仅是为了排除来自伦敦城内类似行业从业者的竞争,也是为了排除本国从业者的竞争。在 1601—1602 年,为应对"本公会成员公开工作的泛滥",锡镴匠公会(the company of pewterers)要求成员"改造"其商店,以确保"本国和他国锡镴匠无法了解本行会更深层次的技艺"。[⑤] 本条例至少被执行过一次。在 1625 年,一位名叫罗伯特·穆林斯(Robert Mullins)的人控告另一名行会成员"允许一名金匠在其店内公开工作,这也许将造成重大损害"。因此要求"他的商店应用隔墙从上到下隔开"。[⑥]

然而,行会执行有关工艺生产与控制措施的能力已不断减弱。例如,在 1615 年的 The Clothworkers of Ipswich 案中,一名叫作威廉·申宁格(William Sheninge)的人因未提供学

---

① Kathleen H. Ochs, The Royal Society of London's History of Trades Programme: An Early Episode in Applied Science, *Notes and Records of the Royal Society of London*, Vol.39, 1985, p.129.

② 即使是学会成员也可能很麻烦。埃德蒙·威尔德(Edmund Wylde)于 1663 年入会,他向学会表示,已开发出一种无火软化钢技术。学会多次要求实际查看这一工序后,威尔德最终同意登记该秘方。

③ The Worshipful Company of Clockmakers, Chapter and Bye-laws, London, 1825, p.67. 早期此类型条款的例子出现在 1408 年《刀片匠章程》(Articles of the Bladesmiths)(之后并入武器匠与黄铜匠行会)中,其表述为"本行业任何人均不得向店里帮工教授业务秘密"。违者处以 6 先令 8 便士罚款:H.T. Riley, ed., *Memorials of London and London Life in the 13th, 14th and 15th Centuries*, London, 1868, p.570.

④ Guildhall (GL), CLC/L/GF/A/007/MS02449, item 25.

⑤ Charles Welch, *History of the Worshipful Company of Pewterers of the City of London Based Upon their Own Records*, London, 1902, pp.34-35.

⑥ Charles Welch, *History of the Worshipful Company of Pewterers of the City of London Based Upon their Own Records*, London, 1902, p.84.

徒证明就在城里当裁缝而被起诉。实际上，他不是呢绒匠行会(the clothworkers's guild)的成员。[①] 王座法庭判决，依普通法之规定，此类限制是非法的："国王可以设立法人(corporations)，并准许其可以为指挥与管理任何行业而制定条例；但他们不能借此垄断，因为这将剥夺每位臣民与生俱来的自由贸易的权利。"[②]这些条例和章程只有在被视为"古老的习惯法"的法典化时才被认可，而且由于许多行会都是依王室授予的特许状和任命状设立的，所以 Clothworkers 等案的判决要求行会废止曾用来规制生产的法律文件。[③] 与之相反，伦敦公会(companies)以及少数省的行会(guilds)能够援引此类习惯法阻碍其他人进入17世纪60年代受保护的行业。例如，在1667年的 the Mayor of Colchester v. Goodwin 案中，科尔切斯特市民宣称一位名叫古德温(Goodwin)的鞋匠在未获得本城自由人身份之前就开了店，并且雇用了一位非本地居民的帮工。据说这违反了该市的两份章程："居住在科尔切斯特自治市或自由区的外地人(foreigner)不得直接或间接在其屋内使用任何技艺、手艺、秘密或工作"以及"无论何时，外地人在未获得本城自由人身份前，均不得直接或间接开店，或者在上述自治市内进行贸易"。[④] 这些章程是依次建立在"自古以来本自治市"就已存在的习惯法之上。阿徽法官与布朗法官(Justices Archer and Brown)作出了支持被告的判决，他们分别认为该习惯法是"无价值的"以及"无效的"，而且无论如何，章程都超出了本城原有的习惯法范畴。[⑤] 相反，蒂雷尔法官与布里德格曼首席法官(Justice Tirrell and Chief Justice Bridgman)认为，第二份章程符合科尔切斯特习惯法而可以维持，并同意虽然"普通法不禁止任何人在任何地方进行贸易"，但"习惯法可以进行限制"(蒂雷尔法官)。蒂雷尔继续说道"如果该章程是由一家新法人制定的，那么其是否有效存在争议，(但)此章程却不违反任何法令，且依习惯法与法规是有效的"。因此，依据第一份章程，判决支持了被告(允许古德温与其帮工使用制鞋技艺)，但第二份章程支持了原告(在未获得自由人身份之前，古德温不能开店卖鞋)。但这很难说是重大的胜利，而且随着越来越多的执法任务被移交给行会法人(the guild corporations)，随后又移交给行会个体成员，起诉越来越罕见。[⑥] 在停止使用这

---

① Godbolt 253; 78 E.R. 148.

② 后来 Norris v Staps(1617,KB)案中援引了 Clothworkers 案。纽伯里织匠协会的监督员诺里斯和特鲁塞尔(Norris and Trussell)起诉，声称斯塔普斯(Staps)一直在纽伯里从事织布工作，却并未加入当地的行会，这违反了女王伊丽莎白一世授予的任命状。然而，霍巴特勋爵(Lord Hobart)认为，首先，普通法并不禁止任何人使用任何手艺，无论他是否接受了训练，或从事不止一项手艺……其次，根据目前的法律，未禁止任何人私下使用手艺……最后，根据目前的法律，未禁止在任何地方当过学徒的人公开使用手艺：Hob.211;80 E.R. 357.

③ Colin Arthur Cooke, *Corporation, Trust and Company: An Essay in Legal History*, Manchester, 1950, p.64.

④ Cart. 68; 124 E.R. 829.

⑤ 阿徽法官评论道，"科尔切斯特，一座历史久远的城镇，很久以前就存在习惯法，即任何一名外地人技工均不可在城镇内使用技艺。我认为这一习惯法毫无用处"，并继续说道，虽然"可能限制外地人在城镇里公开使用技艺，但在本案中，该习惯法则是禁止在城镇内使用任何秘密"。同样，布朗法官认为，"这习惯法无效的；假使该习惯法有效，但我认为在制定章程时将其涵盖进去并不合适"：Cart.114;124 E.R. 859.

⑥ J.R. Kellett, The Breakdown of Gild and Corporation Control over the Handicraft and Retail Trade in London, *Economic History Review*, Vol.10, 1958, p.385.

些效力不断减弱的习惯法后,为保证成员和非成员提供商品的质量,行会曾借助搜查程序发现不合格产品。这曾很普遍,但到了17世纪就越来越罕见了。锡镴匠行会在1702年进行了最后一次全面调查,[①]金匠行会在1723年10月1日最后一次试图进行调查,但当时他们被拒入内15次。[②]

这解释了为什么通过检索伦敦六个大型手工业行会的理事会(the court of assistants,行会管理委员会)记事簿,只发现一起因涉及教授或对外透露商业秘密条款而被起诉的案件。[③] 在1687年,钟表商名家公会助手,亨利·哈珀(Henry Harper)被其他助手指控"非法向从未当过学徒的人传授技艺",以及"雇用外地人"。[④] 哈珀似乎并不特别担心。理事会记录提到,"他不承认自己有任何过错,也不接受理事会的罚款或谴责,随即,理事会决定以上述行为向财政署(exchequer)起诉"。[⑤] 但哈珀最终并未因其傲慢而受到惩罚:没有迹象表明该案被移交给财政署,理事会记事簿也未提及在其他地方对哈珀采取了措施。[⑥]

在17世纪晚期,行会体制并不保护秘密,甚至行会高级成员也不遵守保密条款。行会可能也认识到了这点。如下一节将讨论的,发明人有时为大笔资金而向他人出售商业秘密。行会法庭档案(Guild court books)记录了几个发明人主动兜售技术秘密的案件。尽管其中有些无疑是虚假的,但仍表明并无任何记录在案的销售曾达成。例如,在1712年,钟表商名家公会法庭记录了"一份写有塞缪尔·沃森先生(Mr Samuell Watson)关于发现海上时刻和其他一些有用数学问题的工具的方案。其中提到在某些特定的条件下向公会移交并销售"。[⑦] 沃森是一位著名的钟表匠:他为查尔斯二世打造了几座钟表,他的钟表因准确性而受到将该钟表用以测量脉搏的医生高度评价。[⑧] 沃森很可能提供了有价值的东西(细节未

① Ronald Homer, The Pewterers' Company's Country Searches and the Company's Regulation of Prices, in Guilds, Society & Economy in London, 1450-1800, I.A. Gadd and P. Wallis (ed.), London, 2002, p.107.

② 约翰·福布斯(John Forbes)也指出,在17世纪中叶之后,金匠行会被迫依靠议会的各项法案来确认他们拥有履行某些职责的权利,而并不依靠习惯法。"公会权力的下降似乎反映了君主制权力的衰落,因为议会逐渐承担了大部分原先在很大程度上是王室的特权的权力":John Forbes, Search, Immigration and the Goldsmiths' Company: A Search in the Decline of its Powers, in Guilds, Society & Economy in London, 1450-1800, I.A. Gadd and P. Wallis (ed.), London, 2002, pp.115, 119.

③ 所参考的市政厅图书馆中的理事会记录索引的六个行会分别是小五金商公会,CLC/L/IB/B/002/MS16968(1555—1895);枪炮制造商公会,CLC/L/GI/B/002(1637—1788);钟表商名家公会,CLC/L/CD/B/005/MS03975(1680—1815);染匠公会,CLC/L/DC/B/002/MS32825(1682—1878);造船匠公会,CLC/L/SD/B/001/MS04598/001(1728—1806);韦尔奇锡镴匠公会。

④ GL, CLC/L/CD/B/005/MS03975, f. 73.

⑤ GL, CLC/L/CD/B/001/MS02710/002, f. 73.

⑥ TNA, IND 1/4527 and IND 1/17073.

⑦ GL, CLC/L/CD/B/001/MS02710/003, f. 125.

⑧ J. Wigglesworth, Navigation and Newsprint: Advertising Longitude Schemes in the Public Sphere ca. 1715, *Science in Context*, Vol.21, 2008, p.362.

被记录),但钟表商名家公会拒绝购买。①

另一种保护商业秘密的潜在途径是学徒制度。学徒在开始七年的服务期前,需发誓将"忠实为师傅(master)服务,保守其秘密,处处执行其合法命令"。② 在伦敦公司(the corporation of London)于 1794 年制定的一份学徒指导手册中,对保密条款解释道:"即保守师傅的技艺,交易或技术的具体秘密,不泄露或使任何人知悉该秘密从而对其师傅造成损害,而其师傅的利益可能在很大程度上依赖于相关业务特有的管理及知识"。③ 值得注意的是,大西洋彼岸也采用这些学徒条款,且几乎是完全一致的:一名费城男孩在 1829 年开始当学徒,并发誓将"忠实服务师傅,保守其秘密,处处忠实遵照其合法命令"。④

在伦敦城内,首席财务官(chamberlain)主要负责裁定师徒之间的纠纷。⑤ 系统检索 1786—1810 年间的财政官法庭记录簿,即该记录簿存在的前 25 年,涉及保密条款的相关案件。⑥ 在近 4000 起案件中,没有一起与保密条款有关。但在 1830 年记录簿上发现了一起案件。一位名叫约翰·肯斯曼(John Kensman)的雕刻匠学徒,被认定犯有"向外地人泄露师傅业务秘密,从而对其师傅造成严重损害"的罪行。⑦ 虽然首席财务官有权判处约翰·肯斯曼在布莱德威尔监狱监禁长达两个月,但肯斯曼只是"被谴责……并勒令回家履行职责"。从对肯斯曼的宽大处理,以及几乎没有与保密条款有关的案件,可以看出师傅很少认为该条

---

① 钟表商名家公会法庭记录簿详细描述了另一个例子。在 1711 年,"有师傅向法庭起诉,一位名叫哈钦森先生的人曾与其联系,并表示他创造了一项手表的发明或改进(他的说法)"。钟表商们打算与哈钦森会面,但认为这个秘密不值得买。此外,事先警告哈钦森曾发明某种东西,并"要求律师和副总检察长申请中止为哈钦森先生的虚假发明授予其专利":Clockmakers Court Minute Book, 1699-1729, pp.116-117. 在无法获得专利后,哈钦森向议会申请一项决议,"保护哈钦森先生钟表运转发明的财产"。可以预见的是,钟表制造商反对哈钦森的议案。John Hutchinson, Reasons for the Bill, Entitled, a Bill for Securing to Mr J. Hutchinson the Property of a Movement Invented by Him for the More Exact Measuring of Time, both in Motion and at Rest; in Answer to Those Offered by the Clock-Makers of London Against it, London 1712; and The Worshipful Company of Clockmakers, The Clockmakers Further Reasons Against Mr. Hutchinson's Bill and Printed Reasons, London, 1712.

② 该条款由来已久。在 1291 年,一个香料学徒工发誓"服从他(师傅)的命令,保守他的秘密,保护他的货物,提醒他迫在眉睫的危险等等"。引用自 Lionel Bently, Historical Development of the Law of Confidentiality, in *Gurry on Confidence: The Protection of Confidential Information*, 2nd ed., Tanya Aplin, Lionel Bently, Philip Johnson, and Simon Malynicz (ed.), Oxford, 2012, p.17.

③ The corporation of London, Covenants of an Indenture of Apprenticeship, Familiarly Explained and Enforced by Scripture, for the Use of the Apprentices of the City of London, London, 1794, p.2.

④ 引用自 Catherine L. Fisk, *Working Knowledge: Employee Innovation and the Rise of Corporate Intellectual Property*, 1800-1930, Chapel Hill, 2009, p.27.

⑤ 虽然首席财务官主要充当伦敦城的重要财务官员,但他们似乎也认真对待自己的司法职责。1751 年到 1765 年任职的首席财务官托马斯·哈里森爵士(Sir Thomas Harrison),被记录到"在裁决师徒争执这一美好且重要的管理领域里,他的睿智和仁慈同样引人注目。他耐心倾听,公正裁决,全力以赴消除冤情,压制怨恨,实现持久的和解"。引用自 Betty Masters, *The Chamberlain of the City of London*, Leeds, 1988, p.96.

⑥ London Metropolitan Archives (LMA), COL/CHD/AP/04/02/001 to COL/CHD/AP/04/02/006.

⑦ LMA,COL/CHD/AP/04/02/012,f.177.

款值得执行(至少在财政官法庭的管辖范围内)。

最后值得指出的是，有关手工业行会和商业秘密的讨论对行会角色更宏观的史学辩论具有一定意义。[①] 从广义上讲，主流观点继续将手工业行会视为本质上的寻租机构(rent-seeking institutions)，通过严格控制市场准入和生产、监测劳资关系以及阻碍引进新技术执行其策略。行会影响减弱之处，工业和商业发展就随之而来(如 16 世纪和 17 世纪的英国和低地国家)。但斯蒂芬·爱泼斯坦(Stephan Epstein)专门提出了修正主义论点(revisionist argument)，更加正面地看待行会：为减少信息不对称而固定价格，行会成员获得来自掠夺性精英(predatory elites)以及确保技能与创新传承的学徒制度的保护。在这种架构中，行会产生了明显的经济效益，颠覆了关于英国手工业行会的史学。它们存在与繁荣的时间显然比迄今所认为的更长，并且现在争论的焦点是“手工业行会是在十七世纪末，在十八世纪二十年代和三十年代，还是在十八世纪下半叶期间开始衰落的”。[②]

本节所展现的内容支持了主流观点。行会可用于排斥非成员的法律机制基本无效，法官对此也并不支持。科克(Coke)关于 Clothmakers 案的记录解释了其为何判决不应起诉申宁厄(Sheninge)：他们所试图强加的排外主义“违背了臣民的自由(liberty and freedom)，这是一种获取钱财的敲诈行为……或本行业年长且富有的工匠压迫年轻工匠，不允许他们自由从事本行业”。[③] 英国手工业行会不仅试图排除非会员，而且在其特许状和章程中阐明，限制获得有关本工艺的非常“神秘”的知识。同样，如果这些进行排斥的法律机制曾存在过，那么现在可能也被终止了。至少行会本身含蓄地承认了，即它们从未因泄露秘密而起诉过成员。的确，即使是地位卑微的学徒也无法被有效限制分享机密信息。

二、上级法院中的商业秘密

在塑造商业秘密法过程中，基本可以不考虑手工业行会发挥的直接作用(尽管他们在表达对工艺流程的独占态度时，也会鼓励其他人采取类似的态度)。[④] 相反，商业秘密保护法的发展需要通过法院的裁决进行追溯。这绝不简单。首先需要说明的是，法律(过去)没有，(现在)也未承认商业秘密或信息本身存在财产权，但有一些防止不必要信息披露的法律文件，这可能被认为是一种事实上的承认。具体来说，虽然不可能直接转让秘密，但如果转让人向另一方透露秘密，同时承诺不继续使用该秘密或将其出售给第三方的话，则可实现同等效果。同样，如果员工签署保密协议，也可以限制他们使用或泄露商业秘密。如果这些文

---

① S.R. Epstein, Craft Guilds in the Pre-Modern Economy: A Discussion, *Economic History Review*, Vol.61, 2008, p.155; Sheilagh Ogilvie, Rehabilitating the Guilds: A Reply, *Economic History Review*, Vol.61, 2008, p.175. Sheilagh Ogilvie, The Economics of Guilds, *Journal of Economic Perspectives*, Vol.28, 2014, p.169.

② S.R. Epstein, Craft Guilds in the Pre-Modern Economy: A Discussion, *Economic History Review*, Vol.61, 2008, p.156.

③ 11 Coke 53; 77 E.R. 1218.

④ Pamela Long, *Openness, Secrecy, Authorship: Technical Arts and the Culture of Knowledge from Antiquity to the Renaissance*, Baltimore, 2001, p.10.

契不可用或很少执行,则使用商业机密的人必须完全依靠自己的手段将秘密商业化,或者依赖更复杂的计策。例如,在17世纪晚期,来自荷兰的埃尔斯兄弟(Elers brothers)对英国陶器进行了多次改进。为了避免采用专利保护,他们试图只雇用“白痴”执行单独的任务来保守秘密(以免他们推导出整个制造流程)。不幸的是,一个名叫阿斯特伯里(Astbury)的当地陶工糊弄了他们,使他们以为他是个白痴,并且在雇佣后阿斯特伯里揭露了他们的秘密。[①] 如今基于避免采用此类代价高昂策略的需要,商业秘密经常被证明是合理的,并且本节尤为关注保护商业秘密的法律文书的发展。[②]

其次,在1810年代之前,没有任何与商业秘密有关的判例法实体,并且在19世纪下半叶之前少有论著谈及该主题。这不仅提出了搜寻相关案件的实际问题,而且也要求在讨论商业秘密实践一致性之前应更为谨慎。实际上,17世纪的法律并无不能承认商业秘密的理由,这在新技术领域尤为确定。至少自17世纪初,发明专利就受到普通法的保护。[③] 例如,伊丽莎白时代的判例法提及了律师—客户守密特权(attorney-client privilege)和1654年的Walfron v. Ward案,其细节如下:为证明托马斯·康耶爵士的死因,法庭上的律师在宣誓后被讯问。梅纳德警官敦促其回答……作为律师,他私下知悉本案的情况。但首席大法官认为,他不必为可能泄露其当事人事业秘密而进行回答,因此,也不必被讯问。[④]

在Walfron案之后的几十年里,法院也开始承认某些类型的商业信息保密权。例如,在1681年的Herringman v. Clerke案中,原告是伦敦城内的一名文具店商。他控诉同为伦敦文具店商的被告埃德蒙·克莱克、阿贝尔·斯沃尔和罗伯特·博尔特(Edmund Clerke, Abel Swall and Robert Boulter)侵犯他对《亚伯拉罕·考利的著作》(*The Worke of Abraham Cowley*)一书所享有的版权。[⑤] 赫利曼请求法院发布一项禁令,阻止被告们继续出售《亚伯拉罕·考利的著作》,并要求被告披露与被指控的侵权行为有关的事项:特别是出售了多少本书,“卖给谁,以什么价格出售”。[⑥] 被告抗辩称:该起诉书所请求救济的目的是妨碍被告们……该诉讼是为了了解本书卖给了谁,多少人、多少本,以及在过去5年里被告们的销售价格,这是为了打探被告们的客户、交易,特殊的商业代表与代理商,以及他们的贸

---

① John Lord, *Capital and Steam Power*: 1750-1800, London, 1966, pp.48-49.

② 47E. I. du Pont de Nemours & Co. v. Christopher, 431 F.2d 1012 (5th Cir. 1970). M.A. Lemley, The Surprising Virtues of Treating Trade Secrets as IP Rights, *Stanford Law Review*, Vol.61, 2008, pp. 333-335. David D. Friedman, Trade Secret, in The New Palgrave Dictionary of Economics and the Law, Peter Newman (ed.), Basingstoke, 1998, pp.604-606.

③ 例如,在1615年的The Clothworkers of Ipswich案中,王座法庭认可,“如果一个人为王国带来了一项新发明和新贸易,但危及他的生命,消耗了他的财产或积蓄,或者如果一个人有任何新的发现,在这种情况下,国王会给予恩典和恩惠,补偿其成本和辛勤努力,可以授予其特许状,在一段时间内只有他可以使用该技艺或从事该贸易,这是因为起初王国臣民较为愚昧,缺乏知识或技能去参与相关行业:但当该专利到期时,国王不能作出新的授权”:11 Coke 53;77 E.R. 1218.

④ Geoffrey C. Hazard, An Historical Perspective on the Attorney-Client Privilege, *California Law Review*, Vol.66, 1978, p.1071.

⑤ 感谢Tomás Gómez-Arostegui向我提及了Herringman案。

⑥ Herringman v Clerke (1681), C8/301/33, f. 1, TNA.

易、往来和交易方式的秘密。[①]

在1682年，诺丁汉勋爵(Lord Nottingham)审理该案时，他驳回了抗辩，并命令被告"应该对原告的起诉作出充分和完美的答复"，但关键是，"排除披露被告的售书对象"。[②]

1634年的Childes v. Anthony案也许是最早明确涉及商业秘密的案件。[③]该秘密是关于"口服黄金"(drinkable gold)的药用配方，并且该配方起先由被告的父亲弗朗西斯·安东尼(Francis Anthony)作为"人体健康的特殊补品"而研制的。尽管医学院一再否定弗朗西斯及其补品，但该药在商业上大获成功，并赢得了国王本人的光顾。[④]弗朗西斯大概在临终前，"为了自己以及年幼子女的发展……传授了制作该药的技能"，由此获得了1000英镑或1500英镑，未来买主承诺在弗兰西斯过世前"不会在英国实践""也不会在英国公开制作"。[⑤]弗朗西斯本已"同意"，但根据原告向法庭提交的诉状，弗朗西斯的二儿子约翰(John)诱使弗朗西斯将该秘密交与他，并且作为回报，他将部分获利分给其兄弟姐妹(据说是每年1000英镑)。[⑥]原告接着提到在弗朗西斯去世后，约翰成了该秘密所有人并且从中"获利颇多"，随后却未向其妹妹玛莎(Martha)，和原告约翰妻子阿诺德·柴尔德斯(Arnold Childes)支付应付款项。约翰进行答辩并提出异议。在约翰的答辩状中，他否认了曾作出过承诺，并提及他"是带着极大的痛苦和勤勉……向父亲学习该秘密"。约翰还反驳道，对于其答辩毫无公平可言，因为个人诉讼的一般时效为6年，而原告却在弗朗西斯(1623)去世约11年后才起诉(1634)。约翰·米切尔爵士(Sir John Mitchell)审理了本案，且基于异议理由作出了支持被告的判决。Childes案只是提供了商业秘密在法律上具有可识别性的线索。特别是，假设这些数字十分准确，以1000～1500英镑的价格购买年收益率为1000英镑的资产，就意味着高风险，并且该投资很可能失败。相比之下，根据同时代的人估计，商业资本的回报率通常在10%～12%。东印度公司等盈利但高风险的企业早期航海年收益可能约25%。[⑦]

此外值得注意的是，未来买主同意在弗朗西斯去世之前不使用该秘密。这可能是因为双方不认为可以依法限制弗朗西斯使用该秘密；早在15世纪和16世纪，法院总宣称无论什么情况，任何贸易限制都是无效的。[⑧]的确如此，在1414年的Dyer's Case案中，赫尔法官(Justice Hull)因原告要求禁止被告从事染色工作(6个月)而愤怒谴责原告："你本可以以该

---

① Herringman v. Clerke (1681), C8/301/33, f. 2, TNA.

② TNA, C 33/259, f. 427.

③ 感谢Neil Jones告知我Childes案。Neil Jones, Aspects of Privity in England: Equity to 1680, in Ius Quaesitum Tertio, E.J.H. Schrage (ed.), Berlin, 2009, p.135.

④ 1618年，安东尼在其*Panacea aurea*一书的标题页面上刊登了詹姆斯一世(James I)的背书："Numquid ego ANTONIUM puniam, quia Deus illi benedixit?"(我应该惩罚安东尼，因为上帝祝福他?)引用自F.V. White, Anthony, Francis (1550-1623), in Oxford Dictionary of National Biography, Oxford, 2004.

⑤ Childes v. Anthony (1634), C 78/436/5, TNA.

⑥ Childes v. Anthony (1634), C 78/436/5, TNA.

⑦ Richard Grassby, The Rate of Profit in Seventeenth-Century England, *The English Historical Review*, Vol.84, 1969, p.725.

⑧ Harlan Blake, Employee Agreements Not to Compete, *Harvard Law Review*, Vol.73, 1960, p.629.

项义务无效而向其提出抗辩,因为该义务违反了普通法,上帝啊,如果原告在这里,他在向国王支付罚款前,应该坐牢。"[①]

差不多与此同时,Childes案中的预期销售谈判可能正在进行,但该规则正在放宽,并且基于三个条件允许贸易限制:自愿协议,"部分的"限制(某种程度的限制),以及充分考虑回报。[②] 例如,在1613年的Rogers v. Parrey案中,被告违反了21年内不在伦敦从事木匠工作的自愿协议,根据该协议他获得了一笔未具体说明的金额。[③] 法庭讨论了这种协议是否合法,但最终"完全同意,正如本案提及的,在特定的时间与地点,一个人很可能受到约束,并被限制使用其技艺"。[④]

1620年的Broad v. Jollyfe案[⑤]巩固了Rogers案的判决,并且1648年的Prugnell v. Gosse案[⑥]明确使得商业秘密的转让与利用更为便利:买方无须等到卖方去世即可牢牢拥有相关秘密。1693年的Burdett v. Slaughter案对此进行了更为详细的阐述。1692年,乔治·哈格(George Hager)与原告接洽,并告知原告他发明了一种"漂白大麻、亚麻和亚麻布的新方法"。双方订立了协议,根据该协议,哈格同意,"本人或其他任何人均不会利用或侵犯上述技术或发明",并且"除非征得其同意,否则绝不向任何人泄露或使知悉上述技术或发明"。[⑦] 为此,伯德特(Burdett)"向哈格提供了250英镑的保证金,且在一定期间内,若仅哈格一方遵守协议则支付该笔保证金"(换言之,伯德特泄露了秘密)。我们可以看到,在17世纪末之前,关于商业秘密交易的基本契约结构已经出现。

然而,事情很快急转直下。哈格一告知该秘密,伯德特与其助手托马斯·汤普森就认定该秘密没有价值,并起诉要求归还250英镑的保证金。伯德特的诉状还提到哈格曾是一位与名叫佩里·斯莱特(Paris Slaughter)的人共事的破产者。当向哈格支付的协议生效时,斯莱特可"申请将当事人传唤至破产委员会",并"引发针对当事人的疯狂起诉,要求其或偿还债务或私下和解或依法被严厉起诉"。这很可能是真的:10年前,哈格对名叫斯莱特的人负有债务——一个像巴黎屠夫行会(Paris Slaughter)的不吉利名字。[⑧] 哈格在答辩中提到确实存在商业秘密转让协议,但伯德特一开始承认自己对这种新方法很满意。他还否认与斯莱特有任何联系,尽管双方都要求伯德特支付保证金。该案随后诉诸普通法,以专门明确"被告哈格是否已使其实验有效履行了上述协议"。[⑨] 这成了主要问题,因为普通法法院暗示如果秘密有效,那么该协议将是可执行的,则伯德特不得不履行协议。可以猜测到普通法

---

① Y.B. 2 Hen V., fo. 5, pl. 26. Mark A. Graber and Howard Gillman, *The Complete American Constitutionalism: Introduction and the Colonial Era*, Oxford, 2015, p.314.

② 弗朗西斯于1623年去世,因此出售该秘方的谈判很可能在1610年代进行。

③ 80 E.R. 1012.

④ 通常认为1711年的Mitchel v. Reynolds案是限制贸易的主要案例,但考虑到先前涉及该问题的判例法,这可能是被误导的;首席大法官帕克(Chief Justice Parker)在呈交王座法庭的决议时引用Rogers案。1 P Wm. 181;24 E.R. 347.

⑤ 79 E.R. 509.

⑥ 82 E.R. 919.

⑦ Burdett v. Slaughter (1693), C 6/325/17, m. 1, TNA.

⑧ Hager v. Slater (1683), C 6/246/25, TNA.

⑨ TNA, C 33/281, f. 431.

法院裁定该方法无效,返还保证金并解约,但我们仍可从协议条款中看到新的交易限制规则是如何促进商业秘密的转移的。[①]

同一时期的另一起商业秘密案件——1682 年的 Jenks v. Halford 案确认了秘密本身的效用是确定其是否受到法律保护的关键。本案涉及威廉·沃尔温(William Walwyn)的遗产,威廉是伦敦地区一位成功且家喻户晓的医生和药剂师,他被列入《牛津国家人物传记大辞典》(the Oxford Dictionary of National Biography,这既归功于其医疗活动,但也因他是 17 世纪 40 年代一位杰出的平等主义者)。坎特伯雷特权法院(prerogative court of Canterbury)认可了威廉的遗嘱,该遗嘱提及威廉留有大量的遗产。[②] 然而遗嘱并未明确提及其医疗手册和所研制药品秘方的归属,且两样都被女婿理查德·哈尔福德(Richard Halford)所占有。另一位女婿弗朗西斯·詹克斯(Francis Jenks)[③]在起诉书中声称"他(沃尔温)去世时留下了各种书籍或论文,其中写有多种仍被保密的具体药物发明与猜想的成分,原料和制作方法。这些药物不为人所知且具有诸多优点……沃尔温先生通过制作与利用这些药物年收入达到了五六百英镑"。[④]詹克斯如今想要理查德·哈尔福德支付一半价值的动产,"尤其应交出部分药品书籍、论文、处方(receipts)以及研制上述药品的书面说明……(已经)……私下利用相关药品进行治疗所获利润"[⑤]。

哈尔福德在答辩中承认,"威廉·沃尔温去世时确实留下了一些关于上述药物研制方法的书面记录……但希望并建议他不可被强迫说出或揭露上述处方"。[⑥] 答辩状提道:"被告否认出售或处置任何文件、操作指南或导致该批文件或其中任何一个被抄录,外传或泄露,而是保守着每一个秘密。"[⑦]因此,双方之间的争议点在于这些秘方是否应被视为沃尔温个人财产,以及是否应由两位女婿共享。诺丁汉勋爵审理了此案。负责辩护的副总检察长认为,"依伦敦城习惯法,将这些处方和琐碎物品视为市民财产的一部分真是一起丑闻,尤其像这样仅是为了获得更多利益的处方"。[⑧] 这多少有些不真诚。哈尔福德在岳父去世后立即再版了他的医疗手册——《家庭医学》(Physick for Families)(主要包括患者的"症状描述"),同时附上广告:"本药购自芬斯伯里角屋理查德·哈尔福德先生处,他多年来协助这些药物的发明者研制以及使用药物,由于双方性情相近且友谊深厚,发明者告知哈福尔德所有

---

① TNA, C 33/285, f. 1083.

② Barbara Taft, Walwyn, William (bap. 1600, d. 1681), in Oxford Dictionary of National Biography, Oxford, 2004; TNA, PROB 11/365/71.

③ 虽然弗朗西斯·詹克斯现在默默无闻,但当时作为伦敦最核心的激进分子之一,他早已为同代人所熟知。1676 年,在吉尔霍尔进行的一次不温不火的演讲导致国王和枢密院立即发出传票。詹克斯毫无悔意,被送进了监狱关了三个月。Gary De Krey, London Radicals and Revolutionary Politics, 1675-1683, in The Politics of Restoration England, Tim Harris, Paul Seaward and Mark Goldie (eds.), Oxford, 1990, pp.138-139.

④ Jenks v. Halford (1682), C 6/242/97, m. 1, TNA.

⑤ Jenks v. Halford (1682), C 6/242/97, m. 1, TNA.

⑥ Jenks v. Halford (1682), C 6/242/97, f. 2, TNA.

⑦ Jenks v. Halford (1682), C 6/242/97, f. 2, TNA.

⑧ 1 Vern. 61; 23 E.R. 311.

的秘密与处方。"[①]哈尔福德也负责 1696 年手册的再版。[②] 副总检察长最后将该秘密与发明专利进行比较:"它不像是一项新发明,因为一个人拥有专利将使得在许多年内除他之外无人可以使用相同专利;也许可归属于财产;但在本案中并无相关特征。"[③]诺丁汉支持道:"我迄今也不同意法庭认可秘方(这只是一种骗术,仅为了欺骗民众)的价值。说不定关于制作肉馅饼或捕捉老鼠的秘方也许是有价值的。"[④]法庭命令书(the chancery order books)为法院判例汇编(the printed report)提供了佐证,大法官裁定"原告的起诉系欺诈……"并且应被驳回。[⑤]

因此,在秘密价值不明显的情况下,对方当事人很容易声称秘密毫无作用并且拒绝交易。这或许也能解释为什么 18 世纪没有与商业秘密转让有关的公开案例,而一个未公开案例即 1730 年的 Liveings v. Grandison 案恰好说明了该问题。[⑥] 在 Liveings v. Grandison 案中,原告托马斯 · 利名斯(Thomas Liveings)开发了一种新型复合肥。起诉书中提到,格兰迪生伯爵一世约翰 · 维利尔斯(1st Earl Grandison John Villiers)曾与其接触,并认为肥料在爱尔兰很有市场,他可以协助托马斯 · 利名斯在爱尔兰获得专利(1721 年,格兰迪生曾在爱尔兰枢密院任职)。利名斯说他"在伯爵承诺无论如何均不向第三人泄露该秘密的情况下,最后被劝服……向伯爵揭示上述发明和制造复合肥的方法",格兰迪生同意支付爱尔兰专利费用,并为启动工作预付 150 英镑。[⑦] 作为回报,格兰迪生将获得第一笔利润,直至其收回相关费用,此后双方将均分利润。然而伯爵一得知该秘密,就确定其毫无价值,"并公开声称上述复合肥对任何类型的土壤均有害……因此他不会继续协助申请所承诺的专利"。格兰迪生的答辩未对利名斯的主要诉求提出异议。他承认,"在被告承诺不向任何人泄露该秘密的前提下,原告确实向被告披露了制作与合成上述肥料的秘密及方法",并已经达成了专利协议及在爱尔兰生产该肥料。但"在对肥料改进满意之前",他不愿意冒险。[⑧] 遗憾的是,该案并未进行听审,且格兰迪生未被该肥料的优点所说服,在 1732 年,利名斯仅以其名

① William Walwyn, Physick for Families, London, 1681.

② William Walwyn, Physick for Families, 2nd ed., London, 1696.

③ 1 Vern. 63; 23 E.R. 312.

④ 1 Vern. 63; 23 E.R. 312.

⑤ TNA, C 33/259, f. 19.

⑥ Liveings v. Grandison (1730), C 11/83/11, TNA.

⑦ 该协议于 1729 年 12 月 24 日签署,比利名斯在英国获得专利(Woodcroft No. 506)晚了 10 个月。显然,这项发明未依照专利公布,利名斯仍然保留着制造肥料的秘密。在检察官(law officer)提出所有专利发明必须在 1730 年代准确说明之前,这种"双重"保护策略也为其他发明人所采用,如下文讨论的 John Dwight 案。在 1693 年,陶艺家约翰 · 德怀特(John Dwight)起诉托马斯 · 韦奇伍德(约西亚的祖父)和其他人"结伙",他们承诺给予丰厚的回报,并让(德怀特的工人)指导或教授他们制造和准备上述产品的奥秘。虽然这个"技艺或秘密"在 1684 年申请了专利(Woodcroft No. 234),但德怀特认为他仍然有权保留这个秘密。他证明了这是正确的。案件通过民事诉讼途径审理,德怀特胜诉,随后法庭颁布永久禁令。涉及德怀特的诉状和其他案件被丹尼斯 · 哈塞尔格罗夫和约翰 · 默里转录,John Dwight's Fulham Pottery, 1672-1978: A Collection of Documentary Sources, *Journal of Ceramic History*, Vol.11, 1979, p.1. Christine MacLeod, *Inventing the Industrial Revolution: The English Patent System*, 1660-1800, Cambridge, 1988, pp.64-69.

⑧ Liveings v. Grandison (1730), C 11/83/11, m. 2, TNA.

义获得了爱尔兰专利。[①]

尽管18世纪相关的商业秘密案件相对稀少,但有大量证据表明,特别是化学品和冶金等部门,制造方法和工序经常出于获得商业利益的目的而被保密(至少在行会体制之外),并且商业秘密是可以进行交易的。[②] 最早的已报道的涉及商业秘密转让的案件是1810年的Seddon v. Senate案。[③] 本案与一种名为Pastilles Martillesles de Montpellier或Aromatic Lozenges of Steel的药物有关。[④]被告塞纳医生(Dr Senate)以500英镑的价格将药品秘方卖给了J.B.法卡斯(J.B. Farkas),且在他或他的妻子有生之年,保留三分之一的利润。这份1801年的协议格式与17世纪末Jenks案以及Burdett特案中的协议格式非常相似,这表明商业秘密转让的标准格式已经出现。特别是,塞纳承诺不向任何人透露该秘密,也不会继续使用该秘密,否则处以5000英镑罚款。后来在1805年,法卡斯将该秘密卖给了原告J.P.塞登(Seddon)。作为出售的一部分,塞纳确认"他所拥有的任何关于该药的余下部分或者份额、比例(proportions)、权利、所有权(title)、利益、主张或者请求等"均属于塞登。然而塞纳随后又开始生产该药,并坚持认为该协议的条款并未禁止该行为:这一主张成为争议焦点。最初,塞登请求法庭救济。在一次听审上,埃尔登勋爵(Lord Eldon)下令,除非塞纳向衡平法院存卷主事官(chancery masters)提供担保,否则他将发布限制其"销售该药"的禁令。[⑤]随后该案被移交至王座法庭,塞登提出了损害赔偿,并获得四位法官支持。首席大法官埃伦伯勒(Chief Justice Ellenborough)认为塞纳的行为"明显违约"。[⑥] 格罗斯法官(Justice Grose)也坦言道:"买方应拥有该药物唯一所有权和销售权。"[⑦]塞登获得100英镑赔偿金,并且法庭颁布针对塞纳的禁令。[⑧] 不幸的是,对于塞登而言,塞纳的不法行为并未停止,塞登又两次获得法庭禁令救济,一次是在1812年,据说当时塞纳以"麦加香膏"(Balm of Mecca)的名字出售相同药物;另一次则在1814年,以"Venel博士的滋补香膏"(Doctor

---

① TNA,HO 42/218.最终,格兰迪生加入利名斯的计划似乎是正确的。利名斯未从其肥料发明中获利,1733年"为试图使(其专利)获得议会奖励,以慈善为幌子装点其报价"。MacLeod, Inventing the Industrial Revolution, p.98.

② 例如,"专有"药品市场(实际上相对于"秘密"药品)是一个很大的市场。1802年,对所有未以普通名称或技术名称出售的药品征收的印花税引入了新的征税比例;特别包括了针对"制造,准备,使用,出售或公开出售药品之人中,拥有或声称拥有制造或准备该药品的任何秘密或未知技艺的人"的补救措施。该税大约按售价的1/6收取,在实行的第一个年度即1803年,税收总额为33307英镑。TNA,CUST 118/366。这意味着专有药品的市场总量每年约为20万英镑,在2016年其所占GDP的比重接近12.5亿英镑。此外,由于逃税的情况很普遍,因此这一数字肯定被低估了。Chantal Stebbings, *Tax, Medicines and the Law: From Quackery to Pharmacy*, Cambridge, 2017.

③ 13 East 75; 104 E.R. 295.

④ 与柴尔德斯的"口服黄金"一样,帕斯蒂勒斯也声名狼藉,并受到谴责。John Corry, *The Detector of Quackery*, London, 1802, pp.32-33; *The Medical Observer*, London, 1806, pp.284-291.

⑤ TNA, C33/576, f. 745.

⑥ 13 East 75; 104 E.R. 295.

⑦ 13 East 75; 104 E.R. 295.

⑧ Lionel Bently, Historical Development of the Law of Confidentiality, in *Gurry on Confidence: The Protection of Confidential Information*, 2nd ed., Tanya Aplin, Lionel Bently, Philip Johnson, and Simon Malynicz (ed.), Oxford, 2012, p.42.

Venel's Restorative Balsam)的名字销售。[①]

Seddon 案似乎证实了商业秘密的合同交易以及不得继续使用或泄密的相关义务较容易履行。塞登能够三次禁止塞纳使用该药物,其权利来自普通法。然而,三年后,埃尔登勋爵在法庭上对维护这些协议的正当性持保留意见。1817 年的 Williams v. Williams 案是另一起与秘密药物相关的案件。本案是因为原告(被告的父亲)为与被告建立伙伴关系而向其透露相关秘密。然而,儿子将其父亲排除在外,独自进行该项业务,并向无关的第三方泄密。原告获得了禁止被告控制该业务,变卖资产与泄露该秘密的禁令。但是,在听审中,埃尔登勋爵判决,如果双方之间没有就使用该秘密的使用达成任何具体的合同条款,那么限制被告对外透露的禁令应被解除。此外,埃尔登还暗示即使被告有不得泄露的特定承诺,也不能强制执行:"根据一般原则,我不认为法院应该努力保护此类药物秘密,在专利案件中法院确实要在专利授权范围内保护专利,这是因为专利权人与公众进行了交易,并有义务公开其秘密……是否可以将该原则扩展到此种情况即缔约方是否有权获得司法保护,通过限制缔约一方披露所承诺保护的秘密,从而判决协议的具体履行,这是一个十分值得重视的问题。"[②]

虽然埃尔登承认"本案判决无须回应(这个问题)",但表述中体现出了不同于早先 Seddon 案判决的惊人逆转。埃尔登在这一年早些时候也审理过涉及药品秘方的类似案件——Newbery v. James 案。[③] 这两种药物最早在 18 世纪中期由臭名昭著的庸医罗伯特·詹姆斯医生(Dr Robert James)研制。其中一种用于治疗发烧的粉末已获得专利(该专利早已到期)。另一种用于治疗痛风和风湿病的"Analeptic 药丸"尚未获得专利。1747 年,詹姆斯医生与原告已故的父亲签订合同,他(詹姆斯)将继续生产药品,而纽伯瑞(Newbery)则拥有药品零售专有权。1755 年无限期延长了该协议,"无论任何一方或其遗嘱执行人……都应要求"儿子们以同样的方式共事。然而,当秘密传到詹姆斯医生的孙子时,他拒绝继续向原告提供该秘密,并威胁要披露药品制作秘密。小纽伯瑞现请求履行该协议,并禁止被告披露这些秘密。埃尔登花了较少时间反驳发热粉末可以得到保护的观点:它已获得专利,理论上已向世界公开。第二种药物问题更为突出,该药物未获得专利,但埃尔登作了如下判决:该药的制作技艺和方法是保密的,意味着法院无法根据是否侵犯相关技艺或方法来颁发禁令。法院除了让各方通过诉讼方式来裁判其合法权利之外什么都做不了。这也是此类案件最可能的走向,甚至在应该有所行动之前也不会继续发布禁令。

埃尔登关于禁止使用的秘密的实用性的担忧是一个新问题,他曾在 Seddon 案中三次禁止被告出售药品,因为原告声称该药品与其秘密相同。更为密切相关的是,埃尔登担心,如果商业秘密相较于专利更具有吸引力,则可能会损害专利披露功能。这种情况下,也不会

① Seddon v. Senate (1812), C33/593, f. 1064, TNA; Seddon v. Senate (1814), C33/593, f. 391, TNA.

② 943 Mer. 157; 36 E.R. 61.

③ 2 Mer. 446; 35 E.R. 1011. Lionel Bently, Patents and Trade Secrets in England: the Case of Newbery v. James (1817), in Intellectual Property at the Edge, Rochelle Cooper Dreyfuss and Jane C. Ginsburg (eds.), Cambridge, 2014, pp.295-317.

有适当的法律拟制(convenient legal fiction)。[①]大约自18世纪中叶起,专利已开始通过合同的方式实现,为行使阻止其他方使用其技术的临时性权利,专利权人有义务向法院提交关于其发明的详细书面描述。[②]法院非常重视这些书面描述(称之为说明书)的准确性,并且在技术信息较少以书面形式提供的时期,这些书面描述形成了独特且可靠的最新工业技术汇编。说明书的价值从它们的频繁出版中可见一斑,专利说明书成了19世纪上半叶技术期刊出版的主要部分。[③]

之后的案件虽然重新认可了商业秘密协议的可执行性,但最重要的是,1822年的Bryson v. Whitehead案重新确认了涉及商业秘密的贸易限制的合法性。[④] 在本案中,原告与其女婿拥有"被认为具有重要价值"的秘密——"一种关于邦巴辛绸及其填充物染色的特殊方法"(a particular mode of dying bombazeens and stuffs)。布赖森(Bryson)退休后,以1500英镑的价格将其业务出售给被告,并且该秘密以1000英镑单独出售。作为秘密转让协议的一部分,布赖森及其女婿承诺,在未来20年内,不会在斯皮塔佛德教区(Spitalfields parish)50英里范围内从事染匠工作。随后,被告对此协议的条款提出异议,他们认为50英里的距离不够严格。布赖森现已向法庭起诉,请求执行原始协议。利奇副大法官(Vice Chancellor Leach)认可"虽然法律的原则(the policy of the law)不允许一般的贸易限制,但交易者可能会出售商业秘密并通常限制自己使用该秘密",并且他将此事交与衡平法院存卷主事官处理,以达成一项双方都满意的新契约,并签订一项二十年不得使用秘密的一般契约和一项限于当地的有限契约[⑤]。之后1837年的Vickery v. Welch案援引了Bryson案的判决,该案裁定"制作巧克力的专有权和技艺或秘密以及有关上述制作巧克力方式的所有信息"表述并不构成对贸易的限制,普特南法官(Justice Putnam)注意到"被告主张该义务因限制交易而无效,但我们不能认为该案符合Bryson v. Whitehead案的规则"。[⑥]

在Bryson案之后,涉及商业秘密交易的多样性与复杂性开始增加。例如,在1838年的Carter v. Goetze案中,被告人同意向原告出售一种从棕榈油和蔬菜中提炼"甾醇"(sterine)(德语:sterols),并提纯甾醇油的秘密方法。[⑦]为避免出现在Burdett案和Liveings案中讨论

① 也并非完全倒退,如美国最高法院针对1974年Kewanee Oil Co. v. Bicron Corp.案的裁决体现了同样的关切。在Kewanee案中,最高法院确认,州法律规定的针对商业秘密侵占所给予禁令救济和损害赔偿不与联邦专利法相冲突:416 U.S.470。道格拉斯法官(Justice Douglas)对此持不同意见,他认为相关规定与专利法的冲突是显而易见的。国会决定采用专利制度是基于这样一种想法,即如果披露发现并申请专利,将会比每个人秘密工作产生更多的创新。因此,社会促进技术信息的自由交换,但代价是17年的有限垄断:416 U.S.496-497。

② Sean Bottomley, *The British Patent System During the Industrial Revolution*, Cambridge, 2014, pp.46-49, 88-91.

③ Sean Bottomley, *The British Patent System During the Industrial Revolution*, Cambridge, 2014, pp.177-201.

④ 1 Sim. & St. 74; 57 E.R. 29.

⑤ 1 Sim. & St. 77; 57 E.R. 31.

⑥ Vickery v. Welch (Mass. 1837), 19 Pick. 527, 36 Mass. 527. Jarvis v. Peck (N.Y. Ch. 1843), 10 Paige Ch. 118, 124.

⑦ 2 Keen 581; 48 E.R. 752.

过的相同问题,该协议规定:除一般条款之外,还同意格兹(Goetze)在出售前在原告的场所提纯甾醇,“以这种方式尽可能在不披露秘密的情况下,使原告能够确定其中的费用”。如果独立公证人认为格兹制造甾醇和甾醇油的秘密工序符合要求,则卡特必须购买。本案争议起于卡特声称被告的工序只是通过添加“带来的两个石瓶中的一些东西并且从未告知其特性”(原文为斜体字)起作用。在一次法庭听审时,格兹被要求根据与原告的协议充分披露秘密工序。①

法院也开始允许雇主限制其雇员为私利而使用或泄露秘密。从1715年开始,托马斯·马拉尔与雅各布·沃滕(Thomas Marlar and Jacob Watten)的印花布印刷厂帮工雇佣合同草稿副本中就体现了早期此类做法尝试。②草稿部分内容提到“所述AB已经多次承诺并且同意不让任何其他人知悉,了解或向其传授上述业务,并且本人也不从事同一业务”,如有违反,则终止雇佣合同。使用“AB”表明该草稿可能是一个模板,并且该条款经常被采用(至少在马拉尔和沃滕的印花布印刷厂中);在1715年,该条款可能是可执行的。例如,陶工约翰·德怀特(John Dwight)指责竞争对手“结伙”诱骗其工人,“以教授该(结伙)或使其知悉准备和制造所述产品的技艺或秘密”。最终德怀特在民事诉讼中胜诉,并获得永久禁令。然而,德怀特的发明受到专利保护,虽缺乏裁判细节,但本案应该在专利侵权的背景下看待该案件。

不过一个世纪后,在1820年的Yovatt v. Winyard案中,原告试图阻止一位老助手出售曾受雇配制的(非专利)药品。③ 双方协议规定温亚德(Winyard)将获得薪酬并被教授本业务常识,但具体而言不是合成该药品的方法。④ 之后温亚德显然有机会接触约瓦特(Yovatt)的秘方,并复制了该秘方,温亚德现正销售该药品。为先发制人,原告律师将此案与Williams案以及Newbery案进行了区分:“认为虽然法院可能无法保护秘密免于被所有权人所告知之人披露,但是当被约束之人私下掌握该秘密时是可以保护的。”埃尔登勋爵对此表示赞同,并“以违反信托及泄露商业秘密为由”颁布禁令(并且应记住的是该判决对于特纳对Morison案的裁判特别具有启发意义)。⑤

Yovatt案指出雇主可通过其雇员对其业务所涉商业秘密进行所有权控制,这也支持了托马斯·马拉尔和雅各布·沃滕所使用的合同。⑥ 此外,马拉尔与沃滕的雇佣合同所规定的相同义务可被视为隐含在雇佣合同之中。例如,在1827年的Evitt v. Price案中,原告起诉,请求禁止被告(原为原告的会计师)“泄露他所掌握或了解到的与该合作关系有关的任何

---

① Home v. Booth (1842), 3 Man. & G. 709; 133 E.R. 1325.

② LMA, ACC/0097/001.

③ 1 Jac. & W. 394; 37 E.R. 425. For the bill of complaint, TNA, C13/2349/76.

④ 1 Jac. & W. 394; 37 E.R. 426.

⑤ 七年前,曾审理了与Yovatt案相类似的案件,即Canham v. Jones (1813), 2 V. & B. 218; 35 E.R. 302,普卢默副大法官(Vice Chancellor Plumer)拒绝禁止被告[曾是卡纳姆(Canham)的仆人]生产“Velnos'蔬菜糖浆”。但普卢默的裁判理由主要基于被告(正如原告最初诉状中所承认的那样)并未生产与原告产品相同的糖浆。

⑥ Makepeace v. Jackson (1813) 4 Taunt. 770; 128 E.R. 534.

信息,或者在雇佣中所了解到的相关事务或秘密”①。尽管普赖斯(Price)从未对该合作关系承担任何正式的保密义务,但原告仍然通过引用关于律师与客户之间守密特权的保密通例获得禁令(确切说是1815年的Cholmondeley v. Clinton案)。②

三、商业秘密与批量生产(production)

法律开始允许发明者和制造商以比之前更为扩张性且雄心勃勃的方式,通过向对方出售秘密或限制雇工为私利使用秘密而将商业秘密商业化。尽管这是一个渐进的过程,但也解释了迄今讨论案例中反复出现的特征:几乎均与药物或化学工艺有关。这些行业的最终产品不易受反向工程影响,并且由于高价值产出且低物理体积,因此严格控制生产在商业上是可行的。这验证了佩特拉·莫泽(Petra Moser)的定量研究,该研究表明,在1851年的万国工业博览会中,638件英国和美国的化学和冶金展品中只有5%获得了专利(推断这些行业广泛将商业秘密用作新发明商业化的策略),相比之下,711件机械和工程展品28%获得专利(首选专利)。③ 然而,当1869年推出有助于反向工程的元素周期表时,大型展会上化学品展品的专利申请率显著增加。④

最后一节通过研究“约翰逊医生的眼药膏”逸闻以及与之相关的两个案例,1823年的Green v. Folgham案和1832年的Green v. Brock案,更为深入地分析了商业秘密法如何影响实际商业行为。⑤ 该药膏是一种将其涂抹于眼部周围的皮肤,能治愈各种疾病的软膏。19世纪60年代该药膏所有权人编写的一份文件提及该配方可以追溯到1596年,并由居住在沃克斯豪尔的约翰逊医生所“发明”。⑥ 约翰逊于1635年去世后,该秘方遗赠给乔治·欣德(辛德)[George Hind(e)],接着传给他儿子威廉(William),然后是威廉的女儿与其丈夫托马斯·辛格尔顿(Thomas Singleton,于1779年去世),并传给其儿子威廉·辛格尔顿(William Singleton)。⑦ 关于这一传承的确凿证据来自乔治·欣德在1707年出版的《贸易

---

① 1 Sim. 483; 57 E.R. 659. Note also Chief Justice Best's observation in Beeston v. Collyer (1827):“若证明(雇员)泄露了雇主的秘密,或犯有其他不当行为,则未向其通知就将其解雇具有合理性”。2 Car. & p.609; 172 E.R. 277.

② 19 Ves. Jun. 261; 34 E.R. 515.

③ Petra Moser, Innovation without Patents: Evidence from World's Fairs, *Journal of Law & Economics*, Vol.2012, p.58.

④ 例如,在1851年,没有一个美国化学展品获得专利(在32个展品中为零),而在1893年世界博览会上,63个化学展品中有12件获得专利(19%)。

⑤ 1 Sim. & St. 403; 57 E.R. 161; Green v. Brock (1832), C 13/1001/51, TNA.

⑥ LMA, B/SIN/002.

⑦ LMA,B/SIN/001.除了伦敦报纸上的广告外,1779年左右该药还在书面记录中出现,当时普通药品零售商詹姆斯·博尔顿(James Bolton)开始发放宣传“约翰逊医生的黄色或金色药膏”的传单。该药由T.辛格尔顿企业内制备。在被误以为是第一起涉及商标的已报道的判例中,W.辛格尔顿决定依普通法提起诉讼,以便获得因博尔顿欺诈行为的损害赔偿和费用。Singleton v. Bolton (1783), 3 Doug. 293; 99 E. R. 661. Lionel Bently, The First Trademark Case at Common Law? The Story of Singleton v. Bolton (1783), *UC Davis Law Review*, Vol.47, 2014, p.969.

总论》(*General Remarks on Trade*)杂志上刊登的关于"约翰逊医生著名的黄色软膏"的广告,即使乔治·欣德很长寿,但似乎也缺了一两代人。[①] 特别是直到约翰逊医生研制后约400年,即1975年时,该秘方仍在生产,虽然在此期间,秘方可能已经改变了。[②]

1794年,威廉·辛格尔顿的女儿塞琳娜(Selina)与蒂莫西·富尔加姆(Timothy Folgham)结婚时,威廉·辛格尔顿将该软膏的所有权与秘方交与了塞琳娜。在结婚时,威廉确实"同意并承诺忠实且有效地披露该技艺或秘密,以及制备和合成该软膏的方法……并且威廉或其妻子伊丽莎白·辛格尔顿过去不曾将来也不会向任何其他人披露或公开该秘方"。[③] 此外,还要求这对年轻夫妇过世时,应为了他们孩子的利益出售该秘密(假设有多个问题)。于是该秘方"基于此目的而被封存",并且当威廉去世时,该配方由遗嘱执行人员交给塞琳娜·富尔加姆(Selina Folgham)。她制备并销售该软膏直至退休,之后由其长子威廉·辛格尔顿·富尔加姆(William Singleton Folgham)接手。然而,当1816年塞琳娜去世时,威廉·辛格尔顿·富尔加姆继续经营该业务,而不是为其兄弟姐妹利益将该秘方出售。通过其祖父在世的遗嘱执行人,富尔加姆采用单务契约将业务利润在他和四个兄弟姐妹之间平分,但扣除业务成本后,富尔加姆应为其"付出"获得四分之一收入。然而,几年后,其妹妹塞琳娜·伊丽莎白·格林(Selina Elizabeth Green)与丈夫史蒂芬·格林(Stephen Green)提起诉讼,认为富尔加姆留有"上述收入的大部分……超出其应得部分的份额(与约200年前Childes案的情况非常相似)"。W.S.富尔加姆也曾说服妹妹以100英镑年金的对价放弃对该秘密所享有的五分之一份额。但诉状提及W.S.富尔加姆通过欺诈性陈述达到该目的,她现在要求依祖父最初的遗产安排出售该秘密。

W.S.富尔加姆答辩坚称他最初并不知道1794年的契约,并也曾向塞琳娜·伊丽莎白提出要约,试图理清法律上的问题:"由于被告在制备与销售该软膏时所开展业务的特殊性质以及对被告兄弟姐妹是否对该秘密享有利益存在疑虑……这是非常明智的……他应该执行这样的(单务)契约。"[④]但他也承认他想要阻止塞琳娜·伊丽莎白的丈夫涉足这项业务:"主要是为了避免原告史蒂芬·格林参与后对该业务相关利益者造成的巨大损害。"他要求单边契约仍然有效。在听审期间,原告律师扩充了这一论点,特别是他们声称原始信托无法执行,因为其涉及的"仅是口头秘密(并无书面确认),如今法院可以执行这样一项存在于如

---

① Lionel Bently, The First Trademark Case at Common Law? The Story of Singleton v. Bolton (1783), *UC Davis Law Review*, Vol.47, 2014, p.972.

② Peter Homan, Singleton of Lambeth's Eye Ointment, *The Pharmaceutical Journal*, Vol.275, 2005, p.808. 英国医学协会在1909年对保密药物进行分析时指出,这种"活性"成分是"以蜂蜡、猪油、日本蜡和椰子油混合物"为基底的7.4%的红色氧化汞。该协会的分析也为说明该药膏可能如何发挥效用提供了一些线索。红色氧化汞是已知针对眼睛的刺激物。在排斥红色氧化汞时,眼睛也可能排斥任何原始的刺激物。有一份证词(药膏所有权人收集的数百份证言中的一份)特别值得注意:1799年,威廉从英国陆军部收到一份由约克公爵(the duke of York)签署的证词,宣称英国军队在埃及战役中所使用的软膏的巨大价值,在那里,大量士兵的眼睛受到炎热的沙子的影响,"通过使用该药膏完全治愈"。Peter Homan, Singleton of Lambeth's Eye Ointment, *The Pharmaceutical Journal*, Vol.275, 2005, p.808. British Medical Association, *Secret Remedies, What They Cost and What They Contain*, London, 1909, pp.142-143.

③ LMA, B/SIN/004, ff. 1-7. Green v. Folgham, C 13/274/13 (Chancery 1823).

④ LMA, B/SIN/004, f. 37.

此模糊的实体之上的信托吗? ……此种性质的对象之上并不存在所有权”。[①]

利奇副大法官审理了此案。他依据原始遗产安排进行裁决,受托人和 W.S.富尔加姆无权达成 1816 年的契约。因此,要求富尔加姆必须对所赚取的利润作出解释。然而,利奇并未要求出售该秘密:“因为法院并无将该秘密确切告知购买者,或保护购买者享有该秘密权益的可行方法,这使得出售不切实际。”相反,他要求双方依法以民事诉讼方式进行审理,以确定秘密的价值。[②]虽无审判结果,但在 1825 年,查尔斯·佩皮斯(Charles Pepys,后来的大法官)针对该案签署的意见留存下来,该意见详细说明了本次听审结果。佩皮斯(曾在最初听审中担任受托人的律师)记录道,在利奇听审之后,双方当事人向埃尔登勋爵求助。埃尔登“泛泛表达了看法,即衡平法院无权干涉此类财产的遗产管理,但他暗示如果家庭能解决该问题,则应由他们自己解决,并且成为埃尔登勋爵所称的自己的法官”[③]。双方当事人同意进行仲裁,佩皮斯详细记录了该裁决。W.S.富尔加姆可生产该软膏秘方,且该秘方被放在“一个带有弹簧锁但无钥匙的小铁盒内,该铁盒应立即放在另一个带有两把锁和钥匙的铁箱之中,双重锁定该铁箱……该铁箱应由上述受托人保管”。一把钥匙由 W.S.富尔加姆持有,另一把由受托人持有。富尔加姆将继续制备药膏,但现只能因其付出获得一部分净利润(百分之四十),而不是总收入的一部分。剩余利润将由五个兄弟姐妹平分。在富尔加姆去世后,其遗产将由他最年长的子女继承,或者如若去世时无子嗣,则将由受托人认为最适合之人为家族利益接手该秘密。W.S.富尔加姆立下价值 5000 英镑保证金,如其泄露该秘密,将被没收该保证金。最终,这个秘密通过斯蒂芬·格林的妻子传给斯蒂芬·格林,虽然在任何法律背景下该秘密的保护预防措施都是合乎常情的,但他在 1872 年所写的备忘录提到,应注意对雇工保守该秘密。拿到该备忘录之人应被反复告诫锁好一切东西:“在离开前……关上窗户并双重锁好门”“在配制的全流程中,办公室的窗帘必须拉好,以便无人看到总办公室发生了什么,此外在配制过程中,两个门应闩好,无来访者或陌生人进入”“准备配料或处理软膏时,应关好办公室大门,以防被突袭或打断”。[④]

1832 年,一外人试图发现和利用该秘密。该药膏的一个重要成分是由药剂师学会替斯蒂芬·格林制备的“辛格尔顿酸”。这种酸的成分本身就是一个秘密,并在该学会所持有的秘方手册中标记为“私人秘方”,只能提供给斯蒂芬·格林。[⑤] 尽管如此,一位名叫玛丽·安·布鲁克(Mary Ann Brock)的人(格林认识该人,并且她曾收到格林岳母塞琳娜·富尔

---

① 1 Sim. & St. 403; 57 E.R. 159.

② 1 Sim. & St. 407; 57 E.R. 163.

③ 附随该评论的注释,不是出自佩皮斯或原文书起草人之手,而是其他律师,他指出,“我们不知道这一申请是否已被报道,如果已报道的话,则大法官的言论极为重要。并表明,如果在听审时上诉,大法官会驳回,并在最近丘奇先生(Mr Church)和爵爷的一次面谈中……他明确地说,不能受理该诉讼,因此,他不应作出任何确认裁决的命令”。LMA,B/SIN/010,f.4.

④ LMA, B/SIN/32 ff. 3, 5, 8.

⑤ 值得注意的是,格林认为,药剂师协会信誉良好,足以委托制备这种酸:该协会自 1682 年以来一直向本行业提供化学品,据说,这是一个非常有利可图的业务。Penelope Hunting, *A History of the Society of Apothecaries*, Over Wallop, 1998, p.160.

加姆的年金)能够向药剂师协会提出申请并获得该酸。[①] 之后,玛丽·安与丈夫乔治立即开始以"约翰逊医生的金色眼药膏"之名出售该药膏。

斯蒂芬·格林通过两种方式回应。首先,提醒药剂师学会他对该酸拥有的排他权,以及提醒管理人"明确该酸为私人配方,为此事件道歉,并将在秘方手册中详细注明该秘方是药膏所有权人的排他性财产",[②]并且格林也提起了诉讼。虽然格林声称玛丽·布洛克并未掌握该药膏的全部秘密,但他担心她至少了解一些东西(年轻时她曾经与姻亲舅舅 W.S.富尔加姆一起居住)并且也"盗窃然后偷偷占有各类不同人所寄的……承认真品软膏的良好效果的私人信件或其副本",而如今她用这些来作为其药膏的表扬信。[③]

格林申请并获得禁令,禁止被告人"揭露、泄露或以任何方式传授制备上述软膏或其成分的方法",及禁止"以约翰逊医生的金色眼药膏之名出售或转让任何软膏,或为出售、转让而公开……违者处以两千英镑罚款"。[④] 虽然此案不是第一个法院保护秘密信息免受第三人侵害的例子(Evitt 案),但这可能是第一个无先合同义务获得禁止某人使用或泄露"归属于"某人的商业秘密禁令的例子。尽管如此,通常认为颁布禁令是理所当然的,并且可以在大法官听审前解除。可以确定的是卡纳姆(Canham)为解除禁令援引了恰当的先例,但不确定的是格林能否针对玛利亚·布劳克(Mary Brock)的行为维持该禁令。然而,这并未发生,且无长期影响效果:布劳克无法使用酸来制备软膏,也无法通过逆向工程推断其成分。[⑤]略显夸张地说,格林声称其专有权和所有权因 Green v.Brock 案得到了确认,[⑥]并且格林印制了多份禁令以供日常分发,他于1874年写给药剂师学会的一份便笺(尽管大约四十年前发生了那场事件,但他仍然依靠该学会制备酸)就写在这些副本背面。[⑦]

结 论

正如引言中所讨论的,虽然将1851年的 Moat 案视为基础性案件可能略显夸张,但它确实首次在同一背景下讨论了不同类型的案例,并开始形成某种可能具有与商业秘密有关的实质性法律体系的特征。虽然本文没有对 Moat 案中讨论的判例法进行详尽考究(例如,未讨论未出版文书的版权),但仍试图追溯商业秘密法的具体起源。[⑧] 从某种角度看,商业秘密法似乎于17世纪时已出现,并产生自贸易和契约限制;到1682年的 Jenks 案和1693

① LMA, B/SIN/016/2.

② LMA, B/SIN/016/2.

③ Green v. Brock, C 13/1001/51 (Chancery 1832), m. 2.

④ LMA, B/SIN/016/1.

⑤ LMA, B/SIN/018.

⑥ LMA, B/SIN/022.

⑦ LMA, B/SIN/029/3.

⑧ Megan Richardson, Michael Bryan, Martin Vranken, Katy Barnett, *Breach of Confidence: Social Origins and Modern Developments*, Cheltenham, 2012.

年的 Burdett 案时，已形成了商业秘密交易的大致合同框架。[①] 雇主也利用合同法限制雇工为自己后续利益而利用雇佣过程中所知悉的秘密。这一时间点说得通：这是一个城市化和商业化不断加速、秘密信息价值不断提高的社会，但也是一个在法律之外，保护秘密的替代手段(行会)正不断退缩的社会。

但从该起点看，商业秘密法的出现并不是一件简单或线性的事件。特别是，法院急于确保保密不会成为欺诈行为和/或无价值秘密的掩饰(1682 年的 Jenks 案和 1693 年的 Burdett 案都特别关注这一点)。1838 年的 Carter 案所支持的该类协议可被视为迟来的解决方案。同样，埃尔登勋爵在 1817 年的 Newbery 案中的判决，以及在 1817 年的 Williams 案中公开表达的观点和在 1823 年的 Green 案中私下表达的看法就对商业秘密交易的合法性提出了质疑；他似乎特别担心，如果商业秘密相对于专利变得过于具有吸引力，将影响专利的披露功能，而专利在当时新技术的传播中起着重要作用。但总的来说，埃尔登勋爵对该问题的看法可能存在偏差。毕竟，这些交易长期存在，且 1822 年的 Bryson 案等判决再次肯定了它们的有效性。[②] 此后，这些协议的范围和复杂程度不断提高。特别是在 1832 年的 Green 案中，我们看到第一次将针对商业机密的保密义务扩展到未受正式合同约束的第三方，而这是法院先前一直担心的(如 1817 年的 Williams 案)。同样，员工的保密义务成为他们受雇的隐含条件。简而言之，在 Moat 案之前大约两个世纪，关于商业秘密的保护逻辑已出现，并在过去几十年里得到了相当程度的改进。

---

① 尽管未发表手稿的权利也许在 17 世纪初短暂出现。律师和议员威廉·哈基威尔(William Hakewill)在一本 1641 年的小册子前言中提道，“最近我受了巨大的伤害，因为未经我的同意而流传出去的著作终稿出现了严重的印刷错误……我认为根据我的笔记对其进行审查并订正，随后再印刷，可防止类似的错误发生。就我而言，如果可以的话，我希望禁止印刷，但现在一定已流传到国外，我无须因上面署名而羞愧”。William Hakewill, *The Libertie of the Subject: Against the Pretended Power of Impositions*, London, 1641, foreword.

② 援引 1839 年《法律杂志》(*The Law Magazine*)中布莱森(Bryson)的评论，“没有什么可以阻止一个人出售商业秘密，并在此之后限制自己使用”(原文斜体)，第 310 页。

热点追踪

试论自贸区知识产权司法保护的完善

——基于 F 省自贸区知识产权法庭调研的思考

■曹慧敏*

摘　要:2015 年,中国(F 省)自由贸易试验区挂牌成立。随着自贸区知识产权司法保护需求日益增加,经报请批复同意该省自贸区所在地基层人民法院有权受理知识产权民事案件。2015 年年底至 2016 年间,F 省 3 个自贸区知识产权法庭分别挂牌并于 2016 年正式开始受理知识产权案件。本文在分析总结 F 省自贸区知识产权司法保护的基本情况下,结合相关司法实践,指出存在的问题,并提出相关的完善建议。

关键词:自贸区;知识产权;司法保护

On the Perfection of Intellectual Property Judicial Protection in Free Trade Zone

—Thoughts based on F Province Free Trade Zone Intellectual Property Court

Cao Huimin

Abstract: China (F) province Free Trade Zone was established in 2015. With the increasing demand for the judicial protection of intellectual property rights in the Free Trade Zone, it is submitted for approval to accept civil cases of intellectual property rights in the grass-roots people's courts in the Free Trade Zone. Between the end of 2015 and 2016, the intellectual property courts of the three Free Trade Zone in F province were listed and officially started to accept intellectual cases in 2016. Based on the analysis and summary of the basic situation of intellectual property judicial protection in F province Free Trade Zone, this paper points out the existing problems and puts forward some suggestions for im-

* 曹慧敏,福建省高级人民法院法官。

provement.

Key Words: Free Trade Zone; Intellectual Property; Judicial Protection

2015 年,中国(F 省)自由贸易试验区(以下简称“F 省自贸区”)挂牌成立。随着自贸区知识产权司法保护需求日益增加,2015 年,经报请最高人民法院批复同意该省自贸区所在地基层人民法院受理知识产权民事案件。2015 年年底至 2016 年间,F 省 3 个自贸区法庭加挂自贸区知识产权法庭牌并于 2016 年正式开始受理知识产权案件。

一、F 省自贸区知识产权司法保护的基本情况

(一)案件管辖情况

F 省自贸区所在地基层人民法院管辖发生在其辖区及所辖自贸区片区内除专利、植物新品种、集成电路布图设计、技术秘密、计算机软件、涉及驰名商标认定及垄断纠纷案件之外的一般知识产权民事案件;管辖其辖区诉讼标的额在 50 万元以下的第一审一般知识产权民事案件,以及所辖自贸区片区诉讼标的额在 500 万元以下和诉讼标的额在 500 万元以上 1000 万元以下,且当事人住所地均在自贸区辖区的第一审一般知识产权民事案件。

(二)案件审理情况

2016—2019 年,F 省 3 个自贸区知识产权法庭共受理知识产权案件 1278 件,审结 1199 件,结案率约为 93.8%;审结案件的诉讼标的达 27036054 元。从审结的知识产权案件来看,2016 年 138 件,2017 年 297 件,2018 年 353 件,2019 年 411 件,呈历年上升趋势(见图 1);上述案件中,著作权纠纷案件 552 件,商标权纠纷案件 572 件,特许经营和不正当竞争纠纷案件 33 件,其他知识产权纠纷案件 42 件,可见,主要集中于著作权纠纷和商标权纠纷(见图 2)。

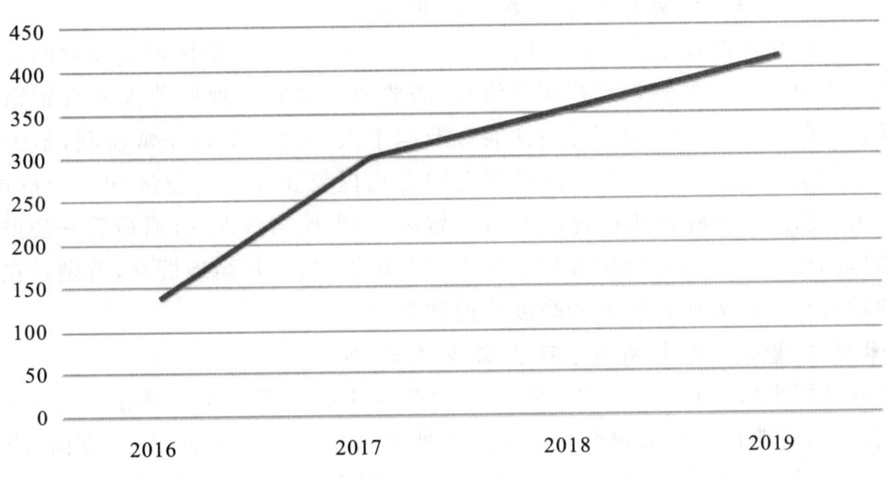

图 1 历年审结案件数

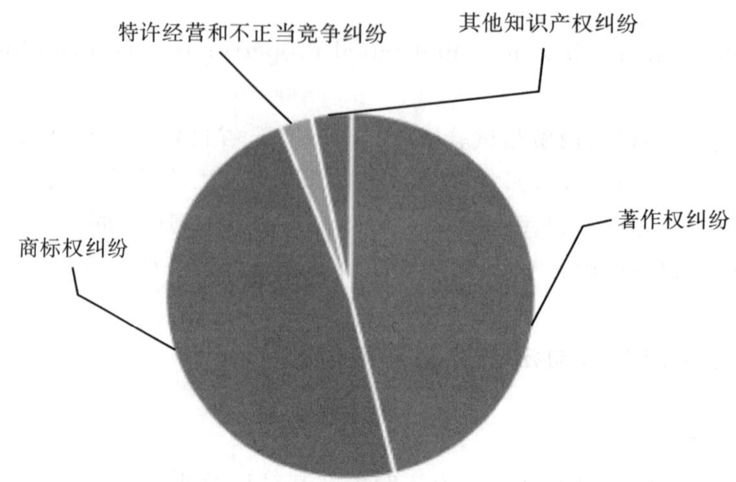

图 2　审结知识产权案件纠纷类型

(三)审判队伍情况

F 省 3 个自贸区知识产权法庭共计法官 10 人,每个法庭 3～4 人;法官助理 4 人,每个法庭 1～2 人,书记员 10 人,每个法庭 1～5 人不等。上述人员中,法官均为研究生学历(包括在职),年龄在 31～55 岁之间,平均 37.6 岁;法官助理为本科或研究生学历,年龄在 24～30 岁之间,平均 27.25 岁;书记员为大专或本科或研究生学历,年龄在 23～39 岁之间,平均 24.8 岁。上述人员在自贸区知识产权法庭挂牌之前均无知识产权案件审理经验。

二、F 省自贸区知识产权司法保护的特点与成效

F 省自贸区知识产权法庭司法保护呈现以下特点与成效。

(一)从法庭设置类看,便民利民,受当地群众欢迎

F 省自贸区知识产权法庭设置之前,当地群众,特别是在自贸区投资设立的境外企业法人或自然人如果需要开展知识产权司法维权,需要前往自贸区地域范围外有管辖权的中级人民法院,立案、审判、沟通、协调等对法院以及当事人而言都不是非常便利,不少在自贸区投资设立的境外企业法人、自然人以及省台盟等均提议要加强自贸区知识产权司法保护。F 省自贸区知识产权法庭直接设置在 F 省自贸区,为当地当事人"打通最后一公里",极大地便利了当地的法人或自然人依法维护知识产权合法权益,受到当地群众,特别是在自贸区投资设立的境外企业法人或自然人的高度欢迎和肯定。

(二)从案件数量看,稳中有升,司法需求未完全释放

从统计数据来看,历年来 F 省自贸区知识产权法庭审理的案件数量平稳中有所上升。一方面,表明当前涉自贸区知识产权纠纷总体处于平稳上升的状态;另一方面,或许与自贸区覆盖面积有限,可容纳承载的企业数量等相对有限有关。根据上海法院发布的统计数据,上海自贸区在发展过程中也遇到过类似问题,上海自贸区扩区之前,法院仅受理涉自贸区知识产权案件 28 件,月均收案 7 件,扩区后知识产权案件数量随之快速增长,月均收案较扩区

之前增长198%。①

(三)从案件主体看,涉境外案件多,社会影响较大

F省自贸区知识产权法庭审理的案件中,涉中国香港、澳门、台湾以及美国、日本、英国等案件数量较多,不少案件亦涉及国内外知名企业和品牌,在全国范围内产生较大影响,如涉意大利斐乐体育有限公司的“斐乐”商标、涉日本斑马株式会社的“斑马”商标、涉马来西亚白咖啡有限公司的“旧街场”商标、涉英国娱乐壹英国有限公司的“小猪佩奇”商标、涉美国的沃尔玛山姆会员店以及中国的贵州茅台、泸州老窖、小米等。

(四)从案件类型看,侵权纠纷多,涉互联网占比大

F省自贸区知识产权法庭审理的案件中,著作权侵权、商标侵权和专利侵权的案件较多,侵权类型多样化,疑难问题较多。自贸区产业结构和盈利模式的日臻复杂,大量涉及新技术、新产业、新业态、新商业模式的知识产权纠纷由此催生。在新技术和新模式的创新驱动下,以移动互联网、云计算、大数据为代表的新技术与现代制造业相结合,推动互联网行业迅速发展,伴随而来的知识产权纠纷相应增多。随着电子商务规模的不断扩大,自贸区涉及跨境电商平台的知识产权保护问题也日益突出,如进口贸易商加贴中文标签被诉商标侵权、跨境电商被诉侵害商标权或专利权等。

(五)从审判质效看,公正高效,审判效果较好

F省自贸区知识产权法庭审理的案件,基本服判,上诉率低,当事人多数主动履行完毕,最大限度地实现法律效果、社会效果的有机统一。以2019年某自贸区知识产权法庭为例,主持调解后双方达成调解意见及主动履行完毕后原告撤诉案件占全部审结案件的78%,撤诉案件系经调解后并已实际履行的案件,判决及调解的案件,判决生效、达成调解协议后当事人均能主动履行,亦未发生强制执行问题。

三、F省自贸区知识产权司法保护的难题与困境

(一)知识产权司法保护意识有待进一步提高

F省自贸区设置后,不少投资主体入驻,但有的投资者对自贸区持一定的观望心态;有的投资主体虽然在自贸区内设立,但实际在自贸区外经营;有的投资主体规模不大,只注重实体经营等。鉴于其持一定的观望心态,投资的长期性和稳定性有所欠缺,对于知识产权司法保护的意识不强。鉴于其在自贸区外实际经营,在自贸区内进行知识产权司法保护意识不强。鉴于其只专注于实体经营,自身法律意识薄弱,对知识产权维权、侵权等情形不了解不熟悉,知识产权司法保护意识较为薄弱。

(二)知识产权司法保护协作机制有待进一步加强

F省自贸区设置年限不长,一些体制机制均在进一步探索与完善之中。目前自贸区的发展在知识产权司法保护协作机制方面有待进一步加强,缺乏大型知识产权机构的入驻和发展,自贸区相关部门对知识产权的关注度有待进一步加强,各方协同保护的意识和体制机制都有待进一步完善和加强。

① 详见《上海自贸区知识产权案件审判情况报告》。

(三)疑难复杂新类型案件审判质效有待进一步提升

伴随自贸区新技术、新商业模式的发展,知识产权审判实务中各类疑难复杂新案件不断出现,需要进一步加强研究从而更好地开展审判工作:一是著作权纠纷方面,文化产业新型著作权纠纷不断涌现。侵权客体除传统的电影、电视剧、音乐等作品之外,还出现了短视频、网络游戏、动漫、体育赛事等作品。随着网络云计算、大数据、区块链、网络聚合等新技术、商业模式的发展,司法实务中对于新闻聚合APP通过算法自动推送他人文字作品是否构成侵权,影视聚合APP通过播放器嵌套、深度链接聚合技术、定向链接等方式如何定性产生了诸多争议。二是商标权纠纷方面。低于定牌加工、平行进口等是否构成商标侵权,司法理论和实践均未完全达成共识。三是不正当竞争纠纷方面,出现不少具有新特点而反不正当竞争法并未明确禁止的行为,如对于没有被类型化的法益保护问题,竞争行为损害其他经营者利益但结果对社会公众有益的认定问题等。四是知识产权司法保护中存在“取证难”“周期长”“成本高”“赔偿低”等问题,也不同程度地在自贸区知识产权司法实务中出现。

(四)知识产权审判体制机制有待进一步完善

现F省自贸区知识产权法庭只受理第一审一般知识产权民事案件,对发生在其辖区内的知识产权刑事、行政案件不具有管辖权。涉自贸区知识产权刑事、民事和行政案件分散不同法院审理,存在实质相同纠纷由不同法院审理造成裁判结果冲突、上下级法院对口业务指导和监督难以有效开展等隐患。

从F省自贸区知识产权审判质效看,亦有待提高。自贸区是高速运转的特殊经济区域,对知识产权司法审判质效要求高。由于自贸区的知识产权案件中不少当事人在国(境)外,以及疫情等影响,在送达、开庭、调查等方面均对案件审判效率提出了更多的难题。由于计算机、录音录像设备等硬件配置和审判人员经验不足等各方面原因,F省自贸区知识产权审判质效有待提升。

从F省自贸区知识产权案件的特点而言,大量案件涉及互联网、新技术、新商业模式,兼具专业性、复杂性、交叉性,法院在审理此类案件时对专业事实调查认定的需求日益迫切。在某些类型知识产权案件中,事实查明和法律适用往往相互交叉在一起,难以准确地进行界定。

(五)知识产权司法保护队伍建设有待进一步加强

目前,F省自贸区知识产权法庭均是在自贸区法庭的基础上加挂自贸区知识产权法庭的牌子,相关审判人员在此之前均未审理过知识产权案件,具备知识产权专业学历背景的人也不多,知识产权案件审判经验缺乏。且由于案件量多,审判人员数量有限,相关审判人员同时需要审理知识产权案件与其他民事案件,甚至有时其他民事案件数量和类型更多,需要花费大量时间和精力。随着市场的发展和知识产权保护工作的不断深入,知识产权案件数量增加、疑难案件频出,知识产权审判人数有待增加,知识产权审判业务水平有待进一步提高。

四、F省自贸区知识产权司法保护的提升与完善

(一)着力强化知识产权司法保护理念

根据自贸区国际化、市场化、法治化的特点和导向,坚持“强化法治思维”“拓展国际视野”“尊重市场规律”等理念,探索构建具有自贸区特点的知识产权司法保护理念和原则体系。

更加注重发挥司法主导作用,更加注重严格保护、平等保护,更加注重激励创新和宣传教育。通过加强知识产权司法保护的主导作用,强化知识产权司法保护的终局性和权威性,彰显司法裁判的价值引导作用,推进自贸区建设融入国际化、法治化进程。通过加大知识产权司法保护力度,用最严格的方式保护知识产权,打造国内领先、国际一流的知识产权司法保护新高地。通过平等保护区内区外、境内境外、国内国外各方当事人的合法权益,依法保护自贸区各类市场主体的知识产权。通过知识产权司法保护激励创新,适时慎重承认和保护新类型创新利益,激发和保护企业家精神,优化创新创业创造制度环境。通过推进知识产权宣传教育,提升市场主体知识产权保护理念与意识,争取从源头上减少知识产权侵权行为的发生,包括对审结的传统知识产权案件侵权主体进行再教育;针对自贸区特点灵活开展每年“4·26世界知识产权日”等系列宣传活动;针对自贸区企业的特点开展“精准滴灌”服务,定制专属知识产权保护方案;针对自贸区企业等提出的疑点难点问题开展调研,发布知识产权风险提示;建立信息通报、典型案例发布等机制,编制自贸区企业知识产权保护指南;积极拓展现有“知识产权网上侵权预警与存证云服务”的覆盖范围等。

(二)着力提升知识产权司法保护协作机制

自贸区知识产权法庭要进一步加大与相关部门的合作,构建完善多元化纠纷解决机制。要紧紧依靠党的领导,积极争取政府相关部门、科研单位、行业协会以及社会组织的大力支持,加强与公安机关、检察机关、市场监管、版权、海关等部门的沟通协调与密切协作。在准确把握法院在知识产权多元化解机制的功能和地位,充分发挥司法保护主导作用的前提下,创建功能互补、程序衔接的知识产权纠纷多元化解决机制,为自贸区建设提供强有力的司法保障。

建立调解优先推荐机制,积极推动人民调解、行政调解、行业调解、商会调解等参与纠纷化解,吸纳行业专家担任特邀调解员,加强特邀调解队伍建设。拓展司法确认程序适用范围,衔接人民调解、行政调解、行业调解、商会调解等非诉解纷渠道。通过建立健全信息沟通和共享机制,加强对诉调平台的业务指导和监督,完善调解协议的司法确认制度,针对在案件审理中发现的政府、企业、科研机构等在知识产权保护工作中存在的薄弱环节和管理漏洞,及时提出司法建议,推动形成知识产权保护的整体合力。

(三)着力破解自贸区知识产权司法保护审判难题

要强化战略眼光和前瞻意识,树立国际视野,加大对自贸区知识产权疑难复杂和新类型案件的调查研究,推动知识产权审判向更高质量、更高水平发展,不断提升司法公信力和国际影响力。

对于涉外定牌加工是否构成商标侵权的问题。鉴于其所涉政治、经济、法律衡平问题较为复杂，建议该行为的认定标准应严格掌控，防止借“涉外定牌加工”之名，行“商标侵权”之实的行为。[①] 对于平行进口贸易中的知识产权保护问题，应从商标权的地域性、权利用尽原则及司法政策等出发，既保护商标权利人的合法权利，也禁止其利用优势地位人为获取不合理垄断利益。近年来国内各地法院的司法实践有以下几点值得参考借鉴：一是不会导致消费者对商品来源发生混淆的平行进口行为不构成商标侵权。[②] 二是未导致商标权人的商誉不合理受损的，不构成商标侵权。[③] 三是平行进口商擅自在进口商品上加贴中文标签的，则可能构成对国内注册商标专用权人的侵害。[④] 对于过境转运贸易中的知识产权保护问题，鉴于我国在该领域的空白，可以借鉴相关国家的做法，如《京都公约》、欧盟《海关知识产权保护条例》(《第608/2013号条例》)、美国《对外贸易区法》[⑤]等相关规定，积极探索出一套既符合自贸区自身特色又契合国际条约规则的边境执法规则，对《中华人民共和国知识产权海关保护条例》《中华人民共和国海关法》中有关过境转运贸易中的知识产权保护问题进一步完善。对于“取证难”“周期长”“成本高”“赔偿低”等问题：要通过妥善运用保全措施，强化取证程序保障，准确把握证据认定标准，依法制裁举证妨碍行为等努力解决“取证难”问题。要通过推进案件繁简分流机制改革，做到简案快办，繁案精办；推动建立将商户在电商平台上的注册地址作为送达地址、推动建立电子商务领域侵害知识产权快速反应机制从而督促电子商务平台落实相关责任等提高电商平台上侵权纠纷解决效率；通过创新案件审理模式、遏制拖延诉讼行为等努力解决“周期长”问题。要通过强化知识产权纠纷诉源治理、优化知识产权跨域诉讼服务体系、主动融入知识产权大保护格局等努力解决成本高问题。要坚持知识产权侵权损害赔偿的市场价值导向，有效执行惩罚性赔偿制度，提高法定赔偿数额，完善维权合理费用赔偿等努力解决赔偿低问题。

(四)着力完善自贸区知识产权审判体制机制

1.推进知识产权民事、刑事、行政案件“三合一”审判机制

知识产权民事、刑事、行政案件“三合一”审判有利于优化司法资源配置，统一司法标准，提高知识产权司法保护质效。在自贸区推进知识产权民事、刑事、行政案件“三合一”审判机制亦符合自贸区作为改革试验前沿阵地的功能定位。F省已经在多地试行知识产权民事、刑事、行政案件“三合一”审判机制并取得较好成效。因此，要积极推动在自贸区内试行知识产权民事、刑事、行政案件“三合一”审判机制，进一步巩固和扩大“三合一”审判机制改革的成果，将发生在自由贸易试验区内的知识产权民事、行政和刑事案件交由同一法院审理，既使案件及时高效解决，也将吸纳更多投资者进驻，树立自贸区良好国际形象。

---

① 马治国、张楠：《中国自贸区知识产权保护研究》，载《科技与法律》2018年第6期。

② (2015)京高民(知)终字第1931号民事判决书。

③ (2017)浙民申1714号民事裁定书。

④ (2013)苏中知民初字第0175号民事判决书。

⑤ 孙益武：《美国对外贸易区知识产权执法制度研究》，载《首都经济贸易大学学报》2014年第2期。欧盟《海关知识产权保护条例》第1条第1款第(b)项通过援引欧盟《第2913/1992号条例》第84条第(1)(a)项“中止程序”的规定，将边境执法的程序拓展适用于“外部转运”货物，并且该条例第2条第7款也明确指出对于侵权货物应该适用转运国法律进行认定。美国自1934年5月通过《对外贸易区法》之后便开始在美国进口口岸或毗邻地区设立对外贸易区，至2012年为止美国批准及有效的对外贸易区已达174个。

2.提升互联网＋知识产权审判机制

自贸区旨在促进投资便利化、贸易自由化、金融国际化，需要进一步提升自贸区知识产权纠纷的处理质效，进一步提升知识产权审判便利化智能化水平。要推动智慧法院建设与知识产权审判深度融合，以智能化促进诉讼便利化，建成涵盖立案、调解、庭审等环节全流程在线的知识产权诉讼服务平台，以达到便利当事人和提高审判效率的目的，进一步提升司法公信力。推动审判大数据与企业关切精准对接，以智能化审判服务自贸区建设。通过对类型化案件要素的分析提取，实现人工智能辅助办案系统对同类案件大数据的深度学习，对审判大数据及时梳理，对典型问题、多发问题、类型化问题及时总结，形成并发布风险提示、典型案例等。

3.探索完善专业事实调查认定制度

自贸区知识产权案件，不少涉及专业事实问题，要构建调查、鉴定、咨询、专家陪审、专家证人"五位一体"相互协调的专业事实调查认定制度，充分发挥专业人员的特有作用。专业人员不仅可以在自己熟悉的领域内就案件的事实查明发挥作用，还可以有理有据地做通当事人的工作，为促成当事人和解撤诉发挥积极作用。在人员选任方面，应选任在某一领域具有一般人所不具有的专门知识和经验的专业人员，并增加相关领域专家库人数，避免专业"垄断"。在具体适用范围方面，应侧重于与事实认定相关的专业问题。在案件审理方面，应保障专业人员依法参与相关诉讼活动。

（五）着力提升知识产权审判队伍素质

要加强队伍整体建设，按照"革命化、正规化、专业化、职业化、国际化"要求，始终把政治建设摆在首位，坚定不移推进纪律作风建设，大力加强专业化建设，创新人才培养方法，加大知识产权审判人才的培养力度，注重新法律、新领域、新技术的学习培训，努力造就一支政治坚定、精通法律、熟悉技术、具有国际视野的复合型知识产权审判队伍。要促进人才广泛交流，建立上下级法院之间、同级法院之间、与法院外机关之间的人才交流机制，进一步拓宽视野，丰富阅历，分享审判经验，提升裁判水平，增强知识产权专业素养。

结　语

习近平总书记在自贸区建设5周年座谈会上指出，要"把自由贸易试验区建设成为新时代改革开放的新高地"，自由贸易试验区内的知识产权管理效率和司法保护水平，是评价自由贸易是否健康发展的重要因素。① 基于对F省自贸区知识产权法庭调研的相关情况，指出存在的问题，并对自贸区知识产权司法保护的完善提出意见建议，以期达到国务院印发的《关于加快实施自由贸易区战略的若干意见》中明确指出的，加强自贸区知识产权保护，加大知识产权保护和执法力度，推动各方完善知识产权保护制度，提升我国企业在知识产权保护领域的适应和应对能力，最终实现"一带一路"倡议发展下的全球经济共赢的长远目标。②

---

① 陈颖婷：《第三届自贸区知识产权司法保护研讨会在沪举行》，载《上海法治报》2018年11月21日第A03版。

② 杨燃、吴国平：《广东自贸区知识产权保护探析》，载《知识产权》2016年第5期。

网络不正当竞争损害赔偿研究

——以流量、数据为视角

翟静芳 马晓明*

摘 要:损害赔偿作为主要的民事责任承担方式,构成了权利人弥补损失、寻求救济的重要途径,任何权利的确切价值都必须按照"实现该权利后可获得的救济"进行度量,因此,损害赔偿数额的确定也成为大部分案件的必经环节。然而,互联网时代下,流量、数据代替实物成为企业最重要的资产,这就导致无论是企业之间的竞争还是诉讼案件的索赔大都以其为轴心展开,那么,当流量、数据作为损害赔偿的依据时,如何确定其价值、如何据此计算损害赔偿数额就成为司法审判的一大难题。文章从流量、数据的重要性出发,通过对相应司法案例进行研究,在总结目前流量、数据不正当竞争损害赔偿司法现状的基础上,探寻由不正当夺取流量、数据的行为所导致的损失构成及相应的计算方法,以求为司法实践提供有益参考。

关键词:流量劫持;广告过滤;数据抓取;流量

Damages for Unfair Competition on the Internet

—From the Perspective of Traffic and Data

Zhai Jingfang Ma Xiaoming

Abstract: As the main way to bear civil liability, damage compensation constitutes an important way for the right holder to make up for the loss and seek relief. The exact value of any right must be measured according to the "relief available after the realization of the right". Therefore, the determination of the amount of damage compensation has become an inevitable part in most cases. Under the age of the Internet, however, the data and flow, instead of physical objects, become the most important assets of the enterprise, this leads to the competition between the enterprises or litigation claims to the axis of the mostly, so, when flow, data as the basis of damage compensation, how to determine the value, how to calculate damage compensation has become a big problem in the judicial. In this paper, starting from the importance of flow, data, by means of case study, the corresponding summarizing the current flow, data damages of unfair competition, on the basis

* 翟静芳,北京搜狐新媒体信息技术有限公司高级研究员;马晓明,北京搜狐新媒体信息技术有限公司,搜狐法律研究院秘书长。

of the judicial status quo, explore the unfair seizure of flow, data structure and the loss that causes the corresponding calculation method, which is a reference to the judicial practice.

Key Words: Traffic Hijacking; Advertising Filtering; Data Capture; Traffic

一、互联网企业的无形资产——流量、数据

与传统企业需要大量空间和设备资源不同,互联网企业具有轻资产的特点,计算机和存储设备是有形资产,然而,对互联网企业来说更为重要的资产则当属用户,以及由用户行为而带来的流量、数据。互联网的不正当竞争经过了时代的演变,流量一度作为互联网时代衡量网站和网页经济效益的核心指标,其重要性不言而喻,“得流量者得天下”,流量是互联网公司实现变现盈利的命脉所在。进入大数据时代以后,数据挖掘技术的发展,与用户、流量息息相关的平台通过长期经营获得的数据成了企业重要的生产资料。近年来屡屡出现的数据抓取不正当竞争案件显示出数据成为互联网竞争的新的核心利益所在。

(一)互联网时代下的流量与数据

1.网络环境中流量的定义

在互联网平台中,流量(网站流量 traffic)是用来描述访问一个网站用户数量以及用户所浏览页面数量等相关的数据指标。[①] 统计一个网站流量情况的指标主要包括:独立访问量(unique visitors)、重复访问量(repeat visitors)、页面浏览数(page views)、每个访问者的页面浏览数(page views per user)等,这几个指标越高说明网站流量越大,而流量又可以通过广告等方式变现,因此,流量越高网站可能获得的收益就越大。在一些流量劫持案件当中,通常最直接的表现便是被劫持网站的独立访问量、页面浏览数降低,这也意味着该部分流量可能带来的直接广告收益损失,用户黏性的损失和预期的互联网企业估值的损失。因此,对于网站而言,流量劫持行为所带来的损害是巨大的。

2.企业竞争中的数据

大数据与人工智能都是互联网技术发展到一定阶段的必然产物。互联网技术使得人类收集和处理海量数据的能力指数性的增长,到最终带来了数据的爆发增长、海量聚集。数据的海量聚集又进一步引发了数据的整体涌现性。数据是一个比较宽泛的概念,广义上的数据既包括数字,也包括通过文字、图像、声音等显示的信息;既包括纸面数据,也包括电子数据。不过,网络环境下企业之间竞争的数据主要限于电子数据,即在计算机及网络上流通的在二进制的基础上以 0 和 1 的组合而表现出来的比特形式。[②] 关于数据的法律属性、权利

---

① 季境:《互联网新型财产利益形态的法律建构——以流量确权规则的提出为视角》,载《法律科学(西北政法大学学报)》2016 年第 3 期。

② [英]维克托·迈尔-舍恩伯格、肯尼思·库克耶:《大数据时代:生活、工作与思维的大变革》,盛杨燕、周涛译,浙江人民出版社 2013 年版,第 104 页。

归属等，目前仍然存在很大的争议，[①]但是数据已成为互联网企业的核心竞争资源，能为其带来竞争优势，互联网企业对于数据所享有的竞争利益在司法实践中得到了确认，因此数据的不当抓取所引发的不正当案件成为法律实践关注的焦点所在。

(二)流量、数据的重要性

1.流量直接影响企业的成本与收益

首先，流量对于企业收入的影响。互联网行业是建立在庞大的流量之上的经济行为，根据著名的梅特卡夫定律，网络的价值等于网络节点数的平方，网络的价值与联网的用户数的平方成正比。也就是说用户量增加时，对于原来的用户而言，其带来的效果不是如一般的经济财产分割方式(每位用户平分财产或越分越少)，而是效用随之提高。当然，该理论后来又经过了不断的进化，不过其中用户或用户数量对于企业的价值是显而易见的。近年来，网站的收入估值进一步引入了MAU(Monthly Active Users，月活跃用户数)和ARPU(Average Revenue Per User，平均每位用户创造收入数)两个指标(活跃用户数是最重要的衡量增长指标，活跃用户数高才会吸引客户在其网站上投放广告)，并形成企业收入估算公式：Sales $=\sum_{i=1} MAU_i \times ARPU_i$。[②] 而MAU、ARPU作为企业流量以及流量变现能力的重要参考因素，对于互联网企业来说，流量代表着收益，最常见的比如广告收益。

其次，流量的获取需要付出成本。正是因为流量如此重要，因此其已成为各大互联网公司争相竞争的目标。而如何吸引流量、获得流量则成为网站首要考虑的问题。毫无疑问，流量的获取是需要成本的，特别是在用户红利逐渐消失的情况下，流量获取成本也在不断提高。据报道，拼多多在2016年的单位获客成本为10元，而2017年上升为17元。京东在2016年的单位获客成本为142元，2017年为226元。同样，唯品会则由2016年的185元上升为516元。[③]

2.数据是数字经济下企业的核心竞争力的体现

首先，数据作为企业的新型资产，影响企业估值。数据被称为信息时代的"石油"，已经成为企业的宝贵财富。近年来，很多企业会在其财务报表中披露数据持有情况，作为其企业资产的一种宣示，同时，数据也会影响企业的估值，如2012年Facebook上市时，公司资产只有66亿美元，估值高达1040亿美元，近1000亿美元来源于数据。

其次，数据构成企业的核心竞争力，互联网企业作为数据收集、存储、利用、提供的各个环节主体，通过用户的网页浏览、社交数据、购买记录等数据，分析用户的年龄、习惯、爱好等等，对用户进行画像，从而实现个性化推荐、广告精准投放等。网络用户的基础数据价值还可以在未来进行二次利用，以改进自己或者他人的产品或服务，从而留住用户。总之，数据已经成为企业的核心竞争力。

---

① 梅夏英：《数据的法律属性及其民法定位》，载《中国社会科学》2016年第9期。

② 简书：《计算机及互联网公司近十年估值方法最全总结》，https://www.jianshu.com/p/daef3cb4e479?utm_campaign=maleskine&utm_content=note&utm_medium=seo_notes&utm_source=recommendation，下载日期：2019年8月7日。

③ 《互联网下半场流量多值钱，从获客成本143元的拼多多看创业方向》，https://baijiahao.baidu.com/s?id=1628585957913750447&wfr=spider&for=pc，下载日期：2019年8月15日。

(三)流量、数据作为互联网竞争核心利益获得损害赔偿的合理性

1.流量、数据代替实物成为企业新型资产

如果说机器、厂房是制造业的资产,那么,流量、数据则是互联网行业的无形财富,尽管其与有形资产在形态、表现方式等方面存在差异,但互联网企业流量和数据所享有的财产利益是无可争议的。如前所述流量、数据尽管从物理角度看是以比特方式存在的数字化信息,但其可以转换为财产利益,并与企业的收益、成本以及估值挂钩,其与有形财产一样已被人类赋予经济价值,成为利益交换的对象,因此,流量数据已经成为企业的新型资产。[①] 而该部分资产受到损害的,权利人当然可以通过法律途径予以救济。

2.合法获得的流量、数据所带来的利益应当被保护

根据《反不正当竞争法》第2条,不正当竞争行为指的是经营者在生产经营活动中,违反本法规定,扰乱市场竞争秩序,损害其他经营者或者消费者的合法权益的行为。因此,是否存在合法权益被损害的情况是判断是否构成不正当竞争行为的重要因素,也是要求损害赔偿的前提。

流量和数据不是天然存在的,数据是加工生产出来的"资源"。因此确认生产企业对于流量和数据的财产利益和竞争利益实际上是对互联网企业的激励。如前所述流量、数据已经成为企业的无形财产,也代表着企业的核心竞争力,企业通过合法途径获取的流量、数据应当受到法律的保护,同时,通过该流量、数据获取的利益属于合法利益,任何人、任何企业无权通过不正当手段攫取。

3.流量、数据成为不正当竞争行为的实施目标

流量、数据作为企业的新型财产自然成为企业之间争夺的目标,近年来,互联网企业之间的不正当竞争也更多地表现为抢夺流量、抓取数据等行为。因此,在以流量、数据为主要损失的案件中,以流量、数据作为损害赔偿的依据存在合理性。

二、流量、数据作为损害赔偿的司法现状

(一)流量、数据作为损害赔偿的典型案件

1.流量劫持

以流量作为损失赔偿的典型案件即流量劫持,流量劫持主要指的是利用各种恶意软件修改浏览器、锁定主页或不停弹出新窗口等方式,强制或诱导用户访问某些网站,从而造成被劫持网站用户流量损失的情况。流量劫持类案件的首要损失便是用户浏览行为在被劫持页面浏览行为被阻断,或者本应该导入目标页面的流量被阻断,因此,该类案件也主要以流量损失作为赔偿依据,典型案如百度诉360插标、网址导航流量劫持案,腾讯诉360扣扣保镖案。

2.广告过滤

广告过滤多发生在视频领域,当前环境下,视频网站的收入主要包括广告收入、用户付

---

① 季境:《互联网新型财产利益形态的法律建构——以流量确权规则的提出为视角》,载《法律科学(西北政法大学学报)》2016年第3期。

费和版权分销三个部分,而广告收入由用户流量所决定,这也就意味着,屏蔽广告的同时也过滤了由用户流量所带来的广告收益。因此,浏览器屏蔽视频广告案件中,用户流量也是重要的裁判依据,典型案例如腾讯诉360浏览器屏蔽视频广告案。

3.数据不正当竞争案

由于数据本身蕴含的巨大价值,数据之争已经成为当下企业竞争的主题之一,常见的数据相关的不正当竞争案件包括数据抓取案、刷量案等,典型案例如大众点评诉百度抓取数据不正当竞争案、新浪诉脉脉抓取数据不正当竞争案、酷米客诉车来了不正当竞争案。

4.著作权侵权案

著作权侵权案中也会存在以流量作为损失计算的情况,如在视频盗播案中,原告可能会通过主张视频被盗播后的广告费损失来证明侵权损失,而广告费损失与流量息息相关;另外,盗播行为所导致的会员费损失也与流量存在关联。

(二)流量、数据作为判赔依据的现状

以下是对行业比较典型的以流量、数据损失为依据的9个案件的统计分析,部分案件前述已有论及。

表1 以流量、数据损失为依据的9个典型案件

序号	案例名称	案号	索赔额(单位:元)	判赔额(单位:元)
1	淘宝诉美景不正当竞争案	(2018)浙01民终7312号	500万	酌定200万
2	北京淘友天下与微梦创科不正当竞争案	(2016)京73民终588号	1000万	酌定200万
3	大众点评诉百度抓取点评信息案	(2016)沪73民终242号	9000万	酌定300万
4	百度诉360插标、网址导航流量劫持案	(2014)民申字第873号	1000万	酌定40万
5	腾讯诉360浏览器屏蔽视频广告案	(2013)民三终字第5号	480万	酌定500万
6	神马搜索、广州动景诉搜狗输入法案	(2016)京0108民初16044号	1亿	酌定2000余万
7	百度诉搜狗手机浏览器不正当竞争案	(2014)海民初字第15008号	100万	酌定20万
8	天猫诉“帮5淘”购物助手案	(2015)浦民三(知)初字第1962号	1000万	酌定100万
9	二三四五诉猎豹、金山篡改网址导航案	(2018)沪73民终5号	1000万	酌定300万

1.判赔方式

以上9个案例,法院均通过酌定的方式确定损害赔偿数额。酌定赔偿并非确定损害赔偿数额的第一选择,但由于流量和数据损失损害计算方法通常难以举证,原告没有明确的计算方法,而酌定赔偿可以减轻其举证负担,同时也可以简化赔偿数额的计算及认定,一定程度上提高审判效率,因此,在当事人及法院的“双重肯定”下,酌定赔偿被广泛适用。①

2.索赔数额与判赔数额

从以上案件来看,近年来不正当竞争案件的索赔数额大幅提升,动辄上千万的索赔数额已是常事,不过相比索赔数额法院的判赔数额还是相对较低的,上述9个案件中,判赔数在300万元以内(包括300万元)的有8件,还有一件判赔额为500万元和一件2000余万元的案件。

3.酌定赔偿考量因素

通过分析以上案例,法院在确定赔偿数额时会综合考量多方面因素,如不正当竞争行为的持续时间、影响范围,原告的品牌和企业声誉损失,被告主观状态,原被告相关产品或服务的市场占有率等,实践中,不同的案例考量因素各不相同,如表2所示。

表2　108件互联网不正当竞争案件酌定赔偿考量因素统计②

考量因素	数量(件)	百分比(%)
侵权行为的情节	28	27.2
侵权行为的性质	28	27.2
侵权行为的方式	14	13.6
原、被告的市场规模	20	19.4
反映原告损失、被告获利的相关事实	11	10.7
侵权行为造成的影响	33	32.0
企业形象及商誉受损程度	4	3.9
侵权行为的范围	26	25.2
行为人主观过错	51	49.5
侵权持续时间	52	50.5
涉案商标及产品的知名度	10	9.7
原、被告知名度	10	9.7
合理开支	76	73.8

三、互联网不正当竞争损害赔偿认定难的问题

互联网不正当竞争的诉讼一直面临司法赔偿原则单一、赔偿范围模糊的问题。原因是

① 张春艳:《我国知识产权法定赔偿制度之反思与完善》,载《法学杂志》2011年第5期。

② 吴太轩、罗淋尹:《互联网新型不正当竞争行为的损害赔偿责任研究》,载《经济法论坛》2016年第2期。

由于互联网时代核心竞争的流量、数据市场价值难以评估、缺少成熟的损害赔偿计算方法,加之原告举证困难,因此损害赔偿的确定更加不易。

(一)互联网不正当竞争损害赔偿存在的问题

1.赔偿数额多以法院酌定的方式确定,判赔额差异较大

从以上统计的9个典型案例来看,关于损害赔偿数额法院均通过酌定的方式予以确定,且判赔额之间差异较大,由几十万至上千万元不等。当然,这并非不正当竞争案件所特有,著作权、商标权、专利权等知识产权案件的司法判赔亦存在类似问题,如在曹新明教授采集的2011—2016年间的9057个判例样本中,有8666件样本适用法定赔偿标准,占样本总数的95.68%。[①] 究其原因一方面在于无论知识产权还是本文探讨的流量、数据,作为企业无形资产均具有不可量化、不易估值等特点;另一方面还在于采取何种方式计算赔偿额与权利人提供证据能力密切相关。[②]

2.法定赔偿数额单一,缺乏可操作性

无论《中华人民共和国著作权法》《中华人民共和国商标法》《中华人民共和国专利法》还是《中华人民共和国反不正当竞争法》,法律仅笼统地规定了一个法定赔偿最高限额,没有进行具体的分档,如《中华人民共和国著作权法》第49条第2款规定,权利人的实际损失或者侵权人的违法所得不能确定的,由人民法院根据侵权行为的情节,判决给予50万元以下的赔偿。可见,现有法定赔偿的规定仅较为笼统地提及赔偿数额,并没有说明这一数额针对的具体侵权情形,也没有根据不同的侵权情况进行分档,这种笼统的方式在实践中可能缺乏可操作性。[③] 而在美国,其法定赔偿数额会根据不同的侵权情况进行分档。比如,对于多数加害行为,法院得判予不低于750美元或不超过30000美元的数额。[④] 但若版权人可证明存在故意加害行为,则赔偿数额可依法院的裁量提升至150000美元。[⑤]

3.法院据以裁量的因素不一,缺乏统一标准

从前述列举的几个典型案例来看,法院在确定判赔数额时均考虑了多方面的因素,如被告实施不正当竞争行为的具体情节、主观状态,不正当竞争行为的持续时间、影响范围,原被告双方的市场地位、相关产品的市场占有率等,然而,各个案子的考量因素并不相同,且多为概括性的描述和简单的罗列,各因素的优先次序及对判决结果的影响均未可知,这也导致判决结果充满了随意性和不可预知性。

(二)不正当竞争案件判赔难的原因

1.竞争利益归属问题

无论是流量还是数据,在具体的不正当竞争案件中竞争利益的归属都是极具争议的问题,比如对于流量来说,某部分流量归属谁与流量发生时间、特定产品的页面设计等不无关系,而数据同样面临着权属界定难的问题,如数据所有权、使用权等问题。

---

① 曹新明:《我国知识产权侵权损害赔偿计算标准新设计》,载《现代法学》2019年第1期。

② 宋健:《知识产权损害赔偿问题探讨——以实证分析为视角》,载《知识产权》2016年第5期。

③ 王迁等:《知识产权侵权损害赔偿:问题与反思》,载《知识产权》2016年第5期。

④ See 17 U.S.C. § 504 (c)(1).

⑤ See 17 U.S.C. § 504 (c)(2).

2.竞争核心利益难以评估

无形资产的一大特点就是价值不易评估,如知识产权,无论是从成本投入的角度加以评估,还是从市场价值的角度加以评估,都存在种种不确定性,[①]流量、数据更是如此。互联网不正当竞争常会导致被侵权企业的流量的损失、交易机会的减少、用户的流失、商誉的损害等,这种损失难以用金钱来衡量。同时,很多不正当竞争行为的目的是争夺用户,而要将用户资源变现还需要很多因素推动。实施不正当竞争行为后,侵权人不一定就能获得实在的利益,这也导致侵权人的获利情况无法计算。此外,这部分损失的获赔就更加困难。因此,在多数情况下,原告举证自身损害无法获得完全赔偿。

3.不正当竞争行为与损害后果之间的因果关系较难举证

即使权利人能够举证不正当竞争行为发生前后网站的流量减少数额,也很难将该后果与不正当竞争行为之间的因果关系进行对应,因为导致网站流量减少的原因还可能包括其他因素,如市场供求关系、原告企业自身经营问题、行业政策影响等。

4.原告的举证责任过于严格

由于互联网数据传输的易变性以及互联网产品的频繁迭代,不正当竞争行为发生之后的证据难以还原竞争行为发生时的真实情况。互联网不正当竞争的隐蔽性给原告的证据收集带来很大难度,按照现有方式进行举证对原告而言负担过重。如前所述,被侵权人很难证明不正当竞争发生期间其经营收入下降或侵权人利润增加完全系不正当竞争行为导致;同时,证明侵权人所获利润的证据绝大多数掌握在侵权行为实施主体一方,被侵权人要想获得侵权人的经营状况的资料非常困难。法院对互联网不正当竞争行为的因果关系证明要求较高,原告常处于举证不能的不利地位。

四、互联网时代不正当竞争行为的损失构成及计算

不正当竞争行为本质上为侵权行为,不正当竞争行为引起的赔偿即侵权损害赔偿,该赔偿以填补损失为目标,以全面赔偿为原则,即损害赔偿应当使受害人的状况尽可能恢复到权益未被侵害之前的状态,在此情况下,根据受害人或者权利人所遭受的损失进行赔偿对于实现填补损失的目标是最为恰当的。因此,无论《中华人民共和国著作权法》《中华人民共和国商标法》《中华人民共和国专利法》还是《中华人民共和国反不正当竞争法》对损害赔偿的确定方面均规定了实际损失、侵权获利、法定赔偿的优先次序。如《中华人民共和国反不正当竞争法》第 17 条第 3 款规定,因不正当竞争行为受到损害的经营者的赔偿数额,按照其因被侵权所受到的实际损失确定;实际损失难以计算的,按照侵权人因侵权所获得的利益确定。第 4 款进一步规定,经营者违反本法第 6 条、第 9 条的规定,权利人因被侵权所受到的实际损失、侵权人因侵权所获得的利益难以确定的,由人民法院根据侵权行为的情节判决给予权利人五百万元以下的赔偿。由此可见,“在司法理论与实践中,实际损失和侵权所得视为第一顺位,许可使用费倍数作为第二顺位,法定赔偿排在第三顺位”[②]。因此,如果能够对相应

① 李明德:《关于知识产权损害赔偿的几点思考》,载《知识产权》2016 年第 5 期。

② 吴汉东:《知识产权损害赔偿的市场价值基础与司法裁判规则》,载《中外法学》2016 年第 6 期。

不正当行为所导致的原告的损失进行统计，则对于赔偿数额的确定将大有裨益。经过梳理，笔者发现因流量、数据所引发的不正当竞争案件中，原告损失主要包括流量损失、广告费损失、会员收入损失及数据损失四种，当然并非一个案子中会同时存在这四种损失，具体包括哪一种或哪几种损失需要结合具体案件具体分析。

(一)流量损失

典型案例如流量劫持案件，对于流量损失的计算可以采取以下两种方式：

1.直接计算法

对于通过插入链接、产品等方式将已经到达某网站的流量引导至第三方网站。此类案件的损失即因不正当竞争行为而被劫持走的流量所引起的损失，这部分损失既可按流量价值计算，亦可按流量所带来的收入计算，计算公式为：

流量损失=被劫持流量数×流量单价 或

流量损失=被劫持流量数×日均每单位流量带来的收益

首先，被劫持流量数，因流量已经到达被劫持网站，因此该数据可以通过后台记录、监测机构的监测记录等进行统计。

其次，流量单价，根据相关行业惯例来确定价格，如移动端的搜索流量单价为千次50元。当然，相应价格可能会随着时间、市场等因素发生变化，具体需要结合当下的情况而定。而日均每单位流量带来的收益可以通过以往网站每日收入与日均流量数得出。

2.趋势对比法

对于通过混淆等方式，实现流量劫持目的的行为，其所造成的流量损失依然通过被劫持流量数与流量单价的乘积或被劫持流量数与日均每单位流量带来的收益获得，不过该部分流量由于可能尚未到达被劫持网站，因此需要通过趋势对比法对被劫持流量数进行估算，如通过对比流量劫持行为发生前后相应网站的访问量、APP下载量，同时结合劫持网站对相关产品上线时间、用户数、下载量等报道，以及排除流量劫持外的其他原因引起的流量减少，如网站的内容、运营并没有较之前发生大的变化(甚至更为优质)、其他网站相应的流量导入数据、趋势未发生变化(甚至上升)综合确定相应数据。

此外，实施流量劫持的网站对于该部分流量可能会有记录，因此也可以通过法庭勘验等方式要求其提供相应数据。

(二)广告费收入损失

典型案例如视频广告过滤案件、流量劫持等，另外，著作权侵权案件中，广告费损失也是其损失的一部分。对于广告费收入损失，需要根据不同的广告费计费方式确定：

第一，CPM方式，按千次展示付费，此种计费方式情况下，广告损失的计算应该为：广告损失=广告展示量×广告刊例价。其中展示量需要通过广告监测公司获得，广告刊例价在实际执行中会有相应的折扣，同时，广告计费通常以一千次动作为单位，因此，在具体案件中计算广告费用时，既要考虑广告刊例价折扣的问题，也要考虑千次为单位的问题，下文涉及广告刊例价的均需考虑折扣和千次为单位的问题，不再赘述。

第二，CPC方式，一般针对精准广告，此类广告按照用户点击付费，由于并非所有用户都会进行点击行为，因此需要统计流量向点击量的转化率，此时，损失计算方式为：广告损失=流量×CPC转化率×广告刊例价。

第三，CPA方式，按实际效果付费，如按照下载量或激活量、注册量进行计费，此类计费方式对于广告完成度要求较高，因此，需要考虑流量到有效CPA的转化率问题，此种情况下，广告损失＝网站流量×CPA转化率×广告刊例价。

此外，在计算广告费损失时，需要注意以下几个问题：

首先，定向投放与普通投放的问题。前述广告计费方式仅适用于定向投放的情况，即广告主与网站约定将广告定向投放于某个广告资源，如某部影视剧中，此时一部剧中相应广告展示情况可以通过监测公司获得，然而，如果广告主与网站约定其广告以普通方式投放，即全平台投放(比如投放平台包括视频平台、媒体平台、UGC渠道等)的方式，则具体到某个平台(比如视频平台)产生的广告费用无法通过前述公式计算得出。

其次，重复计算的问题，比如：

(1)著作权侵权案件，该类案件中，原告在主张损失时一般会举证影视剧许可费以及广告损失成本，但是理论上一旦影视剧授权许可给第三方，则后续广告费收入相当于让渡给被许可方，理论上权利人不可重复主张。不过，鉴于实践中版权许可费一般很难被法院采信，而广告费损失也多作为原告损失以及影视剧价值的一种参考，因此，尽管有重复主张之嫌但对于赔偿结果而言不会有太大的影响。

(2)流量劫持案件，流量劫持涉及的损失主要包括流量本身的费用，但该部分流量后续可能产生的收益，如广告收益，不应当重复计算。这个观点也可以从导流协议中获得印证，如搜索引擎与浏览器的导流协议中，搜索引擎通常仅需为浏览器带来的流量付费，而不需进一步支付该部分流量未来可能带来的广告收益。因此，如果这部分流量被劫走，浏览器损失的也仅是流量本身的费用，而损害赔偿遵循填平原则，因此，此种情形下浏览器运营商不应当再主张流量可能带来的广告收益。

最后，计费不全的问题，比如：

(1)当被劫持的页面中含有多个广告资源位时，需要统计各个资源位的广告计费方式，然后分别计算其广告收入，最后将各个资源位广告收入相加获得广告费损失。

(2)视频广告过滤案件，由于过滤软件并非针对某部剧，事实上也无法统计到观看哪部剧的多少用户使用了过滤功能，从而过滤了多少广告，因此，除了根据CPM或者CPA等方式计算某个广告损失外，还需要统计一部剧中的广告资源位，当然还要计算相应广告位的展示率。同时还需要结合被过滤视频网站的收入对比、用户覆盖率以及广告过滤软件用户覆盖率、过滤功能开启率、侵权期间等情况，以此估算广告费损失。

(三)会员收入损失

典型案例如视频广告过滤案件，也包括著作权侵权案件，比如视频盗播案件，该类案件会导致版权方会员收入以及用户数的流失，特别是一些独播剧，对于独播剧而言，拉动新增用户是其主要的目的之一，而盗播行为会使得其损失依该剧可以获得的用户。

对于会员损失，其计算方式应为：会员收入损失＝损失会员数×会员费

首先，关于会员费，每个视频都有自己独特的价格体系，可以直接按照相应网站的会员价格确定。

其次，关于损失会员数，由于同级别的影视剧用户付费转化率可能处于基本相近的范围。因此，可以考虑通过比对同级别影视剧中用户付费转化率进行估算。此时，将相应视频

播放量与付费转化率的相乘可以获得损失会员数。

(四)数据损失

数据损失不同于流量损失,有相应的浏览量、点击量、下载量等作为计算依据,数据具有体量大、种类多、价值密度低等特点,因此数据加工、整理程度的不同其所蕴含的价值也不可同日而语,所以,可以区分基础数据、数据产品进行计算。

1.数据产品。企业通过对原始数据进行提炼整合,将碎片化数据信息通过分析处理得到的衍生数据,通常会有明确的定价。比如淘宝诉美景不正当竞争案,淘宝对其数据产品“生意参谋”市场行情标准版年使用费定价为900元,专业版年使用费定价为3600元。

2.基础数据,指的是未经过加工或未形成数据产品的数据,该类数据价值密度地,同时受时效性、行业相关性等因素的影响,在确定价值时存在难度。

(1)数据价值的确定需要考虑多种因素,如数据资产成本、数据资产收益、市场价格等。其中,数据资产成本需要结合数据商品成本、数据经营成本确定,数据资产收益需要考虑数据变现因子、溢价率系数、平台用户数、网络节点距离、数据活跃系数等因素,数据资产价值需要通过市场调节系数确定。①

(2)数据损失计算方法的探索

在考虑多种因素后,对于数据价值的最终确定依然需要通过具体的计算方法得出,目前,无形资产的评估方法主要包括成本法、收益法、市场法等②,数据的价值评估也可以参照前述方法。

第一,成本法,通过计算企业获取特定数据的成本,以此计算该部分数据被无偿抓取带来的损失也是可以考虑的方法。不过,尽管一定时期内的获客成本、运营成本可以比较精确的计算,但企业获客成本可能随着企业知名度、品牌信誉以及市场占有率的提升而有所降低,因此,此方法计算获得的成本并不能真实反映数据的市场价值。

第二,收益法,常见的数据抓取行为的目的在于吸引用户或者说吸引流量并获取由此带来的利益。因此最恰当的方法应该是对相应数据产生的市场收益进行评估,从而确定赔偿数额。然而,除非实施侵权行为的网站数据全部抓取自被侵权网站;否则,即使能得到侵权网站的收益,也无法对其进行分割从而获得因抓取数据获得的收益。

第三,市值参考法。如前所述,数据作为企业最重要的资产。目前互联网企业的估值多会参考企业的用户数以及所持有的数据,以此估算企业的市值。比如前述提到的2012年Facebook上市时,估值高达1040亿美元,近1000亿美元来源于数据,据报道其持有2.1万亿条信息,每条定价4美分。由此,可以参考企业上市时或者财务披露的市值以及所持有的数据来估算每条数据的价值。

第四,专业评估法。目前已有数家大数据资产评估中心,从事数据资产登记确权、数据资产评估等业务,未来可能能够依据专业数据评估机构的报告来确定数据的价值。

---

① 黄乐等:《大数据时代下平台数据资产价值研究》,载《福州大学学报(哲学社会科学版)》2018年第4期。

② 《资产评估准则——无形资产》第25条、第26条、第27条。

结　语

判赔难一直以来都是网络不正当竞争案件面临的难题，究其原因：一方面在于网络环境下流量、数据以及企业商誉等较难量化；另一方面还在于相应的证据制度、举证责任未能形成与当下环境相适应的体系。此外，法律肩负的使命也使得损害赔偿不仅仅是数额计算的问题，还是各方主体利益平衡的结果，因为法律最终关心的不是单独个体的损失，而是整体社会的福利；法律最终追求的不是避免给特定个人造成损失，而是避免给社会造成更严重的损失。[①] 因此，在种种困境之下，法定或者酌定的方式逐渐泛化。然而，无论从权利救济的角度，还是司法公正的层面，法定或者酌定赔偿都非优选，因此，通过划分损失构成，总结相应损失的计算方式以此为损害赔偿数额的确定提供依据，从而限缩自由裁量尺度，是充分发挥民事责任效用的要求，也是合理规制不正当竞争行为维护互联网竞争秩序的应有之义。

---

① Ronald Coase, The Problem of Social Cost, *The Journal of Law & Economics*, Vol.3, 1960, p.2.

云计算环境下著作权法的困境与出路
——以平台即服务模式为例

徐 娟*

摘 要:云计算环境中平台即服务(PaaS)的商业服务模式创新了作品创作的方式,具有开放性、协作性和共享性的特点,PaaS平台将人类协作关系推向了更高一层。在PaaS模式下合作作品归属制度及授权许可使用机制将面临挑战。为此本文建议一方面确立合作作品著作权归属及行使约定优先原则,并且建立合作作品著作权行使代表人制度。另一方面创新著作权授权机制,对授权要约模式进一步探索。

关键词:PaaS;合作作品著作权归属;著作权授权机制

The Dilema and Reform of Copyright Law in Cloud Computing Enviroment

—From the Perspective of PaaS

Xu Juan

Abstract: PaaS business service model in Cloud computing environment has changed the way of creating works, the creation of a work has openness, collaboration and sharing features, PaaS platform will be a higher level of human cooperation. In Paas, the ownership system and licensing mechanism of cooperative works will face challenges. So on the one hand, the paper suggests that the copyright ownership of the cooperative work and the exercise of the priority principle, and the establishment of the cooperative work of the representative system. On the other hand, innovating copyright licensing mechanism, to further explore the authorization of the offer.

Key Words: PaaS; Copyright Ownership; Authorization Mechanism

一、云计算环境中的平台即服务模式

在云计算环境中,PaaS(Platform as a Service)模式涉及作品的创作,在这种模式中,服务供应商将软件开发、测试及部署的高度集成环境以服务的方式提供给用户,用户不需要购

* 徐娟,厦门市思明区人民法院立案庭法官助理。

买和管理底层的软、硬件,也不需要具备设备管理能力,全部由服务供应商负责硬件资源的管理和扩展。用户只需根据对资源的使用量向服务商付费,从而就从高投入的管理成本和大量的IT硬件设施中解放出来。用户在平台上根据自己的需求定制资源,自主开发软件,开发后的软件需要在云服务商的PaaS平台上运行。这就好比大型的综合商场,将场地租给商家使用,商家负责基础设施建设,由商家自行设计、搭建门店并提供服务。

可以说,PaaS的出现极大地改变了作品创作的方式,主要体现在两个方面:首先,创作环境由原来必须具备完善的软硬件设施的本地环境转变为只要有网络接口就可以操作的"云端";其次,创作主体原来由必须具备专业知识的程序员组成转变为非专业人员也可参与。创作环境的便利与创作主体的扩大使得PaaS平台的使用者能够在较短时间内研发创造满足自己需求的作品和应用,因此PaaS平台的出现加快了SaaS(Software as a Service)的发展,使得在Web平台上可利用的资源大大增加了。

相较于过去的作品创作,新模式下的作品创作具有如下的特点:

第一,开放性。作品的创作曾被视为是专业领域人士的"精英阶层活动",但PaaS模式的出现,使大众参与的作品创作模式在云的平台上成为可能。在典型的云平台Google APP Engine中,Google公司自行设计和定制所需要的所有硬件设备,搭成一个云,为用户提供一个平台,只要用户拥有开发应用软件的热情和技术,都能够参与进来。因此可以说,PaaS平台使得软件用户与软件研发者之间实现了转换,击破了障碍,为普通的不具备专业技术的人员个性化定制的软件应用提供了平台。软件作品开发不再是专业技术人员封闭的、全局控制的创作过程,在开放性的Pass平台上,人人都可以是开发者。

第二,协作性。随着互联网的普及,"一起写网""我们画漫画网"等协同创作的平台兴起,[①]作品的创作进入了协作时代。而在云计算环境中,在Pass平台上进行作品创作,所有的资源都在同一个"云端"中,平台即服务的模式向大众提供了更加便捷的协作方式,聚集了大量的创作者于共同的平台上,即使是分布在不同地区的创作者也可以共同完成作品的创作。

第三,共享性。在PaaS平台上,作品创作的共享性是指构成作品的模块(module)的共享性。云计算环境为模块化创作提供了更为便利的资源共享环境平台,首先,PaaS平台运营商会提供各种成熟的现成的代码片段供创作者利用,如苹果APP STORE的注册开发者就可以通过付费的方式获得使用APPLE开发技术支持服务,包括代码片段、软件等技术支持资料;[②]其次,创作者开发出新的模块代码也可以在平台上成为后续软件开发的底层模块,特别是在引入了社会化元素的PaaS平台,这也是目前云计算业界上力推的,享用互联网社会化的成功经验,融合电子商务元素,将PaaS打造成云应用和模块交易的平台,为创作者提供交流互动的空间,使得共享代码更加方便。

① "一起写网":http://www.17xie.com/;"我们画漫画网":http://beta.wedrawcomics.com/about,下载日期:2020年6月7日。

② 《已注册的APPLE开发商协议》:http://www.apple.com/cn/legal/sla/,下载日期:2020年6月7日。

二、平台即服务模式给著作权制度带来的挑战

(一)合作作品著作权归属及行使规则的瓶颈

著作权归属制度的经济学功能是通过将产权明确,确定知识产品的产权所有者,将社会利益转化为私人利益,获得既能保护作者利益又能丰富社会资源的双赢效果,完美达到知识产权制度的目标。但在经济学上,当内在化的成本大于收益时,制度的合理性便受到了挑战。PaaS平台使得分布在不同地区的用户共同完成作品的创作将在未来成为一种流行的必然趋势,一部作品可能存在数以百计、数以千计、数以万计的创作者,并且每位创作者贡献的创作部分大小多少都不一样,有的也许是作品的核心部分,有的可能无法单独分割出来利用,有的虽然可以从整体中分离出来却是作品必不可少的部分。如果按照我国对合作作品著作权归属的规定,著作权原始地归属于所有有贡献创造的作者,那么在利用合作作品时产生的成本将大大超过收益,最终会导致著作权应有的效用无法获得最大的施展。结合现行立法规定及著作权法第三次修改草案的规定,笔者总结了在PaaS平台中对合作作品著作权的行使将存在的一些问题,具体表现在:

1.著作人身权的行使

现行立法中规定修改权的实际功能是保障作者自己修改作品的自由不受妨碍,[①]当作者的思想、观念在作品发表之后发生改变,可以将这种改变通过新的表达公之于众。特别是在云计算领域内,软件作品需要不断的更新换代,且更新换代的周期逐渐缩短,以适应用户的需求。而合作作品是多位作者共同孕育的结晶,是彼此意志紧密融合的结果,因此,只有所有合作作者达成共识,才可以对不可分割的合作作品进行处分和使用,但是对于可以被分割使用的合作作品的修改,参照《中华人民共和国物权法》上的相关规定,即按份共有处分的规则,至少需要三分之二以上作者同意。这在合作作者数量不多的情况下具有可操作性,但在PasS模式中,某一个作品的合作作者数量超过百位、千位都是存在可能的,若征求全体作者的同意后再进行修改,困难指数与耗费的成本可想而知;但若不对作品进行修改,软件功能滞后于用户的需求最终将被市场淘汰,从而也影响了云计算的发展。

2.著作财产权的行使

若是遵循我国现行立法规定的行使规则,PasS模式中合作作品著作权的行使,会"比想象中来得还乱一些"。首先,协商一致会使得权利行使的成本大大增加从而降低交易的效率,更别说,云计算环境中的合作作者数量众多,达到协商一致的困难指数直线上升。其次,若以"无正当理由不得阻止他方使用或许可他人使用"为行使规则,那么可能导致各合作作者各自许可他人使用,许可内容发生重叠,专有使用权许可再无存在意义。

3.诉权的行使

在《中华人民共和国著作权法(修订草案送审稿)》中关于合作作品的修订有一大亮点是增加了合作作者中单个作者的侵权诉讼请求权,据此单个合作作者不需要经过全体合作作者的同意,就可以针对侵犯合作作品的行为单独提起侵权之诉。在此前实务案例中,合作作

---

① 李琛:《知识产权法关键词》,法律出版社2011年版,第120页。

品的作者不能够单独提起诉讼。[①]

但对于云计算环境中的合作作者，赋予他们单独的诉权，事实上将使得法院的负担增加，也让有限的司法资源被浪费。根据我国法律规定，[②]当能够将侵权行为地和侵权人的具体信息明确找到时，各个合作作者起诉的法院相同；但对于无法知道侵权行为地和侵权人信息的情况，合作作者发现侵权内容的地址的法庭就可以管辖。PaaS模式实现了不同地区的人们"零距离"合作，合作作者可能在不同的地方发现侵权行为，在不同的地方提起诉讼。而不同地方的法院就有可能受理了同一个侵权案件，虽然《中华人民共和国民事诉讼法》第35条规定由最先立案的人民法院管辖，但的确增添了确定管辖的麻烦，且容易造成管辖纠纷。

（二）著作权授权机制在PaaS模式中的失灵

交易成本问题是我们在考虑利用著作权法手段控制作品的使用市场时不可被忽略的核心问题。对于著作权人而言，将作品授权他人使用，一方面是出于精神层面的追求，另一方面是为了获得收益，但授权过程本身会有成本产生，当付出的成本大于得到的收益或是收益甚微，著作权人难免会有"闭关锁"之举动，作品资源萎缩、信息传播受阻将成为社会趋势。而对于潜在的作品使用者而言，当为取得授权付出的成本大于取得授权后所获得的预期收益或者收益甚微，他们便不会考虑获取授权，高昂的交易成本会将他们逼上侵权的冒险之路。因此，交易成本总以其独特的方式阻止著作权人与使用人通过谈判达成许可协议[③]。

长久以来，著作权法一直通过制度安排来降低交易成本，调整新技术所引发的新型社会关系，在著作权所有人与公众的利益之间寻求平衡点，形成了以"著作权所有人—使用者一对一谈判"为核心，集体管理组织授予集体许可、默示许可等为辅助的"先授权后使用"的著作权授权机制。但当以PaaS平台中的作品授权为视角，我们会发现，过去的这些授权模式对于调整PasS平台中的作品授权已经捉襟见肘，力不从心了。美国版权局曾做过一次调研，结论显示由于互联网传播水平的大大提高，著作权传统的授权机制的效率，无法满足对互联网上传播的海量作品授权的需求，导致消费者在面对这些情况下选择侵权的可能性大大增加。[④] 一方面由于PaaS平台的开放性与简单操作性，作品创作者逐渐向大众化平民化发展，[⑤]PaaS商业模式引领了全民创作的时代，在平台上参与创作的人数众多，这样全民作者的局面，在给平台带来一片欣欣向荣，产生了大量的作品的同时，也导致了海量作品的授权问题。需要授权的作品数量也是影响交易成本的因素之一。另一方面，云计算和大数据时代高度强调对用户们隐私的保护，而在PaaS平台上对注册的用户也没有特殊的需求，仅

---

① 宋晖：《课堂口述合作作品的著作权法保护——评北大教授诉3家公司侵犯著作权纠纷案》，http://www.iprchn.com/Index_NewsContent.aspx? NewsId=65222，下载日期：2020年6月7日。

② 《中华人民共和国民事诉讼法》第28条规定"因侵权行为提起的诉讼，由侵权行为地或者被告住所地人民法院管辖"，《最高人民法院关于审理涉及计算机网络著作权纠纷案件适用法律若干问题的解释》第1条进一步明确"网络著作权侵权纠纷案件由侵权行为地或者被告住所地人民法院管辖。侵权行为地包括实施被诉侵权行为的网络服务器、计算机终端等设备所在地。对难以确定侵权行为地和被告住所地的，原告发现侵权内容的计算机终端等设备所在地可以视为侵权行为地"。

③ ［美］保罗·戈斯汀：《著作权之道》，金海军译，北京大学出版社2008年版，第190页。

④ 陶鑫良：《探索建立著作权主动声明授权机制》，载《中国知识产权报》2014年第7期。

⑤ 郭禾：《关于现行著作权法修订问题的随想》，载《中国版权》2011年第4期。

需提供网络电子邮箱地址等信息即可,可见,在信息不对称的情况下要实现一对一的授权谈判可谓"难于上青天"。即使使用者"众里寻他千百度"一心欲求著作权所有人,那么将耗费使用者大量的时间和精力,高昂的寻找权利人的搜索成本、与权利人协商的成本和执行成本最终将使使用者们望而却步。

三、PaaS模式下著作权法的出路

(一)合作作品著作权归属及行使制度的完善

1.明确合作作品著作权归属及行使约定优先原则

由于云计算商业模式所提供的特殊创作环境,创作作品的作者数量与过去创作环境下的合作作者数量相比,不可同日而语。数量的增多导致作者内部关系更加复杂,赋予作者们有权自主约定著作权归属及行使方式,能够最大限度且更加有效地发挥合作作品的效用和价值。因此著作权法应当在合作作品著作权归属中确立约定优先原则。

(1)国际立法例

从国际视野上看,确立合作作品的归属和行使适用约定优先原则的国家不在少数,通过对各国有关合作作品约定优先原则法条的梳理,可以发现各国允许对合作作品进行约定的内容涉及不同方面。德国与韩国的著作权法允许合作作者对合作作品产生的收益约定分配方式;[①]法国和俄罗斯则规定合作作者可约定分割使用合作作品的行使方式;[②]意大利著作权法允许约定合作作品不可分割部分的价值份额。[③]

(2)法理和经济学分析

首先,约定优先原则体现了私法上意思自治的精神。著作权的本质是私权,也应当体现意思自治精神。意思自治原则在共有领域,具有以下两方面的含义:一方面是指如果共有人之间存在约定的话,那么该约定就优先于法律的规定;另一方面是指共有人可以自行行使共有的权利,只要行使权利时不损害其他共有人的利益即可。例如《物权法》确立了共有关系约定优先原则的适用。而在我国著作权法领域上,仅有委托作品和自传体作品这两种作品类型有明确规定著作权的归属及行使适用约定优先原则,当事人有约定依照约定办事,当事人之间不存在约定再适用著作权法上的规定。这项原则体现了作者处分自己权利的自由,只要不违反法律的规定,不损害其他人的合法利益,这种自由应当受到肯定和保护。

其次,约定优先原则可降低成本,提高云计算环境中合作作品的管理和利用效率。PaaS模式提供的作品创作方式导致著作权共有的现象不可避免,并且还存在合作作者的主体地位不易确定(匿名参与)、贡献大小不一不容易确定共有著作权份额的问题。这导致作品的利用成本大大提高或者无法利用,但倘若著作权法允许合作作者之间通过约定确定著作权归属和行使方式,即使作者数量再多,各自享有的权利份额也可以通过约定而确定下来,这样作者之间的复杂关系也就简单化了。按照已经约定的权利行使方式,删减了每次都

① 《德国著作权法》第8条,《韩国著作权法》第48条第2款。

② 《法国知识产权法典》第113-3条第4款,《俄罗斯著作权法》第1258条第2款。

③ 《意大利著作权法》第10条。

需要作者协商一致的烦琐程序，降低了成本，也能够大大提高作品的利用率。

2.建立合作作品著作权行使代表人制度

云计算环境中合作作者数量之多，既是在互联网时代云计算环境中作品创作的独特之处，也正是由于技术变革引发新问题挑战立法空白的难题。然而如果能够确立代表人，代表其他合作作者行使合作作品的著作权，不仅使得私权处分的原则得到更好的体现，也更加经济可行。

(1)国际立法例

调整涉及较多法律主体的法律关系的其他法律中，最典型的便是程序法上建立的诉讼代表人制度。而在著作权法领域中，日本、韩国以及我国台湾地区在建立著作权行使代表人制度上也做了先行尝试。我国台湾地区与韩国的著作权法均规定指定的代表人可以代表全体合作作者行使著作权人身权和财产权。①

(2)必要性和可行性分析

著作权行使代表人制度是指在合作作者中推举出一名或者两名代表人，代表人可以自己的意志处分合作作品，但这种处分必须建立在不损害整体著作权和其他合作作者利益的基础上，同时将获得的相关利益在所有合作作者之间进行分配。但是对于可进行分割使用的合作作品，代表人不得行使单独部分著作权。在云计算时代，著作权法建立起合作作品著作权行使代表人制度尤其具有必要性且具有可行性。

首先，正如上文所提到的，众多作者共同行使著作权，每一次对合作作品著作权的行使都需要“兴师动众”，未免“劳民伤财”，结果也不切实际。而现有立法规定“无正当理由不得拒绝”的例外补充，会导致“群龙无首”的混乱现象，发生阻碍合作作品应势修改，作品使用许可授权范围重叠、价值降低的结果在所难免。如同多米诺骨牌效应一般，最终也会影响整个PaaS商业模式的发展。而由合作作者推举出代表人行使整体著作权，一是省去了征求全体作者意见的烦琐，且统一了许可授权的行为，保证了作品的市场价值；二是代表人也是众多作者当中的一员，本着全体合作作者利益的目的出发也是顾及自己的利益，因此其能够最大限度地发挥作品的效用。

合作作品著作权行使代表人制度在云计算环境中是具有可操作性的。作品在PaaS模式的协作创作过程中，一般都会有作品协作创作的发起人，如前面例子中提到的LINUX操作系统的创始人，发起人可能提出作品的初步构思，或是出于兴趣使然或是出于工作需要，希望在PaaS平台上集思广益，通过众多创作者的汗水，创作作品。不难想象发起人会跟进整个作品创作的进度和流程，发起人在诸多作者之间也正起着召集、组织、协调的作用，②能够将每一位作者的意图协调起来。因此，一旦确立起合作作者代表人制度，各个作者在创作

---

① 我国台湾地区“著作权法”第19条第2款规定：“共同著作之著作人，得于著作权人中选定代表人行使著作人格权”；第40条之一第2款规定：“共有著作财产权，得于著作财产权人中选定代表人行使著作财产权”。《韩国著作权法》第15条第2款规定：“共同作者可以指定其中一人代为行使精神权利”；第48条第4款则规定第15条第2款的规定准用于合作作品著作财产权的行使。而日本推举出的合作作者代表人可代表行使著作权人身权，其《著作权法》第64条第3款规定：“合作作品的作者，可以从中选定代表行使著作人格权”。

② 曹新明：《合作作品法律规定的完善》，载《中国法学》2012年第3期。

中或之后通过签订协议确认发起人的代表人地位,使之有了明确的身份,那么发起人也就能够更好地行使合作作品的著作权。

(3)我国合作作品著作权行使代表人制度的设计

第一,推举代表的方式。可通过在平台上以发起投票的方式,按照少数服从多数原则确定代表,无正当理由拒绝推举代表视为对其他合作作者推举出的代表无异议。

第二,代表的权利和义务。代表人有权自主决定合作作品著作权的行使方式。但代表人行使权利时以代理权限为界;代表人行使合作作品著作权时不应损害整体著作权;代表人不应损害其他合作作者的著作权;应当将行使合作作品整体著作权的详细信息及时告知其他合作作者,尤其是行使著作权的理由以及行使著作权可能获得的收益。①

第三,利益分配。如何将代表人行使合作作品著作权所获得的收益,在所有的合作作者之间进行公平、合理、有效的分配也是合作作品代表人制度中的重中之重。一方面,要有一套合理公平的分配标准来保证合作作者的合法权益不受侵占。② 分配标准的设定需要综合考虑合作作品的行使方式、行使程度、合作作者的份额等因素,因此还需要在《著作权法实施条例》中也要有具体的配套规定。另一方面,利益的分配也要保证时效性和有效性。利益分配的时间期限和分配的程序也需要行之有效的规定予以保证。

(二)著作权授权要约模式的探索

自著作权授权制度问世以来,一直难以解决的最大瓶颈就是由于著作权人与使用者之间的信息不对称导致交易成本增加从而阻碍著作权许可协议的达成。著作权立法者多年来都力图尝试治愈这一顽疾,如上文中提到的对著作权集体管理模式的探索和由知识共享组织推动发布的CC协议等,但对于云计算新环境的出现,传统的授权机制调整具有滞后性,尚无法从根本上解决PaaS平台上海量作品的授权问题。因此,探索和创新授权机制以适应新环境下作品的授权已迫在眉睫。

授权要约模式是指作者在著作权作品中发出授权要约,要约内容包括对作品的使用范围、使用方式、使用费用、付费方式,任何人只要接受作者发出的要约,并向作者作出承诺通知或者以符合授权要约中约定的方式使用作品,作者与使用者之间的著作权许可使用合同就自动订立完成,但此后使用者还需要按照要约中约定的支付方式支付使用报酬。

授权要约模式最早出现在图书出版领域,通过2004年发行的图书——《最后一根稻草》首次推出,它一出现就引起了版权各界的热议,有支持者称授权要约实现了授权模式质的飞跃,摆脱了传统授权模式的阻碍。③ 但推出至今,授权要约模式仅出现此一例,最大的问题就在于以要约的形式将作品的复制权和信息网络传播权授权给任何个人和组织机构,损害了原先在这里能够分得一羹的出版商的利益,因此在出版过程中授权要约模式就夭折了。虽然授权要约模式在传统的图书出版领域饱受争议,尚无出头之日,但笔者认为在云计算环境中授权要约模式确是可以在解决PaaS平台上海量模块作品的授权问题上发挥自己的光和热。

---

① 曾兴华:《合作作品的著作权归属和保护》,载《西南政法大学学报》2000年第5期。

② 曾兴华:《合作作品的著作权归属和保护》,载《西南政法大学学报》2000年第5期。

③ 王秀丽、于秀丽:《授权要约:数字版权贸易的新模式》,载《出版发行研究》2008年第9期。

1.授权要约模式的优势

授权要约模式的优势有两大之“最”。一为授权成本最小化。我国著作权法要求双方当事人要签订许可合同才可以使用作品，而要约、承诺是我国合同法上明文规定的订立合同的形式之一。采用订立要约、承诺的方式，不需要双方当事人一对一洽谈就可以形成合同关系，节省了当事人的搜索成本和协商成本等交易成本，大大提高了授权的效率。首先，对于著作权人而言，在作品发表的同时发出要约声明，是最方便的方式来表达著作权人的意愿。在要约中声明著作权人能够接受的对作品的使用方式和使用范围等各项使用条件，也是最直接地表达著作权人意愿的方式。其次，对于潜在使用者而言，在接触到作品的同时也接触到了权利人的信息和权利人提出的条件，省去了使用者搜索权利人的成本。最后，只要使用者接受著作权人提出的使用条件，只需要将使用费用按照要约中约定的第三方机构或者著作权本人即可，也节省了使用者与著作权人之间的沟通成本。授权要约模式的另一优势是著作权权益的实现更大化。授权要约模式放开了作品使用许可授权的门槛，必然带来作品最大限度的传播，而著作权人的权利只有在作品传播过程中才得以充分行使，在这一过程中著作权人也将权益最大范围地收入囊中。

2.授权要约模式在PaaS平台中的适用性分析

前面我们分析了授权要约模式在传统的图书出版领域无法生根发芽的根本原因在于动摇了传统出版商的利益。图书作者的作品需要通过出版商得以发行，PasS平台上模块作品的作者也需要通过云计算运营商提供的平台才得以传播其作品，但PaaS平台商的地位不同于出版商的地位，PaaS平台上作品创作具有共享性，只有平台上的模块作品流动性越大，前人提供给后人的资源越多，创作才会源源不断地输出，创新之花才会越发灿烂，而这也正是平台商所致力于实现的。因此在PaaS平台中实施授权要约模式并不会重蹈覆辙。

平台中的创作者在完成模块作品之后，如果同意将作品授权于后续创作者使用以便进一步创作新作品，那么便可以采用授权要约的方式，将对作品的使用许可条件、计费标准和支付费用的方式作为要约内容。其中，个人认为可以将平台运营商作为指定的第三方代理收费机构，平台运营商作为连接创作者与使用者之间的桥梁，可与创作者定期结算收到的作品使用费，而当使用者不自觉交付使用费，当接收到创作者的投诉，由于使用者注册时需要登记信用卡账号，因此平台运营商可以直接从使用者信用卡账号中扣除相应的使用费。同时，平台运营商还可以设立诚信评级制度，以使用者的自觉交付许可使用费的诚信度为评价基础，对于诚信度低的使用者，平台运营商可以通过后台操作限制该使用者在平台上一定的使用行为和创作行为等。

3.授权要约模式的发展完善

授权要约模式纵然有上文提到的“两大之最”的优势，却依然没有得以推广，说明该模式还存在着一定的不足之处，除去我们上文分析的在传统图书馆领域无法推广的根本原因，还有大多数著作权人缺乏完备的法律知识和知识产权管理知识，欠缺足够的能力来设计完美的授权要约；我国并未建立相配套的制度设施，对许可使用费用支付和违约行为的处理缺乏明确有效的强制性保障机制等。缺乏法律强制性的长效机制保障，授权要约模式仅靠使用者的自觉性来实现版权交易，著作权人将陷入极大的交易风险之中。上文提到通过运营商建立诚信评级制度对不自觉的使用者进行一定的行为限制可以从一定程度上保障著作权人的权利,但授权要约模式还需要得到法律具有的强制性与威慑力进行的保障。因此,有必要从立法层面上填补授权要约模式这个空白,在著作权授权机制中引入授权要约模式。

首先,在著作权法中确认著作权人以要约授权的方式。可以在著作权人授权集体管理组织相关权利法条后面加上一款,"著作权人有权随作品以要约的方式将作品的使用许可权授予使用者"。尽管授权要约模式在数字图书领域无法得到很好的应用,但在著作权法中确立这一模式,是对该模式在其他领域,特别是在云计算领域中应用的肯定。同时也可以在著作权法第三章增加一个条款,强调授权要约方式可作为著作权许可使用合同的一种形式。

其次,在《著作权法实施条例》中增加相关条款规范授权要约中的基本内容。针对著作权人对于拟定完善的授权要约有一定的困难,《著作权法实施条例》应当出台相关配套的授权要约合同内容,为著作权人提供指引,主要包括在要约中约定授权的范围、授权的期限、费用标准以及费用收取方式这四个方面。[①] 平台运营商在这方面也可以通过聘请律师设计多种满足著作权人不同需求侧重点的授权要约模板,在平台上供著作权人借鉴。

结 语

云计算环境中新兴的商业模式改变作品的创作和传播方式,深刻改变了人们的生活,也改变了使用者、著作权人之间的利益关系,著作权归属制度、授权机制对于调整 PaaS 模式中的法律关系已经心有余而力不足了。确立合作作品著作权归属约定优先原则以及合作作品著作权行使代表人制度是在国际立法例上其他国家都已经有了先行的经验并且显示出制度的优势;著作权授权要约模式是我国图书出版业的首创,但由于市场方面的原因并没有得到推广,在云环境下这样的阻碍不复存在,而且授权要约模式更能够满足云计算环境中海量作品授权的需求,因此笔者建议对授权要约模式进一步探索应用。

---

① 杨健、杨再扬:《关于完善著作权授权要约模式的思考》,载《河北学刊》2013年第5期。

体育赛事组织者权研究*

■黄宗琪**

摘　要:我国现有法律的规定难以对体育赛事节目进行有效的保护,构建"体育赛事组织者权"具有一定的必要性和合理性。以促进体育产业发展、兼顾利益平衡、保护公共利益以及技术中立为基本原则,将"体育赛事组织者权"的权利主体确定为体育赛事组织者,给予体育赛事组织者向公众传播权和复制权,使其能够控制对体育赛事节目的任何传播行为。同时,为确保公众对重大体育赛事的知情权,对权利进行一定的限制。

关键词:体育赛事组织者权;体育赛事节目;体育赛事组织者;基本原则

Research on the Sports Event Organizer's Right

Huang Zongqi

Abstract: The existing laws in China are difficult to effectively protect sports event programs, and it is necessary and reasonable to construct a "sports event organizer's right". Based on the basic principles of promoting the development of the sports industry, balancing the interests of the public, protecting the public interest, and technology neutrality, the right subject of the "sports event organizer's right" is determined as the sports event organizer, and the sports event organizer is given the right to communicate and reproduce to enable it to control any communication and subsequent exploitation of sports events. At the same time, in order to ensure the public's right to know about major sports events, certain restrictions are placed on the right.

Key Words: Sports Event Organizer's Right; Sports Event Programs; Organizers of Sports Events; Basic Principles

在互联网技术特别是流媒体技术的影响下,体育赛事节目传播方式发生了改变,由此引发了一系列纠纷。由于我国法律并未明确体育赛事节目的权利归属等问题,在诉讼过程中,原告通常以体育赛事组织章程为基础进行维权,法院也通常基于原告提出的章程对其适格主体地位和相关授权予以认可。以新浪诉天盈九州案为例,原告通过《国际足联章程》和《中

* 本文系中共中央宣传部行政立法课题"体育赛事节目著作权问题研究"(ZX2019011)的系列研究成果之一。

** 黄宗琪,厦门大学知识产权研究院博士研究生。

国足球协会章程》主张其权利来源，这两个章程都明确指出，与赛事相关的所有权利都属于国际足联、会员协会等足球赛事的组织者，这些权利包括各种财务权利、视听和广播录制、复制和播放版权、多媒体版权、市场开发和推广权利以及无形资产如徽章和版权等，对此，法院认为，通过章程和授权手续，可以确认原告对涉案赛事转播享有权利。[①] 按照国际惯例，无论是国际奥林匹克委员会，还是国际足球联合会、美国职业篮球联赛等专业的体育组织都明确认为，他们所组织的商业化的体育赛事是这些机构的财产。[②] 然而，多数国家包括我国现行法律并未直接规定这种"财产"权利，体育赛事组织章程并无法律效力。从这一角度出发，构建"体育赛事组织者权"，一方面，有利于明确体育赛事节目的权利归属和权利内容，弥补法律漏洞，缓解法律滞后性与经济发展模式创新性之间的紧张关系；另一方面，有利于妥善处理体育赛事产业链上相关投资主体的利益，促进体育产业健康发展，实现权利专有与公众信息自由二者的平衡。

一、构建"体育赛事组织者权"的必要性和正当性

著作权法将一种新客体纳入保护范围，必然要有充分的理由，同时要遵循统一的客体分类标准，立法理由应从两方面进行分析，一是原有规定无法对该客体提供保护，二是将其纳入保护范围具有正当性。[③] 因此，构建一种新的邻接权要论证其必要性和正当性。

(一)构建"体育赛事组织者权"的必要性

在现有的法律框架下，体育赛事节目的保护模式主要有五种，即作品保护模式、录像制品保护模式、广播组织权保护模式、反法保护模式和"物权＋合同"模式，然而，无论采取何种保护模式都存在一定的缺陷。

若通过作品进行保护，限于体育赛事节目的独创性高度，会造成很大的不确定性且有违我国著作权与邻接权二分体系的逻辑。此外，在《著作权法》和《著作权法实施条例》缺乏类似法律拟制的情况下，体育赛事节目"随录随播"的形式并不能使原本不属于"已固定"的现场直播连续画面符合"摄制在一定介质上"的要求，因此，对体育赛事等活动的现场直播形成的连续画面并不能作为电影作品受《著作权法》的保护。[④]

若采取录像制品保护模式，在尚未形成录制品的情况下，权利人是否可依据录像制品享有权利还有待商榷，且通过截取信号的方式在互联网实时传播的非交互式传播并未落入录

---

① (2015)京知民终字第 1818 号民事判决书。

② 刘劭君：《体育赛事电视节目的性质和保护模式选择》，载《知识产权》2018 年第 8 期。

③ 王迁：《广播组织权的客体——兼析"以信号为基础的方法"》，载《法学研究》2017 年第 1 期。

④ 王迁：《论现场直播的"固定"》，载《华东政法大学学报》2019 年第 3 期。

像制作者所享有的信息网络传播权的控制范围。[①] 也即，通过信息网络向公众传播的权利只解决了点播的问题，并不解决现场转播的问题，如果体育组织或其代表唯一的维权依据是通过主张专门赋予音像制品的邻接权，那么，其制止网络实时转播的可能性基本为零。[②]

若通过广播组织权进行保护，首先，广播组织权的权利主体特定，将其他组织者排除在外。[③] 其次，我国著作权法采用的是作者权体系国家的立法体制，其将著作权与邻接权加以区分，根据邻接权受保护的力度不能超越著作权的基本原理，在《著作权法》为著作权人和邻接权人都规定了同一项专有权利的情况下，邻接权人受保护的力度不可能超越著作权人，[④] 因此，我国广播组织所享有的转播权不能规范网络实时转播行为。[⑤]

在体育赛事直播画面无法归属于当下法律体系中具体绝对权客体，并在其符合用《反不正当竞争法》一般条款予以保护的前提下，选择《反不正当竞争法》一般条款予以保护是在当下法律体系中的有益选择。[⑥] 在司法实践中，不少法院采取反不正当竞争法保护模式。[⑦] 然而，在“自媒体”时代，侵权主体呈现普遍化、个体化的特点，在受害者与侵害者二者不是同业竞争主体的情况下，就无法适用《反不正当竞争法》规制体育赛事节目的网络盗播行为。[⑧] 此外，反不正当竞争法保护模式仅为在个案中认定有无受反法保护的消极权益，而非民事权利的积极赋权保护方式，不能满足体育产业许可市场以权利为前提的授权机制需求，也不利于体育赛事节目转播市场秩序的建立。

除了上述保护模式之外，司法实务中还考虑过“物权＋合同”模式。在体奥动力诉全土

---

① 《著作权法》第 42 条：“录音录像制作者对其制作的录音录像制品，享有许可他人复制、发行、出租、通过信息网络向公众传播并获得报酬的权利。”我国著作权法中的录音录像制品的权利人享有复制、发行、出租和信息网络传播、许可电视台播放五项权利。然而，这里的“许可电视台播放”，界定极为笼统，究竟是否包括控制其他媒体的实时转播行为，语焉不详；是否可以控制其他网站的实时转播行为，法律也未能明确。按照体系解释的方法，《著作权法》第 42 条和第 10 条第 12 项规定的“信息网络传播权”应该是一致的，第 42 条录像制作者享有信息网络传播权仅限于交互式网络传播权，是公众在其个人选定的时间和地点获得的权利，而不能涵盖网络直播等非交互式传播的行为。

② 姚鹤徽：《体育赛事网络转播法律保护制度的缺陷与完善》，载《天津体育学院学报》2016 年第 3 期。

③ 《著作权法》第 43 条至第 46 条将广播组织界定为广播电台或电视台，该定义将其他组织排除在广播组织权主体范围之外。在与体育赛事节目相关的侵权案件中，主张权利的主体都不具备广播组织这一身份条件。

④ 王迁：《论广播组织转播权的扩张——兼评〈著作权法修订草案（送审稿）〉第 42 条》，载《法商研究》2016 年第 1 期。

⑤ 《著作权法》第 45 条：“广播电台、电视台有权禁止未经其许可的下列行为：(1)将其播放的广播、电视转播；(2)将其播放的广播、电视录制在音像载体上以及复制音像载体。”《著作权法》第 45 条为广播组织规定的转播权能否适用于网络环境，如果仅从《著作权法》第 45 条的表述来看，“转播”一词之前没有任何限定词，因此该条可以适用于以任何技术手段实施的同步播放行为，包括网络转播，但从体系解释和背景解释的角度看，《著作权法》第 45 条第(1)项规定的“转播”没有包含网络直播。

⑥ 刘铁光、赵银雀：《体育赛事直播画面侵权案件法律适用的规范研究——基于新近案例的实证分析》，载《体育科学》2018 年第 1 期。

⑦ (2015)深福法知民初字第 174 号民事判决书；(2015)闵民三(知)初字第 1057 号民事判决书；(2015)穗天法知民初字第 285 号民事判决书；(2013)海民初字第 21470 号民事判决书；(2014)一中民终字第 3199 号民事判决书。

⑧ 张志伟：《论体育赛事节目的法律性质》，载《成都体育学院学报》2018 年第 2 期。

豆案中,原告主张其从WSG公司获得授权,电子信号视频即其享有权利的动产,依据合同获得的独家转播权等就是对该视频的使用、收益等。对此,法院认为,动产为有体物且在我国物权法并未对赛事组织者的权利作出规定的情况下,根据物权法定原则,原告主张的权利缺乏法律依据。[①] 在法律制度层面,传统的"物权+合同"模式对体育赛事组织者保护力不从心,因为体育赛事组织者基于对比赛场馆的物权,对进入场馆的观众进行控制;同时,也可以与观众事先约定比赛观看守则,如"未经许可,不得对体育赛事进行拍摄并公开传播",但是,体育赛事组织者与观众的约定仅具有相对效力,假设场馆之外的盗播行为,即出现直接对已经合法传播的赛事节目信号进行窃取后私自公开传播的行为,体育赛事组织者便不能以自己享有物权或者事前签订入场协定违反为由提起诉讼。[②]

综上所述,现有保护模式无法对体育赛事节目相关利益主体进行有效的保护,因此,探寻新的保护路径具有必要性。

(二)构建"体育赛事组织者权"的正当性

1.邻接权客体范围的扩大

邻接权的客体范围在不断扩大,体育赛事节目可以被划入广义邻接权的保护范围。[③] 邻接权制度在设立之初主要是为了保护作品的传播者权。当时无线广播技术、录音技术和电影摄制技术的发展对传统高独创性的著作权体系产生了挑战,不少国家选择创设邻接权,以保护这些独创性不高的非物质劳动成果。这些邻接权的主体多为作品的传播者,客体也多来源于已有的作品。

随着时代的发展,邻接权的种类逐渐丰富,如在意大利,除了传统的表演者权、录制者权与广播组织者权这三种邻接权外,独创性程度不高的摄影作品、戏剧的布景作品等的专有权也被纳入邻接权。欧盟为了完善数据库的保护和鼓励数据库投资设立了一项全新的制度——《欧盟数据库法律保护指令》,该制度为数据库创设了特殊权利,保护的是"在数据库内容的获取、检验、核实或选用方面,经定性或定量证明作出实质性投入的数据库制作者"。德国创设了"数据库制作者的保护",将数据库纳入原有的著作权体系,以邻接权模式保护数据库制作者的合法权益。

2.与邻接权的制度功能高度契合

随着电视电台转播与网络传播等媒介的出现,观众不必以购票形式进入现场观看比赛,体育赛事组织者的利益范围从仅靠门票、赞助、商标许可,拓展到赛事转播合同收益。构建"体育赛事组织者权"的正当性在于体育赛事组织者对赛事场地的控制、对赛事开发和运营投入了大量资金,承担了较大责任和风险。转播商购买体育赛事组织者的"版权"后,主要通过体育赛事节目直播过程中的广告等赚取收入,这需要观众观看的流量作为保障。"盗播"行为攫取了本属于转播商的流量和利益,即便陷入司法纠纷,罚款数额相对于其从中获取的

---

① (2013)沪一中民五(知)终字第59号民事判决书。

② 张惠彬、刘迪琨:《体育赛事传播权的法律规制与运营模式——来自欧洲的经验及启示》,载《天津体育学院学报》2018年第2期。

③ 广义的邻接权是指把一切传播作品的媒介所享有的专有权统统归入其中,或把那些与作者的作品尚有一定区别的产品、制品以及其他含有"思想的表达形式",又不能称为"作品"的内容归入其中。郑成思:《版权法》,中国人民大学出版社2009年版,第61页。

广告收入也不足为虑。如此一来,一边是转播商天价砸下“版权”,另一边却是盗播平台肆意窃取流量,如果盗播行为得不到控制,将导致体育赛事节目在传播阶段的市场失灵。

邻接权的重心在于保护邻接权人的财产性利益。德国对数据库的邻接权保护模式和欧盟的数据库赋权保护模式都是以保护数据库制作者的实质性投入为目的的,只要数据库制作者对数据库进行了实质性的投入,就可以受到邻接权的保护,以此来激励作为投资主体的数据库制作者。为了使制度供给适合市场需要,应探索设立“体育赛事组织者权”作为一种新的邻接权,从而激励体育赛事组织者的实质性投入,使赛事的商业价值得以兑现,既满足当前产业发展的需求,也符合邻接权本身的制度功能。

二、构建“体育赛事组织者权”的基本原则

(一)促进体育产业发展原则

体育赛事运营是体育产业链的核心,体育产业围绕体育赛事的运营展开。所谓体育赛事运营指的是利用财力、物力、人力、信息等资源,通过计划、组织和控制,向社会提供体育赛事的全过程。赛事运营方从主办方或承办方手中获得运营权或者自主研发比赛项目,从场馆运营方和运动员服务机构分别获得场馆支持和人员支持,通过直接售票或者通过体育传媒将赛事内容传播给观众。

随着赛事直播及转播技术的不断提高,移动平台和社交平台的发展,在充分调动观众对赛事的关注度和参与度的同时,体育赛事节目惨遭盗播,严重损害了作为赛事运营方的体育赛事组织者和体育赛事制播主体的利益。如果盗播行为得不到遏制,权利人在直播过程中的资金投入和劳动投入得不到补偿,将会极大地挫伤权利人制播赛事节目的积极性,进而影响整个体育产业的发展。

基于“劳动理论”和“激励理论”,促进体育产业发展就要保护体育赛事运营的相关利益主体的合法权益,遏制盗播行为,为体育产业的健康发展营造良好的环境。

(二)利益平衡原则

构建“体育赛事组织者权”涉及体育赛事主办方、广播组织和公众等多方利益主体。给予过高的权利保护水平和过大的保护范围会导致公众获取信息资源的成本增加,阻碍公众的言论自由和信息获取等文化权利的实现,使得权利的设置背离促进文化发展繁荣与增进整体社会福祉的目标;相反,如果保护不足,则难以使权利人在传播过程中所付出的资金和人力等得到应有的回报,传播的动力和积极性可能因此受挫。因此,构建“体育赛事组织者权”必须要遵循利益平衡原则,这种平衡需要对赛事主办方、广播组织和公众利益进行协调和合理配置,对广播组织权的专有和公有之间划分合理界限。

利益平衡原则的这种协调和合理配置要求任何权利主体都不能对体育赛事节目的信号进行垄断,因此涉及权利限制问题,通过诸如有限的保护期、合理使用和侵权例外等将赛事主办方或广播组织的权利限制在一定范围内,为公众使用节目信号留下合理、必要的空间。利益平衡的最终结果就是既能给权利主体带来广泛的经济利益,又能使公众享有接触、传播、利用信息的自由。

(三)保护公共利益原则——公众对重大赛事的接触权

公众对重大赛事的接触权是保护公共利益原则的重要体现。1999年,联合国教科文组织推出了“全球信息结果计划”(GIP),确立了八个价值理念,其中包括自由、普遍获取信息是一种基本人权,人们应自由地参加全球社会文化生活,分享科学和艺术进步带来的利益[①]。在三网融合的技术背景下,广播电视脱离了传统传播技术对收听和观看时间、地点的限制,各种手持终端可以通过互联网实现无限的互联、互通,精英阶层与弱势群体在使用新媒体方面的差异逐渐消失,人人既是受众,也是传播者,崭新的公共空间以传播、获取、交流和共享信息为特征,新媒体的出现增加了传媒作为信息传播的载体和意见表达平台的广度和深度,激发和保障了公众参与公共话题讨论的热情,促进了公民言论自由的实现,还将舆论监督功能推进到了新的阶段。[②] 公众自身作为传媒的一部分,理应享受流媒体技术等发展带来的利益。

体育赛事尤其是重大赛事作为客观事实,如同时事新闻一般往往具有一定的公共属性,限制公众接触极有可能导致信息垄断或信息流通阻塞。使公众对重大体育赛事保留接触权、观看权是对其了解和获取信息自由、参与公众舆情生活的尊重和保护,是遵循公共利益原则的重要保障。

(四)技术中立原则

1999年,在SCCR召开的第二届会议上,数字媒体协会对数字时代的网络广播问题进行了讨论并强烈支持技术中立原则,对于任何形式的广播都给予平等的保护。[③] 由此可见,该协会提倡订立一个技术中立的保护广播组织条约,不论通过何种形式传递,都给予同样的保护。2006年,由SCCR召开的第十四届会议签订的《世界知识产权组织保护广播组织条约基础提案草案》承认了技术中立原则的重要性。[④] 2011年,SCCR召开的第二十二届会议中的《保护广播组织条约草案》指出,应根据一种技术中性的方法,拟定保护广播组织条约草案的要件。[⑤]

无线电技术的发明与应用,既带来了广播组织权的产生与发展,也给该制度烙下了传统技术的印记,随着互联网技术的发展,传播的主体和客体不断被丰富甚至改造,该项制度应当顺势作出调整,采取技术中立的原则,将保护延伸至网络。

---

① 韦景竹:《版权制度中公共利益研究》,中山大学出版社2011年版,第61页。

② 赵双阁:《三网融合背景下中国广播组织权制度的反思与重构》,社会科学文献出版社2016年版,第184~185页。

③ WIPO Document SCCR/2/6, Agenda Item 4: Protection of the Rights of Broadcasting Organizations Submissions received from Non-Governmental Organizations by March 31, 1999, p.28.

④ WIPO Document SCCR/14/2, Draft Basic Proposal for the WIPO Treaty on the Protection of Broadcasting Organizations Including Non-Mandatory Appendix on the Protection in Relation to Webcasting, p.73.

⑤ WIPO Document SCCR/22/11, Elements for a Draft Treaty on the Protection of Broadcasting Organizations, p.2.

三、"体育赛事组织者权"的设计

设计一套完整的"体育赛事组织者权"并非本文所能完全包容，下面仅就一些基本问题阐明初步构想。

(一)权利归属:体育赛事组织者

权利归属，即指某一权利归属哪一民事主体所享有。在知识产权法定主义框架下，立法者通常通过立法明确权利主体，并将相应的主体预设为弱者，为其配置相应的权利保护措施。有观点指出，著作权法以及其他知识产权法应仅限于确立信息财产权，而不宜过多介入具体权利配置。具体的权利配置，可由相关利益人以合同的形式予以约定。立法应充分考虑意思自治的重要性，承认只有利益主体之间没有约定或约定不明的情况下，才根据不同利益主体的贡献及投入确定利益归属。①

体育赛事节目邻接权的归属，也应当根据这一原则来确立。在权利归属规则的设定上应充分尊重现行的商业惯例，如相关利益人就赛事直播节目归属进行了约定，则应认可其约定的效力，在无约定或约定不明的情况下，应归属于体育赛事组织者。

将无约定情况下的邻接权权利人规定为体育赛事组织者，主要基于以下两点考虑：

其一，基于邻接权保护投资为核心的要求。体育赛事节目是体育赛事组织者通过对赛事资源开发等的投入而产生的，在没有约定排除的情况下，利益应当由对该利益的产生作出贡献的人享有，是利益分配的一般原则。法律对投资人利益的确认，可促进体育赛事节目相关权利的交易及授权使用，以此激励赛事开发和传播。因此，体育赛事组织者对赛事资源的开发等投入了大量的时间、金钱与人力，应当作为邻接权主体获得保护。

其二，基于侵权防范及责任承担的考量。体育赛事节目遭到"盗播"侵权而发生侵权纠纷时，需要明确责任主体。就预防侵权而言，体育赛事节目的实际控制者，可对赛事直播节目产生直接的影响和监管，因而，对体育赛事节目是否侵权，其能在第一时间发现；就侵权责任的承担而言，体育赛事节目的实际支配人相较于其他主体更容易被找到，因而更有利于获得侵权救济。而要成为体育赛事节目的实际控制人或支配人，往往需要通过合同获得体育赛事组织者的授权。在司法实践中，原告通常通过举证和体育赛事组织者签订的合同或其他协议来确认其相关权利以及作为原告的主体资格。我国现今更多采取的著作权立法取向，是直接以法定化的权利分配来取代需要经历市场博弈达致的意定安排，而权利人和使用者又从各自立场出发，期待法律赋予符合自身利益的自治空间，最终导致在立法选择和司法审判上缺乏基本共识而陷入困境。② 因此，制度的设计应当尊重当事人在市场配置下的利益安排，明确体育赛事组织者的权利主体地位，使立法选择和司法审判达成共识。

需要强调的是，确定权利主体旨在促进赛事组织者对体育赛事直播传播权益的高效统一行使，但这并不否认赛事组织者、赛事节目制作者和授权播放机构等之间依合同或协议规

---

① 许明月、谭玲:《论人工智能创作物的邻接权保护——理论证成与制度安排》，载《比较法研究》2018年第6期。

② 熊琦:《中国著作权立法中的制度创新》，载《中国社会科学》2018年第7期。

则来实现体育赛事节目相关利益的合理分配。

(二)权利内容:向公众传播权和复制权

基于体育赛事节目信号主要利用网络传播等特点,综合考量,可设置复制权和向公众传播权,即体育赛事组织者对其体育赛事节目信号,享有许可他人复制、向公众传播并获得报酬的权利,下面分别对其展开说明。

1.向公众传播权

在三网融合的今天,常见的盗播方式,如使用有线电视直接广播以及通过网络实时直播等令传统的"广播权""信息网络传播权"和"转播权"难堪重负。

根据技术中立原则,我国著作权法不应再以传播媒介作为权利的划分基准。不论采用何种方式进行传播,都对权利人的利益进行了侵害。因此,应当借鉴 WCT 第 8 条规定中的"向公众传播权",并将其定义为"通过任何有线或无线的方式,向公众传播其作品的权利",统摄各种类型的传播方式,涵盖各种交互式、非交互式的传播行为。

如此一来,一方面,在全媒体环境下,不论以何种技术手段、技术通道,只要是向公众传播作品的盗播行为都纳入"向公众传播权"的范围之中;另一方面,避免出现适用"兜底性其他权利"的不确定性情况的出现。①

体育赛事组织者依此可以授权或禁止他人以任何有线或无线方式向公众传播(直播、转播、点播)体育赛事节目,也包括授权或禁止他人以有形的形式向公众提供节目录制品的公开发行活动。在三网融合的背景下,规定此项权利可以使体育赛事节目得到有力的保护。

2.复制权

如果说向公众传播权主要是控制网络实时盗播等行为对权利人的侵害,那么复制权则主要是控制对体育赛事节目信号的后续利用行为。我国《著作权法》第 9 条规定:"复制权,即以印刷、复印、拓印、录音、录像、翻录、翻拍等方式将作品制作一份或者多份的权利。"将"体育赛事组织者权"的客体设定为节目信号,信号作为节目内容的载体,对载体的固定、复制行为构成侵权。并且,在网络实时盗播的情况下,复制权主要就是控制将直播信号固定并制作成视听节目以及视听节目的衍生复制、发行等利用行为。

(三)权利的限制和例外

根据利益平衡原则,对体育赛事节目的保护既要有效保障作为市场开发与投资的体育赛事组织者的利益,也要兼顾社会公众接触信息的自由。因此,有必要对权利设置限制和例外。

1.重大赛事接触权

为了有效保障合理接触信息的公众知情权,除了明确公众接触赛事信息供"私人使用""科学研究""非营利性课堂教学使用"等合理使用情形外,至少还应包括以下两个主要方面:一是确保公众享有免费观看重大体育赛事活动的合理机会;二是保障未获独家转播授权的媒体对重大赛事摘选内容享有新闻报道的自由,因为这也是公众获取重大赛事信息的重要

---

① 张惠彬、刘迪琨:《如何认定体育赛事节目的独创性?——以体育赛事节目的制作为中心》,载《体育科学》2018 年第 6 期。

渠道。关于重大赛事的确定,可以结合欧盟等的经验建立自己的重大赛事列表制度。[①] 对体育赛事节目信号或相关视听信息实施的合理使用行为均不构成知识产权侵权。

2.权利保护期限

体育赛事节目邻接权的保护期限,应短于著作权保护期限。基于体育赛事节目一定的实时性,十五年的保护期足以保证体育赛事组织者将其投入商业使用,并获得充分的利益回报。因此,权利的保护期为十五年,截止到体育赛事活动发生后第十五年的12月31日。

结 语

近年来,各大互联网公司不惜以数亿成本抢夺体育赛事公用信号播出资源,而互联网技术的发展在给体育赛事提供更多传播机会的同时,也使得体育赛事直播商饱受“盗播”之苦。新近多个案例如新浪诉天盈九州案、央视国际诉暴风科技案等,都涉及各网站未经许可,截取体育赛事节目信号,通过其经营的网站进行实时转播的行为。面对此行为,体育赛事节目的权利人可否以著作权和以哪种著作权作为请求权基础获得保护,既是法院面临的难题,也是学界争议的焦点。从促进体育产业发展的角度出发,构建“体育赛事组织者权”,将权利主体设定为体育赛事组织者,赋予其向公众传播权和复制权;同时,为确保公众对重大体育赛事的知情权,对权利进行一定的限制。如此既符合我国著作权法体系的设计逻辑,也能够保护体育产业的投资,对于促进我国体育产业的健康发展具有重要意义。

---

① EU Document, DIRECTIVE 2010/13/EU OF THE EUROPEAN PARLIAMENT AND OF THE COUNCIL of 10 March 2010 on the coordination of certain provisions laid down by law, regulation or administrative action in Member States concerning the provision of audiovisual media services (Audiovisual Media Services Directive), Article 14, 15.

附　　录

《中外知识产权评论》格式规范

为统一来稿格式，特制订本规范。

一、书写格式

1.来稿由题目、作者姓名、摘要、关键词、英文题目、英文姓名、英文摘要和英文关键词、正文构成(依次按顺序)。

2.须提供作者简介(姓名、出生年份[如(1975—　)]、工作单位、学历、职称、研究方向等)。作者简介，请以脚注方式(编号为星号的上标"*")注明。如若为基金项目或资助成果，请注明项目或课题的级别、正式名称和编号(用圆括号注明正式编号)。

3.正文各层次标示顺序按一、(一)、1、(1)、①、A、a等编排。

二、字体、字号、行距等

论文中文题目采用三号黑体，中文摘要和关键词均采用五号宋体；正文部分统一采用小四号宋体，其中一级标题须加粗，其余各级标题无须加粗；英文均采用 Times new roman 字体，英文题目为三号，英文摘要和关键词用五号。

题目中若有副标题，副标题用四号仿宋，中文作者署名用小四号楷体。

除中英文题目须居中外，各级标题均无须居中。

行距：全文行距须统一，段前0行、段后0行、1.5倍行距。

三、注释

无须单列"参考文献"，注释中包括"参考文献"，两者合二为一、混合编号，严格依照正文中出现的先后顺序来计码。

1.注释采用带圆圈的数字字符，如①(上标形式)，采用页下计码制(脚注)，每页重新记码。注释码一般置于标点符号之后。

2.引用中文著作、辞书、汇编等的注释格式为：

(1)刘志云：《当代国际法的发展：一种从国际关系理论视角的分析》，法律出版社2010

年版，第1～2页。（注意：连续页码的注释法）

(2)王彩波主编：《西方政治思想史——从柏拉图到约翰·密尔》，中国社会科学出版社2004年版，第211、215、219页。（注意：非连续页码的注释法）

(3)姚梅镇：《国际投资法》（高等学校文科教材），武汉大学出版社1989年修订版，第×页。（注意：不是初版的著作应注明"修订版"或"第2版"等）

(4)中国对外贸易经济合作部编：《国际投资条约汇编》，警官教育出版社1998年版，第8页。

(5)前后连续引用同一本著作者，不可使用"同上，第×页"或者"同上"。

3.引用中文译著的注释格式为：

(1)[美]詹姆斯·多尔蒂、小罗伯特·普法尔茨格拉夫：《争论中的国际关系理论》（第5版），阎学通等译，世界知识出版社2003年版，第×页。

(2)联合国跨国公司与投资公司：《1995年世界投资报告》，储祥银等译，对外经济贸易大学出版社1996年版，第×页。

4.引用中文论文的注释格式为：

(1)陈安：《中国涉外仲裁监督机制评析》，载《中国社会科学》1995年第4期。

(2)白桂梅：《自决与分离》，载《中国国际法年刊》1996年卷，法律出版社1997年版。

(3)徐崇利：《美国不方便法院原则的建立与发展》，载董立坤主编：《国际法走向现代化》，上海社会科学院出版社1990年版。

(4)前后连续引用同一篇文章者，均须列出所引用论文的详细要目，不可使用"同上，第×页"或者"同上"。

5.引用中译论文的注释格式为：

樱井雅夫：《欧美关于"国际经济法"概念的学说》，蔡美珍译，载《外国法学译丛》1987年第3期。

6.引用外文著作等注释格式为：

(1)I. Seidl-Hohenveldern, *International Economic Law*, 2nd ed., Martinus Nijhoff, 1992, p.125.（注意：书名为斜体）

(2) Chia-Jui Cheng (ed.), *Clive M. Schmittoff's Select Essays on International Trade Law*, Kluwer, 1998, pp.138-190.（注意：编著应以"(ed.)"标出，外文注释的页码连接号为"-"）。

(3)若前后文引用同一本著作，均须列出所引用著作的详细要目，不可使用"*Id.*, p.3."或"*Id.*"。

7.引用外文论文的注释格式为：

(1)M. Paiy, Investment Incentives and the Multilateral Agreement on Investment, *Journal of World Trade*, Vol.32, 1998, pp.291-298.（注意：报刊名为斜体）

(2)D. F. Cavers, A Critique of Choice-of-Law Problem, in Conflict of Laws, R. Fentiman (ed.), New York University Press, 1996, p.69.（注意：载于论文集中的论文应标明"(ed.)"）。

(3)若前后文引用同一篇论文，均须列出所引用著作的详细要目，不可使用"*Id.*, p.3."

或“*Id.*”。

8.引用网上资料的注释格式为:

(1)P. Ford, A Pact to Guide Global Investing Promised Jobs-But at What Cost, http://www.csmonitor. Com/durable/1998/02/25/intl. 6. htm.,下载日期:1998年2月26日。

(2)于永达:《国内外反补贴问题分析》,http://www.cacs.gov.cn/text.asp? texttype=1&id=1611&power,下载日期:2002年7月10日。

9.引用报纸的注释格式为:

(1)赵琳:《练好本领保家卫国》,载《厦门日报》1999年7月29日第2版。

(2)《韩国遭强台风袭击》(新华社汉城7月28日电),载《厦门日报》1999年7月29日第8版。

10.引用法条的注释格式为:《民法通则》第12条第1款。(注意:条文用阿拉伯数字表示)

四、简称

如名称过长,可在括号内注明“(以下简称×××)”。

五、数字

1.年、月、日、分数、百分数、比例、带计量单位的数字、年龄、年度、注码、图号、参考书目的版次、卷次、页码等,均用阿拉伯数字。万以下表示数量的数字,直接用阿拉伯数字写出,如8650等;大的数字以万或亿为单位,如2万、10亿等。

2.年份要用全称,不要省略。

3.年代起讫、年度起讫用“—”表示,如1937—1945年、1980—1981财政年度。

《中外知识产权评论》编辑部